"十四五"职业教育国家规划教材

EXCEL
在财务中的应用

（第四版）

Excel ZAI CAIWU ZHONG DE YINGYONG

新准则 新税率

主　编　钭志斌

副主编　丁　婷　陈株剑

新形态教材

本书另配：无纸化考试系统
　　　　　操作录屏
　　　　　教学课件
　　　　　教案

中国教育出版传媒集团

高等教育出版社·北京

内容提要

本书是"十四五"职业教育国家规划教材。

本书依据教育部最新制定的财经大类专业教学标准并结合党的二十大报告中"建设现代化产业体系"以及《会计信息化发展规划（2021—2025 年）》的相关要求，在第三版的基础上修订而成。全书共分为 12 个项目，按照应用实例的完成步骤，系统地介绍了 Excel 在资金时间价值、投资决策、资金预测、报表分析、预算编制、分析工具、基础应用、VBA 编程等方面的应用知识。各项目均由教学实例、同步训练、课后实训等组成。为利教便学，本书另配有教学课件、教案、操作录屏以及与教学实例、同步训练内容一致的课堂同步训练系统。

本书既可作为高等院校财务会计类专业学生用书，也可作为会计人员培训用书。

图书在版编目（CIP）数据

EXCEL 在财务中的应用/钭志斌主编.—4 版.—北京：高等教育出版社，2023.8（2024.1 重印）
ISBN 978 - 7 - 04 - 059789 - 9

Ⅰ.①E… Ⅱ.①钭… Ⅲ.①表处理软件-应用-财务管理-高等职业教育-教材 Ⅳ.①F275-39

中国国家版本馆 CIP 数据核字（2023）第 098638 号

| 策划编辑 | 毕颖娟 李 晶 | 责任编辑 | 李 晶 | 封面设计 | 张文豪 | 责任印制 | 高忠富 |

出版发行	高等教育出版社	网　　址	http://www.hep.edu.cn
社　　址	北京市西城区德外大街 4 号		http://www.hep.com.cn
邮政编码	100120	网上订购	http://www.hepmall.com.cn
印　　刷	上海当纳利印刷有限公司		http://www.hepmall.com
开　　本	787 mm×1092 mm　1/16		http://www.hepmall.cn
印　　张	18.5	版　　次	2011 年 5 月第 1 版
字　　数	461 千字		2023 年 8 月第 4 版
购书热线	010 - 58581118	印　　次	2024 年 1 月第 2 次印刷
咨询电话	400 - 810 - 0598	定　　价	45.00 元

本书如有缺页、倒页、脱页等质量问题，请到所购图书销售部门联系调换
物 料 号　59789-00

第四版前言

本书是"十四五"职业教育国家规划教材,历届版本分别是"十三五"职业教育国家规划教材、"十二五"职业教育国家规划教材。本书配有教师课堂教学演示、学生随堂训练自测系统,适教适学,受到了广大读者的好评。

党的二十大报告指出:"教育、科技、人才是全面建设社会主义现代化国家的基础性、战略性支撑。必须坚持科技是第一生产力、人才是第一资源、创新是第一动力,深入实施科教兴国战略、人才强国战略、创新驱动发展战略,开辟发展新领域新赛道,不断塑造发展新动能新优势。"本书积极贯彻党的二十大精神,紧跟企业数字化改革的时代要求修订教材,提高学习者运用 Excel 函数、Excel 图表、Excel 工具、Excel 编程解决实际问题的能力。

根据各高校专业教学改革和职业教育国家规划教材建设的需要,结合在教学过程中发现的问题与不足,现对第三版的内容进行全面的修订。本次修订在课程思政、教学内容、应用实例、课后训练等方面做了较大的调整,主要内容如下:

(1) 系统地融入课程思政元素。新修订的教材将习近平新时代中国特色社会主义思想、社会主义核心价值观、会计人员职业道德规范融入教材实例、课后作业、教学视频等课程资源中,并为每个项目配备相应的课程思政教学参考案例,系统地融入课程思政元素。

(2) 新增"学与思"栏目。根据各项目的教学内容,设计每个项目的课程思政教学实施路径。通过阅读最新政策、法规,教师指引等方式,引导学生守法奉公、守责敬业、守正创新,用科学的方法解决实际问题。

(3) 优化了数据可视化与数据自动化处理的教学内容。Excel 应用的工作场景包括单张工作表、多张工作表,甚至跨工作簿的数据处理。新修订的教材优化了 Excel 图表、Excel 编程的内容,突出了数据可视化、数据自动化处理,为大数据技术在财务中的应用奠定坚实的基础。

(4) 资源配套丰富。为方便教学,本书另配有教学课件、教案、操作录屏等资源,供教师教学使用。

本次修订工作由丽水职业技术学院钭志斌、陈株剑和安徽商贸职业技术学院丁婷负责。

限于水平,书中不当之处在所难免,敬请广大读者批评指正。

编 者
2023 年 8 月

目　录

资源导航

续　表

项目一　单利终值、现值的计算

单利计息是指只按本金计息,其每期产生的利息不再加入本金计算利息的一种计息方式,即“本生利”。它只适合特定情况下的计算,比如商业票据贴现的计算。在 Excel 中,它可以通过 ACCRINTM 函数来完成。

任务一　新工作簿的创建

学习目的

- 掌握 Excel 的启动与退出的基本操作,能用快捷方式进行 Excel 的启动与退出。
- 能新建、保存一个 Excel 工作簿到一个指定文件夹中。
- 能在 Excel 工作表中插入数字序号、数字符号等特殊字符。
- 能运用 Ctrl+1 快捷键,快速设置数字、对齐、字体、边框等单元格格式。

学习资料

江南公司大量采用商业汇票结算方式,也经常办理票据贴现业务。请用 Excel 为该公司设计一个商业汇票到期值及贴现款计算表,以提高工作效率,并以“商业汇票到期值及贴现款计算模型”作为文件名保存。

操作向导

在使用 Excel 时,首先要建立一个新的工作簿,才能在工作表中实现数据的录入、计算、分析和汇总等系列操作。

1

一、启动中文版 Excel 2016 并创建新工作簿

在 Windows 操作环境下,用鼠标单击桌面左下角的"开始"命令,在菜单中选择"程序"命令,在"程序"菜单中选择"Microsoft Office"→"Microsoft Office Excel 2016"选项,即可启动中文版 Excel 2016,其界面如图 1-1 所示。

以这种方式启动 Excel 2016 后,系统将自动创建一个名称为 book1.xlsx 的新工作簿。在 Excel 中创建的文件就是工作簿,其扩展名为.xlsx,缺省时,工作簿的名称为 book1.xlsx、book2.xlsx、book3.xlsx 等。

图 1-1　Excel 2016 的启动界面

〖操作提示 1-1〗　工作簿保存的扩展名

若启用 Excel 2003 等较低版本的 Excel 软件,文件的扩展名则为.xls。

当然,我们也可以用鼠标双击任何一个扩展名为.xlsx 的 Excel 工作簿文件,达到打开 Excel 工作簿的目的。

如果用户最近使用过 Excel 工作簿,还可以通过单击桌面左下角的"开始"命令按钮,在菜单中单击最近使用过的"Microsoft Office Excel"选项来启动中文版 Excel 2016,如图 1-2 所示。

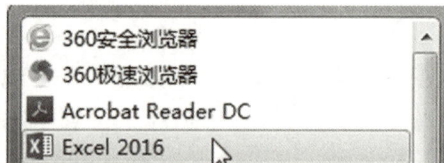

图 1-2　利用最近使用过的 Excel 选项来启动

二、设计商业汇票到期值及贴现款计算模型格式

根据商业汇票到期值及贴现款的计算要求,其模型的格式设计如图 1-3 所示。

(一)资料	数据
①票据面值	50000
②票面利率	4%
③出票日	2022/06/15
④到期日	2022/08/14
⑤贴现日	2022/06/27
⑥贴现率	6%
(二)计算到期值	结果
①应计利息	
②商业汇票到期值	
(三)计算贴现款	
①贴现天数	
②贴现息	
③实得贴现款	

图 1-3 商业汇票到期值及贴现款计算模型的格式设计

〖操作提示 1-2〗 特殊符号的插入与日期格式的设置

图中的"(一)""(二)""①"……可以采用"插入"→"特殊符号"中的"带括号的字母数字"选择填列,如图 1-4 所示。

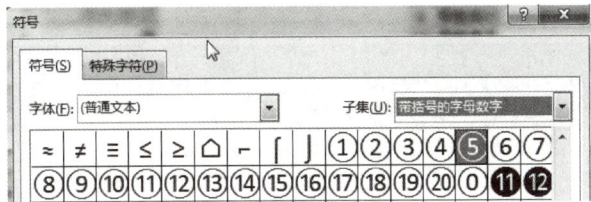

图 1-4 选择"带括号的字母数字"

选择 B7:B9 单元格区域,按 Ctrl+1 快捷键,打开"设置单元格格式"窗口,分类中选择"日期",在类型中选择"2012-03-14"样式,将日期设置为"YYYY-MM-DD"格式。

在完成上述信息录入后,单击 Excel 窗口左上角的"保存"按钮,如图 1-5 所示,在弹出的对话框中新建一个文件夹,名为"实训一",然后将该工作表以"商业汇票到期值及贴现款计算模型"为名保存到该文件夹中。

图 1-5 单击左上角的"保存"按钮

三、退出中文版 Excel 2016

退出中文版 Excel 2016 的方法主要有以下几种。

1

（1）单击 Excel 窗口左上角的"文件"按钮，选择"关闭"命令，如图 1-6 所示。

（2）在键盘上按 Alt＋F4 组合键。

（3）移动鼠标指针至标题栏处，单击鼠标右键，在弹出的快捷菜单中选择"关闭"命令，如图 1-7 所示。

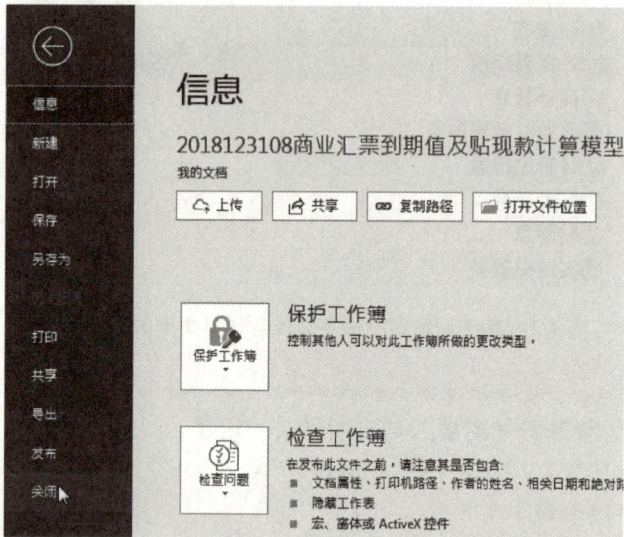

图 1-6　单击左上角的"文件"按钮，选择"关闭"命令

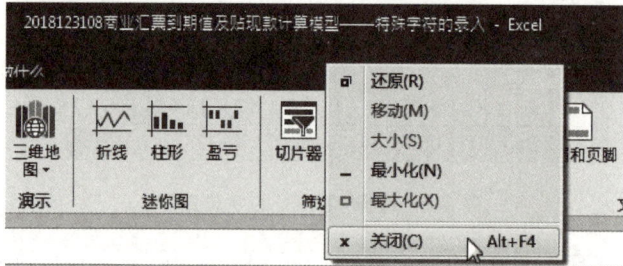

图 1-7　在标题栏处单击鼠标右键，在弹出的快捷菜单中选择"关闭"命令

如果在退出 Excel 时尚有未保存的文件，则系统会出现提示信息对话框，询问用户是否保存对该文件的更改，如图 1-8 所示。若选择"是（Y）"，则系统保存该文件后退出 Excel；若选择"否（N）"，则系统不保存文件直接退出 Excel；若选择"取消"，则系统不会退出 Excel 工作环境。

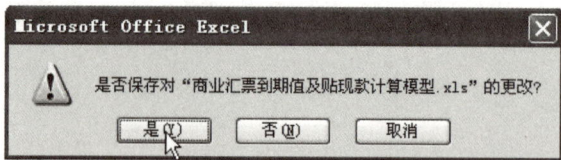

图 1-8　是否保存对文件的更改

任务二　商业汇票到期值及贴现款计算模型的设计

学习目的

● 掌握 ACCRINTM 函数的运用,能利用该函数计算到期一次性付息有价证券的应计利息。

● 掌握 ROUND、ROUNDUP、ROUNDDOWN 函数的运用,能利用 ROUND 函数保留指定的小数位,理解使用前与使用后的数值差别。

● 掌握嵌套公式的编辑方法,能编制较为复杂的计算公式,完成计算任务。

● 能运用 ACCRINT 函数计算定期计息的有价证券的应计利息。

学习资料

江南公司收到一张面值为 50 000 元的带息票据,票面利率为 4%,出票日为 2022 年 6 月 15 日,到期日为 2022 年 8 月 14 日,则该票据到期值为多少?倘若该企业急需资金,于 2022 年 6 月 27 日到银行办理贴现,银行规定的年贴现率为 6%(一年按 360 天计),则该企业实得的贴现款为多少?

请你为之设计一个商业汇票到期值及贴现款的计算模型。

操作向导

一、商业汇票到期值与贴现款的计算原理

票据的到期值就是票据的未来值,即票据的终值。经计算,江南公司票据天数为 60 天。所以,其到期值为:

$$F = 50\ 000 \times \left(1 + 4\% \times \frac{60}{360}\right) = 50\ 333.33(元)$$

将未到期的票据申请贴现,实质上是根据其到期值求现值。由于该票据贴现期为 48 天,所以,其贴现款为:

$$P = 50\ 333.33 \times \left(1 - 6\% \times \frac{48}{360}\right) = 49\ 930.66(元)$$

通过上述分析,可以发现,要正确计算商业汇票的到期值与贴现款,必须首先计算商业汇票的天数、贴现天数,然后再根据时间价值计算公式进行相应指标的计算。

二、计算商业汇票的应计利息和到期值

根据前面的分析,首先要计算商业汇票的到期值。将相应的计算信息录入 Excel 工作表中,如图 1-9 所示。由于"到期值＝面值＋应计利息",因此,我们需要先计算商业汇票的应计利息,然后再计算到期值。

其操作步骤如下:

(1) 利用 ACCRINTM 函数计算商业汇票的应计利息。在 B12 单元格中输入"＝ACCRINTM(B7,B8,B6,B5,2)",按回车键得出应计利息;若用引用的单元格的数据含义表示,其公式可以表达为:ACCRINTM(出票日,到期日,票面利率,票据面值,日计数基

准类型）。为了便于日后对公式进行正确性检查，我们可以事先对各单元格进行名称定义后再引用，以增强公式的可读性。日计数基准类型如表1-1所示。

表 1-1　　　　　　　　　　日计数基准类型

basis	日计数基准	备注
0 或省略	US(NASD)30/360	"US(NASD)"表示按美国方法
1	实际天数/实际天数	
2	实际天数/360	本例选该类型作为参数
3	实际天数/365	
4	欧洲 30/360	"欧洲"表示按欧洲方法

【知识链接 1-1】　ACCRINTM 函数

该函数返回到期一次性付息有价证券的应计利息。企业的商业汇票一般也是到期一次收回本息的，故可以使用该函数计算利息，其语法格式为：ACCRINTM(issue, settlement, rate, par, basis)。

式中的 issue 为有价证券的发行日，在这里，就是商业汇票的出票日；settlement 为有价证券的到期日；rate 为有价证券的年息票利率；par 为有价证券的票面价值，如果省略 par，ACCRINTM 函数视 par 为 1 000；basis 为日计数基准类型。

值得注意的是，在直接输入日期时，应使用 DATE 函数输入日期，或者将函数作为其他公式或函数的结果输入，其中 DATE 函数的语法格式为：DATE(year, month, day)。例如，使用函数 DATE(2023, 5, 23)的输入结果为 2023 年 5 月 23 日。如果日期以文本形式输入，则会出现问题。

【操作视频】
ACCRINTM
函数

根据我国央行相关规定，商业银行既可按照 360 天，也可按照 365 天来计算年利息。所以，国内有些银行的活期储蓄存款按 360 天计算年利息，也有部分小银行按 365 天计算年利息。因此，在确定日计数基准类型时，可根据企业实际情况进行相应选择。

（2）计算商业汇票到期值。在 B13 单元格中输入"＝B5＋B12"，即"到期值＝面值＋应计利息"，按回车键得出商业汇票到期值，如图 1-9 所示。计算的结果与手工计算的结果是一致的。

	A	B	C
1			
2		商业汇票计算模型	
3			
4	(一)资料	数据	提示
5	①票据面值	50000	
6	②票面利率	4%	
7	③出票日	2022-06-15	
8	④到期日	2022-08-14	
9	⑤贴现日	2022-06-27	
10	⑥贴现率	6%	
11	(二)计算到期值	结果	
12	①应计利息	333.33	=ROUND(ACCRINTM(B7,B8,B6,B5,2),2)
13	②商业汇票到期值	50333.33	=B5+B12
14	(三)计算贴现款		
15	①贴现天数	48	=DATEDIF(B9,B8,"D")
16	②贴现息	402.67	=ROUND(ACCRINTM(B9,B8,B10,B13,2),2)
17	③实得贴现款	49930.66	=B13-B16

图 1-9　将相应的计算信息录入 Excel 工作表中

〖操作提示 1-3〗　嵌套公式的编辑

　　如果直接在函数中输入相关数值计算应计利息,则应在 B12 单元格中输入:"＝ACCRINTM(DATE(2022,6,15),DATE(2022,8,14),4％,50000,2)",才能得到正确的答案。在编辑类似的嵌套公式时,可以在公式编辑栏中点击公式相应的参数进行输入,每输入一个参数后,用逗号隔开,系统将会自动提示输入下一个参数的类型,从而减少出错的概率,如图 1-10 所示。

| =ROUND(ACCRINTM(DATE(2022,6,15),DATE(2022,8,14),4%,50000,2),2) |
| B ACCRINTM(**issue**, settlement, rate, par, [basis]) |

图 1-10　嵌套公式的编辑

三、计算商业汇票的贴现息和贴现款

　　商业汇票办理贴现后,由银行扣除贴现息后再将剩余款项交给企业。而"贴现息＝贴现天数 × 贴现率 × 汇票到期值",因此,计算步骤如下:

　　(1)计算贴现天数。在 Excel 中,日期是以数字形式存放的,所以计算两个日期相隔天数最简单的方法是:用结束日期减开始日期。在 B15 单元格输入"＝B8－B9",即可计算出贴现天数。

　　(2)计算贴现息。在 B16 单元格中输入"＝ACCRINTM(B9,B8,B10,B13,2)",单击回车键,即可得出贴现息。

〖操作提示 1-4〗　用 ACCRINTM 函数计算贴现息

　　贴现息是利息的一种表现形式,它一般是一次性支付的。所以,我们还可以直接利用 ACCRINTM 函数来完成贴现息的计算。根据贴现的含义,我们将函数中的参数作了如下理解"ACCRINTM(贴现日,到期日,贴现率,到期值,basis)",其中,basis 一般取值为 2,意为一年按 360 天计,到期日与贴现日两个间隔天数按实际天数计。其中,日期需要用 DATE 函数引用。在单元格中录入"＝ACCRINTM(DATE(2022,6,27),DATE(2022,8,14),6％,50333.33,2)＝402.67"。得出的结果与前面的计算结果一致。

　　(3)计算贴现额。在 B17 单元格中输入"＝B13－B16",计算公式是"贴现额＝到期值－贴现息"的意思,单击回车键,即可得出贴现款项。

　　至此,商业汇票到期值及贴现款计算模型制作完成。以后收到新的商业汇票,只要修改本模型商业汇票的基本信息资料,Excel 就可以自动计算相应的到期值或贴现息,能够极大地提高工作效率。

四、利用 ROUND 函数保留恰当的小数位

　　在商业汇票到期值及贴现款计算模型制作完成后,注意到其小数位保留太多。在今

1

后的类似计算中，若多次引用这样的数字，会导致尾数差异。因此，需要将小数位保留两位。

选择 B12 单元格，将原计算公式中"ACCRINTM（B7，B8，4％，50000，2）"作为 ROUND 函数的 number 参数，将公式修改为"＝ROUND（ACCRINTM（B7，B8，4％，50000，2），2）"，单击回车键，即可实现保留两位小数，如图 1-11 所示。

【操作视频】
ROUND 函数

图 1-11　ROUND 函数的使用

同理，也对 B16 单元格的公式进行修改。修改后的计算结果如图 1-12 所示。

	A	B	C
1			
2		商业汇票计算模型	
3			
4	(一)资料	数据	提示
5	①票据面值	50000	
6	②票面利率	4%	
7	③出票日	2022-06-15	
8	④到期日	2022-08-14	
9	⑤贴现日	2022-06-27	
10	⑥贴现率	6%	
11	(二)计算到期值	结果	
12	①应计利息	333.33	=ROUND(ACCRINTM(B7,B8,B6,B5,2),2)
13	②商业汇票到期值	50333.33	=B5+B12
14	(三)计算贴现款		
15	①贴现天数	48	=DATEDIF(B9,B8,"D")
16	②贴现息	402.67	=ROUND(ACCRINTM(B9,B8,B10,B13,2),2)
17	③实得贴现款	49930.66	=B13-B16

图 1-12　利用 ROUND 函数保留指定小数位

【操作视频】
ROUNDDOWN 与 ROUNDUP 函数

【知识链接 1-2】　ROUND 函数及相关函数

ROUND 函数可将某个数字四舍五入为指定的位数。其语法为：ROUND(number, num_digits)。

式中的 number 为需要进行四舍五入的数字，num_digits 则是需要保留的小数位数。如果 num_digits 大于 0（零），则将数字四舍五入到指定的小数位；如果 num_digits 等于 0，则将数字四舍五入到最接近的整数；如果 num_digits 小于 0，则在小数点左侧进行四舍五入。ROUND 函数按此位数对 number 参数进行四舍五入。

若要始终进行向上舍入（远离 0），则使用 ROUNDUP 函数；若要始终进行向下舍入（朝向 0），则使用 ROUNDDOWN 函数；若要将某个数字四舍五入为指定的倍数（例如，四舍五入为最接近的 0.5 倍），则使用 MROUND 函数。

如果单元格 A1 含有 23.782 5，并且希望将该数字四舍五入为小数点后两位，则可以使用以下公式："＝ROUND(A1，2)"，计算结果为 23.78，以后即使再增加位数，保留 4 位，其值依然是 23.780 0。

【同步训练 1-1】　ACCRINTM 函数与 ROUND 函数应用练习

若某商业汇票的出票日为 2023 年 7 月 15 日，到期日为 2023 年 9 月 24 日，票面利率为 4％，面值为 40 000 元，每年按 360 天计算，每月按实际天数计算。请计算持有该汇票

的应计利息,计算结果保留两位小数,要求在公式中直接引用 DATE 函数计算,日计数类型为 2。

💡 提示:315.56 元,公式为"= ROUND(ACCRINTM(DATE(2023,7,15),DATE(2023,9,24),4%,40000,2),2)"。

【同步训练 1-2】　ROUND 函数应用练习

请根据表 1-2,利用 ROUND 函数完成数据四舍五入的各种要求。

表 1-2　　　　　　　　　　　ROUND 函数的应用练习

数　字	要　　　求	答　案	公 式 设 置
2.15	将 2.15 四舍五入到一个小数位	2.20	= ROUND(2.15,1)
2.149	将 2.149 四舍五入到一个小数位	2.10	= ROUND(2.149,1)
−1.475	将−1.475 四舍五入到两个小数位	−1.48	= ROUND(−1.475,2)
21.5	将 21.5 四舍五入到小数点左侧一位	20.00	=ROUND(21.5,−1)
654 321.00	将数值在个位数四舍五入	654 320.00	= ROUND(654321,−1)
654 321.00	将数值在十位数四舍五入	654 300.00	= ROUND(654321,−2)
654 321.00	将数值在百位数四舍五入	654 000.00	= ROUND(654321,−3)
654 321.00	将数值在千位数四舍五入	650 000.00	= ROUND(654321,−4)
654 321.00	将数值在万位数四舍五入	700 000.00	= ROUND(654321,−5)

【知识链接 1-3】　ACCRINT 函数

在 Excel 中存在与 ACCRINTM 函数相似的另一个函数,即 ACCRINT 函数。该函数返回定期付息证券的应计利息。其语法为:

ACCRINT(issue, first_interest, settlement, rate, par, frequency, basis, calc_method)

式中,issue 为有价证券的发行日;first_interest 为证券的首次计息日;settlement 为证券的结算日。结算日是在发行日之后,证券被卖给购买者的日期。rate 为有价证券的年息票利率;par 为证券的票面值,如果省略此参数,则 ACCRINT 视 par 为 1 000。frequency 为年付息次数,如果按年支付,frequency = 1;按半年期支付,frequency = 2;按季支付,frequency = 4。basis 为日计数基准类型,参见表 1-1。

calc_method 为逻辑值,指定当结算日期晚于首次计息日期时,用于计算总应计利息的方法。如果值为 TRUE(1),则返回从发行日到结算日的总应计利息;如果值为 FALSE(0),则返回从首次计息日到结算日的应计利息;如果省略此参数,则默认为 TRUE。

与 ACCRINTM 函数一样,式中的日期应使用 DATE 函数输入。

【同步训练 1-3】　ACCRINT 函数应用练习

江南公司收到一张面值为 1 000 元的地方债券,票面利率为 5%,发行日为 2023 年 4 月 28 日,起息日为 2023 年 5 月 1 日,到期日为 2025 年 5 月 1 日,每半年计息 1 次,则该债券到期累计利息为多少?一年按 365 天计,每月按实际天数计,本例假设发行日不计息。

💡 提示:100.21,公式为:"= ROUND(ACCRINT(DATE(2023,4,28),DATE(2023,5,1),DATE(2025,5,1),5%,1000,2,3),2)"。

1

【知识链接 1-4】　DATEDIF 函数

该函数计算两个日期之间的天数、月数或年数。其语法结构如下：

$$DATEDIF(Start\_date，End\_date，Unit)$$

式中，Start_date 用于表示时间段的第一个（即起始）日期。日期值有多种输入方式：带引号的文本字符串、序列号或其他公式或函数的结果。End_date 用于表示时间段的最后一个（即结束）日期。Unit 表示要返回的信息类型，主要有"Y""M""D"三种类型，其中，"Y"为一段时期内的整年数，"M"为一段时期内的整月数，"D"为一段时期内的天数。

【同步训练 1-4】　DATEDIF 函数应用练习

请您利用 DATEDIF 函数计算江南公司员工的年龄与工龄，员工信息表如图 1-13 所示。其中，年龄以"年"为单位，工龄以"月"为单位。

提示：工号 0001 年龄计算公式为"＝DATEDIF(D5，TODAY()，"Y")"，然后将公式复制到其他单元格，UNIT 参数使用"Y"，表示间隔年数，TODAY() 表示今天的日期；工号 0001 工龄计算公式为"＝DATEDIF(F 5，TODAY()，"M")"。

E6			× ✓ fx	=DATEDIF(D6,TODAY(),"y")			
▲	A	B	C	D	E	F	G
1	考核表1-1员工信息表——DATEDIF函数						
2							
3			员工信息表				
4							
5	工号	姓名	所属部门	出生日期	年龄（年）	入职时间	工龄（月）
6	1	A0062	后勤部	1977-12-11	45	1990-11-13	390
7	2	A0081	生产部	1972-1-6	51	1992-10-13	367
8	3	A0002	总经办	1984-6-7	39	1996-1-6	329
9	4	A0001	总经办	1985-10-2	37	1996-4-5	326
10	5	A0016	财务部	2000-10-1	22	1998-4-26	301

图 1-13　员工信息表

任务三　限制录入内容的设置

学习目的

● 掌握数据有效性的使用，能根据工作实际需要进行数据长度、录入内容、录入数字格式等限制条件的设置。

● 能运用 Ctrl 键选择多个不相邻的单元格。

学习资料

在当前的经济环境中，商业汇票的票面利率以及贴现率一般都小于 10％。为了避免在输入相应信息时出错，请对江南公司商业汇票到期值及贴现款计算模型中反映利率的单元格进行录入内容的限制。在输入利率与贴现率时，只允许输入小于或等于 10％的利率数值，对于超出 10％的数值输入，系统将提示"请校对！"，并停止录入。

操作向导

可以利用数据有效性功能对录入内容进行限制,如果录入不符合要求的内容,则提示出错并阻止录入。数据有效性的设立条件包括整数、小数、序列、日期、时间、文本长度以及自定义等方式。

一、选择多个不相邻的单元格

"票面利率"和"贴现率"两个不相邻单元格需要进行有效性设置。按住 Ctrl 键,选中B6、B10 单元格,以便同时对选中的单元格进行数据有效性设置,如图 1-14 所示。

图 1-14 用 Ctrl 键同时选择多个单元格

二、设置录入数值的最大值

在选中单元格后,单击"数据"选项卡,在"数据工具"组中,选择"数据验证",打开"数据验证"对话框,并在"设置"标签中进行设置。在验证条件设置中,"允许"项选择"小数","数据"项选择"小于或等于","最大值"项输入"0.1",如图 1-15 所示。

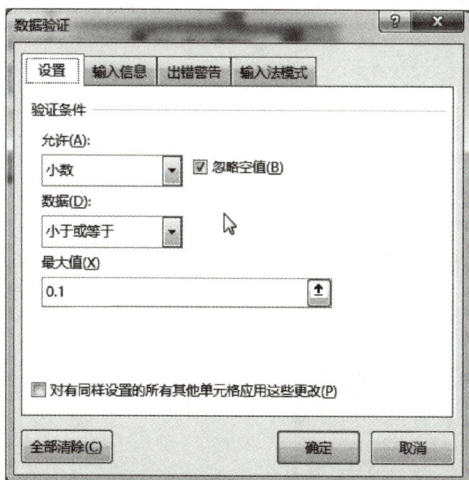

图 1-15 设置单元格有效性   图 1-16 设置输入信息提示

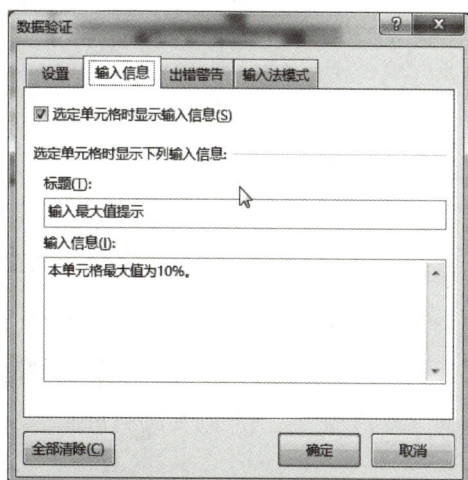

三、设置输入信息提示

为了能够在输入单元格信息时,方便录入者按规定格式录入相应的数据,我们可以设置输入信息提示。在"输入信息"选项卡中进行如下设置,如图 1-16 所示。

以后在相应单元格中输入信息时,系统将自动显示录入信息的基本要求,提醒使用者按规定录入相应信息,如图 1-17 所示。

4	(一)资料	数据
5	①票据面值	50000
6	②票面利率	4%
7	③出票日	2022/06/15
8	④到期日	2022/08/14
9	⑤贴现日	2022/06/27
10	⑥贴现率	6%
11	(二)计算到期值	结果
12	①应计利息	333.33
13	②商业汇票到期值	50333.33
14	(三)计算贴现款	
15	①贴现天数	48
16	②贴现息	402.67
17	③实得贴现款	49930.66

（输入最大值提示：本单元格最大值为10%。）

图 1-17　自动显示录入信息的基本要求

四、设置出错警告

在操作实践中,一旦输入错误,操作者希望系统能自动提示出错信息,以便进行修改。因此,操作者可以在"出错警告"选项卡中进行如下设置,如图 1-18 所示。

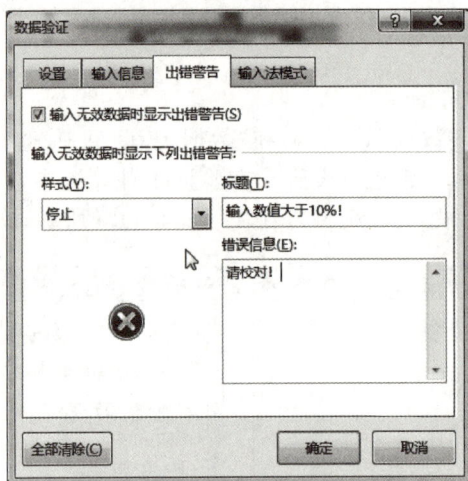

图 1-18　"出错警告"选项卡设置

当在相应单元格输入大于 10% 的数值时,系统将会显示警告框,并停止录入,如图 1-19 所示。

图 1-19　出错的警告框

1

任务四　商业汇票计算模型的保护设置

学习目的

● 掌握对工作表数据的保护操作，能通过设置"锁定"选项，实现对指定单元格数据区域的保护。

● 能通过设置"隐藏"选项，实现对指定单元格公式的保护。

学习资料

为了确保设计好的计算模型不被他人随意修改，请对江南公司完成的商业汇票到期值和贴现款的计算模型进行保护设置。

即只允许对计算所需的参数（即汇票的面值、票面利率、出票日、到期日、贴现日、贴现息）进行录入、修改，而其他单元格不允许他人进行修改。

操作向导

在商业汇票到期值及贴现款的计算模型中，只需要修改汇票的面值、票面利率、出票日、到期日、贴现日、贴现息等相关信息，就可以自动实现不同票据贴现息、到期值的计算。而其他单元格中的数据、公式是不必修改的。因此，为了确保设置好的计算模型不被他人修改，我们需要对工作表进行保护设置。

一、勾选"锁定"与"隐藏"两个选项

打开"商业汇票到期值及贴现款计算模型——模型的保护设置"工作簿，全选需要保护的工作表，按 Ctrl＋1 快捷键打开"设置单元格格式"窗口，选择"保护"标签，勾选"锁定"与"隐藏"两个选项，即对所有的单元格进行保护设置，如图 1-20 所示。

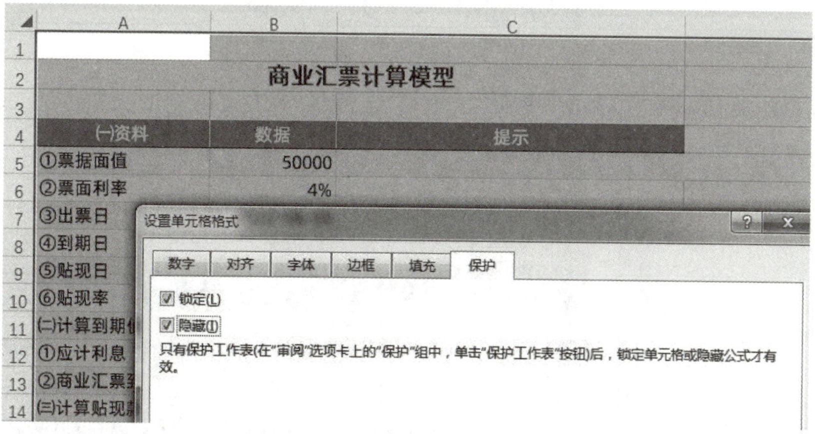

图 1-20　勾选"锁定"与"隐藏"两个选项

1

二、选择不需要保护的单元格,取消"锁定"与"隐藏"复选框

计算模型中只有 B5∶B10 单元格的区域数据可以修改,而其他单元格都需要被保护。因此,选择 B5∶B10 单元格区域,单击右键,执行"设置单元格格式"命令,选择"保护"选项,将"锁定"与"隐藏"的选项框中的钩去掉,如图 1-21 所示。

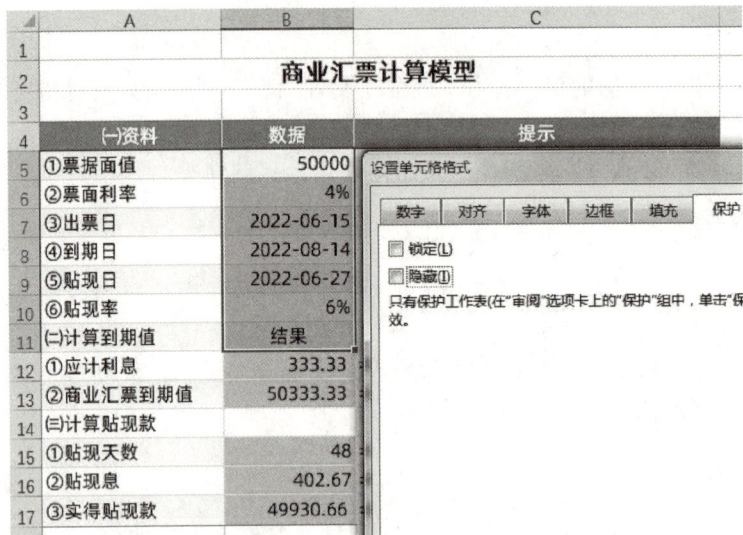

图 1-21　取消非保护单元格区域的"锁定"与"隐藏"

三、进行工作表保护设置

执行"审阅"→"保护工作表"命令,打开"保护工作表"对话框,输入保护密码,如图 1-22 所示。

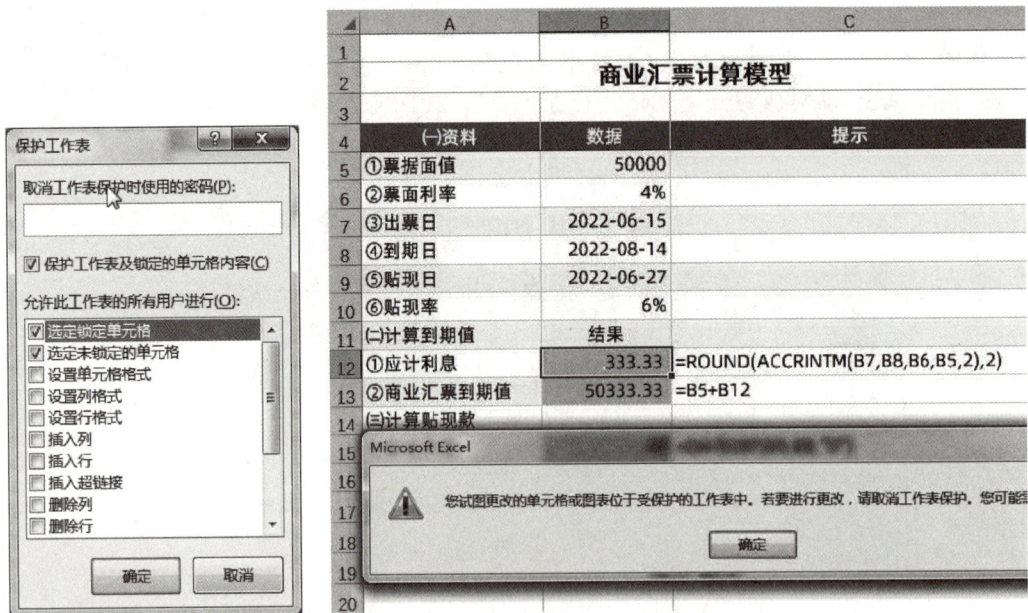

图 1-22　保护工作表　　　　**图 1-23　不允许修改工作表的警告提示**

完成上述设置后,当操作者需要修改被保护单元格中的相关内容时,如在 B12 单元格设置公式时,系统将出现警告框,不允许进行修改,如图 1-23 所示。

〖操作提示 1-5〗　保护工作表

　　保护工作表的操作,只对当前工作表进行保护,而对同一工作簿中的其他工作表则无效。

课　后　实　训

一、函数基础（判断正误）

1. ACCRINTM 函数可以用来计算分期付息的有价证券的应计利息。　　　　　（　　）

2. ACCRINTM 函数的语法格式为(issue, settlement, rate, par, basis),其中 issue 为到期日,settlement 为发行日,par 为有价证券的票面价值。　　　　　（　　）

3. ACCRINTM 函数中有价证券的发行日、到期日若采用直接录入方式进行计算,则应使用 DATE 函数输入日期,否则,将会出错。　　　　　（　　）

4. DATE(2023,5,23)表示 2023 年 5 月 23 日。　　　　　（　　）

5. 在单元格中录入"=ROUND(23.7825,2)",则计算结果为 23.78,以后即使再增加位数,改为保留 4 位小数,其值依然是 23.780 0。　　　　　（　　）

6. 在 Excel 中,日期是以数字形式存放的,所以计算两个日期相隔天数最简单的方法是:用结束日期减开始日期。　　　　　（　　）

7. 保护工作表的操作,对当前工作簿中的所有工作表都能起保护作用。　　　　　（　　）

8. 按住 Ctrl 键,依次选中其他不相邻的单元格,可以同时选中多个不相邻的单元格。

（　　）

9. ACCRINTM 函数返回到期一次性付息有价证券的应计利息。企业的商业汇票一般也是到期一次收回本息,故可以使用该函数计算利息。　　　　　（　　）

10. ACCRINTM 函数中的 par 参数为有价证券的票面价值,如果省略 par,函数 ACCRINTM 将自动视 par 为 100。　　　　　（　　）

11. ACCRINT 函数中的 frequency 参数为年付息次数。如果按年支付,frequency＝1;按半年期支付,frequency＝2;按季支付,frequency＝4。　　　　　（　　）

12. 利用"＝ROUNDUP(654 321,－1)"可将数值变为 654 321。　　　　　（　　）

13. 利用"＝ROUND(654 324,－1)"可将数值变为 654 320。　　　　　（　　）

14. 利用"＝ROUNDDOWN(654 321,－1)"可将数值变为 654 320。　　　　　（　　）

15. 在单元格中录入"＝MROUND(10,3)",表示将 10 四舍五入到最接近基数 3 的倍数,其值为 9。　　　　　（　　）

1

二、函数应用

1. 请根据商业汇票的到期值及贴现款的计算原理,设计一个通用的商业汇票到期值及贴现款的计算模型。要求如下:

(1) 能满足不同企业的商业汇票到期值及贴现款的计算要求,采用函数计算。

(2) 能显示到期值、贴现息、贴现款、贴现天数、票据天数等信息。

(3) 计算结果保留两位小数。

(4) 能对贴现率、票面利率的录入进行限制,不允许录入大于 10% 的利率数值,否则,将停止录入。

(5) 除需要修改的单元格外,对计算模型中的其他所有单元格进行保护设置,不允许他人修改,密码为空。

(6) 格式美观、大方。

将实训结果以"××××(学号)-1-1.xls"的格式命名并保存到"E:\××(班级)\"文件夹中。

2. 西部公司有一张面值为 5 000 元的带息票据,票面利率为 5%,出票日为 2023 年 6 月 1 日,到期日为 2023 年 8 月 31 日,一年按 365 天计,每月按实际天数计,则到期利息为多少?

💡 **提示**:62.33 元,公式为"=ACCRINTM(DATE(2023,6,1),DATE(2023,8,31),5%,5000,3)"。

3. 北方公司想投资一个短期债券,该债券 2023 年 4 月 1 日发行,2023 年 6 月 15 日到期,票面利率为 2.3%,票面价值为 10 000 元,日计数基准"实际天数/365",请利用 Excel 中的 ACCRINTM 函数计算其应计利息。

💡 **提示**:47.26 元,公式为"=ACCRINTM(DATE(2023,4,1),DATE(2023,6,15),2.3%,10000,3)"。

4. 2022 年 11 月 10 日财政部发行第五期储蓄国债(凭证式)为固定利率、固定期限品种,发行期限 3 年,到期日为 2025 年 11 月 10 日,票面年利率 3.05%,按实际天数计息,按年付息。某市民投资 100 000 元,请计算其持有到期累计收益为多少元?

💡 **提示**:9 150 元,公式为"=ACCRINT(DATE(2022,11,10),DATE(2022,11,10),DATE(2025,11,10),3.05%,100000,1,1)"。

5. 假设你 2023 年 9 月 1 日在银行办理了一份大额存款存单,利率为 3.5%,金额为 30 万元,连续存三年,到期日 2026 年 9 月 1 日,若按实际天数计息,第三年年末你将一次性收到多少万元利息?

💡 **提示**:3.15 万元,公式为"=ACCRINTM(DATE(2023,9,1),DATE(2026,9,1),3.5%,30,1)"。

软件国产化及 WPS 与 Office 的比较

项目二 复利终值的计算

复利计息是指将每期利息加入下期本金再计利息，逐期滚算，利上加利的一种计算利息方法，即"本生利，利滚利"。计息期是指相邻两次计息的时间间隔，如年、月、日等。根据国际惯例，不论投资、筹资还是存款业务，通常按复利计算利息。

复利计算包括复利终值与现值计算。复利终值是按复利计息方法计算若干期以后的本利和。在 Excel 中，复利终值的计算主要通过 FV 函数来完成。

任务一 一次性收付款项复利终值的计算

学习目的

● 能解释 FV 函数的语法结构，能运用 FV 函数计算一次性收付款项的复利终值。

● 能识别相对引用、混合引用、绝对引用的不同应用场景，能运用 F4 功能键实现不同单元格的引用方式的快速切换。

● 识记 CONCATENATE 函数与 & 连接符的作用，能运用相关函数实现不同单元格文本的合并。

学习资料

某项投资的年回报率为 12%，西部公司拟计划投资 30 000 元，所得的收益用于再投资。请分别计算该公司第 1 年年末、第 2 年年末、第 3 年年末该项资产的余额。

操作向导

一、一次性收付款项复利终值的计算原理

复利终值是按复利计息方法计算若干期以后的本利和。其计算公式为：

$$F_n = P(1+i)^n$$

上式是计算复利终值的一般公式,其中的 $(1+i)^n$ 被称为复利终值系数,也称为 1 元复利终值,它表示 1 元本金在特定利率和期数条件下的到期本利和,往往用 $(F/P, i, n)$ 来表示。

根据任务描述和复利终值计算公式,可得西部公司该项投资各年年末的资产余额:

$$F_1 = P(1+i)^1 = 30\,000 \times (F/P, 12\%, 1) = 30\,000 \times 1.120\,0 = 33\,600(\text{元})$$

$$F_2 = P(1+i)^2 = 30\,000 \times (F/P, 12\%, 2) = 30\,000 \times 1.254\,4 = 37\,632(\text{元})$$

$$F_3 = P(1+i)^3 = 30\,000 \times (F/P, 12\%, 3) = 30\,000 \times 1.404\,9 = 42\,147(\text{元})$$

二、利用 FV 函数计算复利终值

以上过程若用手工计算,工作量是很大的,因为要先去查询复利终值系数表,再去计算。而利用 Excel 中的 FV 函数来完成计算过程,工作量则大大减少,效率可以大幅度提高。

【知识链接 2-1】 FV 函数

该函数基于固定利率及等额分期付款方式,返回某项投资的未来值,即终值。它也可以用来计算一次性收付款复利终值和各类年金的终值。其语法为:FV(rate, nper, pmt, pv, type)。

式中的 rate 为各期利率,这里需要注意利率与计算期间相对应。例如,如果按 10% 的年利率借入一笔贷款来购买汽车,并按月偿还贷款,则月利率为 10%/12(≈0.83%)。

nper 为总投资期,即该项投资的付款期总数。例如,对于一笔 4 年期按月偿还的汽车贷款,共有 4×12(即 48)个付款期数,可以在公式中输入 48 作为 nper 的值。

pmt 为各期所应支付的金额,其数值在整个年金期间保持不变。通常,pmt 包括本金和利息,但不包括其他费用或税款。如果省略 pmt,则必须包括 pv 参数。有了这个参数,就可以利用该函数来计算年金的终值。

pv 为现值或一系列未来付款的当前值的累积和。如果省略 pv,则假设其值为零,并且必须包括 pmt 参数。

type 为数字 0 或 1,用以指定各期的付款时间是在期初还是期末。其中,0 或省略代表期末收付,1 则代表期初收付。根据这个参数的设置,我们可以计算出普通年金或是预付年金的终值。

【操作视频】
FV 函数

选中 B6、B7、B8 单元格,分别在相应的单元格中直接输入下列公式,即可得出计算结果,如图 2-1 所示。

"=FV(12%, 1, , -30000,)",该公式代表第 1 年年末的终值。

"=FV(12%, 2, , -30000,)",该公式代表第 2 年年末的终值。

"=FV(12%, 3, , -30000,)",该公式代表第 3 年年末的终值。

〖操作提示 2-1〗 一次性收付款项的终值计算(没有 pmt 参数)

以上公式中间的两个逗号之间是没有数字的,这是参数 pmt 的位置,没有数字,就意味着各期所应支付的金额为零。一次性收付款项在计算期间是没有这个数值的,如果有了,说明是求年金终值。至于为什么里面的金额是负的,那是因为投资将导致企业资金流出,资金流出用负号表示。

	A	B	C
1	一次性收付款项复利终值的计算		
2			
3			
4	(一)直接输入参数	结果	公式检查
5	某投资年报酬率12%，初始投资30000元，按年复利计息。请回答下列问题：		
6	第1年年末本利和为多少？	¥33,600.00	=FV(12%,1,,-30000,)
7	第2年年末本利和为多少？	¥37,632.00	=FV(12%,2,,-30000,)
8	第3年年末本利和为多少？	¥42,147.84	=FV(12%,3,,-30000,)
9	(二)使用引用方式输入参数		
10	利率（Rate）	12%	
11	期数（Nper）	3	请录入，1，2之后，看结果变化，答案以3为准。
12	每期资金收付（Pmt）		
13	期初现值（Pv）	-30000	
14	每期资金收付时点（Type）		
15	(三)计算结果	结果	
16	第3期的期末终值（Fv）	¥42,147.84	=FV(B10,B11,,B13,)
17	注：资金流出请用负数。		

图 2-1　利用 FV 函数计算一次性收付款项的复利终值

也可以在 FV 函数中采用引用单元格的方式进行一次性收付款项的复利终值计算。采用这种方式，以后只要修改相应的参数，就可以直接计算复利终值了。

在单元格 B16 中输入“=FV(B10，B11，，B13，)”，式中的单元格分别代表利率、期数和期初现值，单击回车键，即可得出相应的计算结果，在每期资金收付为零的情况下，只要修改 B11 单元格的期数，即可得到各期期末的资产余额，即复利终值。

在 A16 单元格中输入“=CONCATENATE ("第",B11,"期的期末终值(Fv)")”，就将公式中的三个文本连接在一起，如果 B11 的值为 3，则形成“第 3 期的期末终值(Fv)”的文本。使用 CONCATENATE 函数将两个或多个文本字符串联结为一个字符串。它与“&”符号的作用是一样的，只是通常情况下，使用“&”符号比使用 CONCATENATE 函数创建字符串的速度更快，更简单。

【同步训练 2-1】　用“&”符号生成新的字符串

江南公司的对下属子公司从财务、内部运营管理、客户、学习与成长四个维度进行了评价，分别用“●”“○”“x”表示“优”“良”“及格”等级评定，请在综合评价栏中将评价结果合成一个字符串显示。

提示： 结果如图 2-2 所示。

F5　{=B5:B13&C5:C13&D5:D13&E5:E13}

	A	B	C	D	E	F
1	与号的应用					
2						
3						
4	项目名称	财务维度	内部运营管理	客户维度	学习与成长	综合评价
5	项目A001	●	●	●	●	●●●●
6	项目A002	○	●	●	●	○●●●
7	项目A003	○	●	●	○	○●●○
8	项目A004					
9	项目A005	●	x	●	●	●x●●
10	项目A006	●	●	○	○	●●○○

图 2-2　用“&”符号生成新的字符串

【同步训练 2-2】　利用 FV 函数计算复利终值

请利用 FV 函数计算 1 元投资,在年报酬率为 12% 的情况下,到第 1 年年末、第 2 年年末、第 3 年年末的终值。与复利终值系数表进行核对,看看计算结果是否正确? 此外,你能读懂复利终值系数表中相应系数的含义吗?

💡 提示:参考答案分别为 1.120 0 元、1.254 4 元、1.404 9 元。

打开复利终值系数表,编制复利终值系数,在 C6 单元格计算现值为 1 元,利率为 1% ,期数为 1 的复利终值系数,并完成复利终值系数表的编制。

💡 提示:结果如图 2-3 所示。

	A	B	C	D	E	F	G	H	I
1	复利终值系数表的编制								
2									
3									
4	pv	-1	rate						
5	期限	利率	1.00%	2.00%	3.00%	4.00%	5.00%	6.00%	7.00%
6		1	1.0100	1.0200	1.0300	1.0400	1.0500	1.0600	1.0700
7		2	1.0201	1.0404	1.0609	1.0816	1.1025	1.1236	1.1449
8		3	1.0303	1.0612	1.0927	1.1249	1.1576	1.1910	1.2250
9		4	1.0406	1.0824	1.1255	1.1699	1.2155	1.2625	1.3108

图 2-3　编制复利终值系数表

【同步训练 2-3】　按月计息的复利终值计算

某项投资的年回报率为 12% ,西部公司拟计划投资 30 000 元,按月计算投资收益。请分别计算第 1 年年末、第 2 年年末、第 3 年年末该公司该项资产的余额为多少?

💡 提示:需要将年回报率换算成月回报率,将年换算成月。参考答案分别为 33 804.75 元、38 092.04 元、42 923.06 元。

任务二　普通年金终值的计算

✏ 学习目的

● 能解释 FV 函数的语法结构,能根据年金收付时点设置函数中 pmt 与 type 参数的值,能计算普通年金、预付年金的终值。

📖 学习资料

西部公司连续 3 年预计每年年末获得分红 100 万元,用于再投资,在投资报酬率为 10% 的情况下,该项分红在第 3 年年末将累计达到多少?

🦆 操作向导

一、普通年金终值的计算原理

普通年金又称后付年金,是指各期期末收付的年金。它是一定时期内每期期末等额收付款项的复利终值之和。换而言之,年金的终值等于各期年金的复利终值之和。

设每年的支付金额为 A,利率为 i,期数为 n,则普通年金终值 F 的计算公式为:

$$F = A \times \frac{(1+i)^n - 1}{i}$$

式中, $\dfrac{(1+i)^n - 1}{i}$ 是普通年金为 1 元,利率为 i,经过 n 期后的年金终值,记作 $(F/A, i, n)$。它可以通过查阅"年金终值系数表"取得。

对西部公司的收益再投资行为进行分析,其分红资产增值过程如图 2-4 所示。

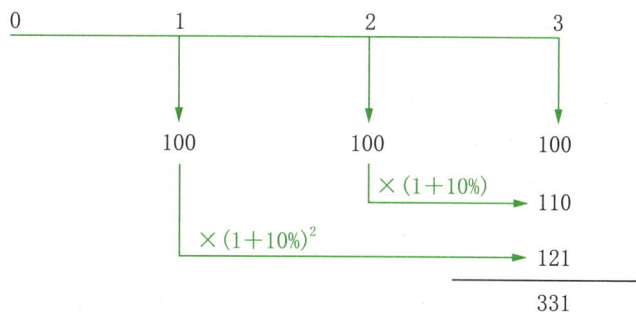

图 2-4　分红资产增值过程

收益再投资,经过 3 年后的终值计算结果如下:
$F = 100 \times (F/A, 10\%, 3) = 100 \times 3.3100 = 331(万元)$

二、利用 FV 函数计算普通年金终值

可以利用 Excel 中的 FV 函数来完成上述计算。

〖操作提示 2-2〗　FV 函数的参数设置

终值的计算都将用到 FV 函数,在普通年金终值的计算过程中,我们要注意两个参数的正确运用。

(1) pmt 参数。它表示各期所应支付的金额,其数值在整个年金期间保持不变。而在一次性收付款项终值的计算中,它是没有的。

(2) type 参数。该值为数字 0 或 1,用以指定各期的付款时间是在期初还是期末。其中,0 或省略代表期末收付,1 则代表期初收付。很显然,普通年金终值计算需要选择 0 或省略,而预付年金的终值计算应设置为 1。

(3) type 与 pmt 参数是对应的。若无 pmt 数值,则无论 type 参数为 0 或 1,两者的计算结果都是一样的。

选中 A3 单元格,直接输入"=FV(10%,3,−100,,)",单击回车键即可得出计算结果,如图 2-5 所示。

B12 =FV(利率,期数,年金,现值,每期资金收付时点)

	A	B	C	D	E
1	**FV函数的应用**				
2	(一)直接输入参数	公式说明			
3	¥331.00	=FV(10%,3,-100,,)			
4	(二)使用引用方式输入参数				
5	利率(rate)	10%			
6	期数(nper)	3			
7	每期资金收付(pmt)	-100			
8	期初现值(pv)				
9	每期资金收付时点(type)	0			
10					
11	(三)计算结果	结果	公式说明		
12	3期累计的期末终值(fv)	¥331.00	=FV(利率,期数,年金,现值,每期资金收付时点)		

图 2-5 利用 FV 函数计算普通年金终值

〖**操作提示 2-3**〗 **FV 函数参数的正负号**

上述公式中间的两个逗号之间是没有数字的,这是参数 pv 的位置,没有该数字,意味着这项任务没有初始的原始投资。若有,则直接填入即可。至于为什么里面的金额是负的,那是因为假设用分红再投资将导致企业资金流出。

另外,最后一个参数为空,即 type 的参数为 0,代表分红再投资是期末再投资。

也可以在 FV 函数中采用引用单元格的方式进行普通年金终值计算。采用这种方式,以后只要修改相应的参数,就可以直接计算普通年金终值了。

根据相关资料,事先在工作表中输入相应的参数,然后在单元格 B12 中输入计算公式"=FV(B5, B6, B7, B8, B9)",单击回车键,即可得出相应的计算结果。

在采用引用单元格方式计算过程中,上述公式中增加了期初初始投资 B8 单元格数据的引用,因为本例中只有分红再投资,没有期初初始投资,故对计算没有影响。

【同步训练 2-4】 普通年金终值的计算

(1) 假设你每年年末存入银行 100 元,连续存 3 年,在银行存款利率为 4.9%的情况下,则在第 3 年年末你将累积多少钱?

提示: 334.94 元,公式为"=FV(4.9%, 3, -100, ,)"。

(2) 若是每年年初存入呢?

提示: 330.37 元,type 参数为 1,公式为"=FV(4.9%, 3, -100, , 1)"。

(3) 假设你毕业后连续 3 年每月月末在银行存入 100 元,用于再投资,在投资报酬率为 4.9%的情况下,则该笔资金在第 3 年年末将累计达到多少?

提示: 3 869.57 元,type 参数为 0, 100 元用正号录入,比较有无区别;公式为"=FV(4.9%/12, 3 * 12, 100, , 0)"。

任务三 预付年金终值的计算

学习目的

- 能解释 FV 函数的语法结构,能根据年金收付时点设置函数中 pmt 与 type 参数的值,能计算普通年金、预付年金的终值。

● 能运用 FV 函数正确计算一次性收付款项、普通年金与预付年金的终值。

学习资料

假如西部公司有一基建项目,分 5 次投资,每年年初投资 1 000 万元,预计第 5 年年末建成。该公司的投资款均向银行借款取得,预计资本成本率为 8%。该项目的投资总额是多少?

操作向导

一、预付年金终值计算的原理

普通年金收付款的时点在期末,而预付年金的收付款时点在期初,这是两者的区别。预付年金是指在每期期初等额收付的年金,又称即付年金。预付年金的形式如图 2-6 所示。

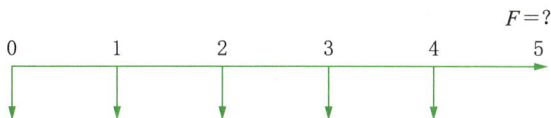

图 2-6 预付年金的收付形式

预付年金的终值,是指一定时期内每期期初收付款项的复利终值之和。在理解普通年金终值计算方法的基础上掌握预付年金终值的计算方法。具体有以下两种方法。

(一) 利用同期普通年金的终值公式再乘以 $(1+i)$ 计算

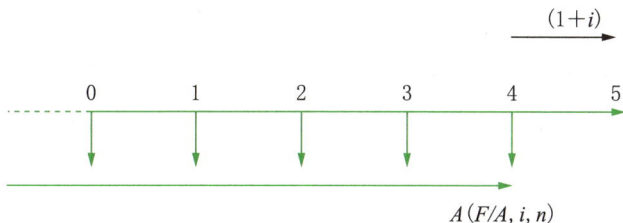

图 2-7 利用同期普通年金的终值公式再乘以 $(1+i)$ 计算

可以在预付年金的首期前增加一期,即图 2-7 中的虚线部分,它不会对预付年金的终值产生影响。这样,在不考虑最后一期的情况下,预付年金可演变成同期数的普通年金,从而能求出第 $n-1$ 期期末的终值,即 $A(F/A,i,n)$。

然后,再将第 $n-1$ 期的年金终值折算为第 n 期的终值,可得出预付年金的终值,即:

$$F=A(F/A,i,n)(1+i)$$

(二) 利用"期数加 1、系数减 1"的方法计算

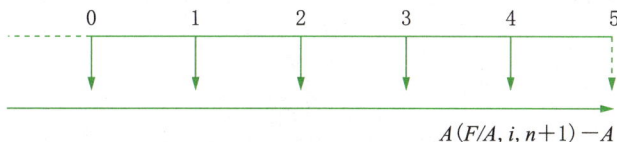

图 2-8 利用"期数加 1、系数减 1"的方法计算

$A(F/A,i,n+1)-A$

2

将预付年金转换成普通年金,如图 2-8 所示。转换的方法是:在最后一期期末增加一个等额款项的收付。同时,在首期前增加一期。如此,可将预付年金转换为 $n+1$ 期的普通年金,转换后形成的普通年金期数比预付年金增加了 1 期,故其年金终值为 $A(F/A,i,n+1)$。根据 $A(F/A,i,n+1)$ 得出的年金终值中,也包括了在最后一期期末中虚增的年金 A,这部分应予以减除。因此,预付年金的终值计算公式应为:

$$F = A(F/A,i,n+1) - A = A[(F/A,i,n+1) - 1]$$

此式表明,预付年金的终值系数和普通年金相比,期数加 1,而系数减 1。

根据上述计算公式,我们可以计算出西部公司的初始投资总额:

(1) 按方法一计算,可得:

$$
\begin{aligned}
F &= A(F/A,i,n)(1+i) \\
&= 1\,000 \times (F/A,8\%,5) \times (1+8\%) \\
&= 1\,000 \times 5.866\,6 \times (1+8\%) \\
&= 6\,335.93(万元)
\end{aligned}
$$

(2) 按方法二计算,可得:

$$
\begin{aligned}
F &= A(F/A,i,n+1) - A = A[(F/A,i,n+1) - 1] \\
&= 1\,000 \times [(F/A,8\%,6) - 1] \\
&= 1\,000 \times (7.335\,9 - 1) \\
&= 6\,335.90(万元)
\end{aligned}
$$

二、利用 FV 函数计算预付年金终值

如果采用 Excel 中的 FV 函数来完成上述计算步骤,一切将变得十分简单。

选中 B5 单元格,直接输入"=FV(8%,5,−1000,,1)",单击回车键,即可得出计算结果,如图 2-9 所示。

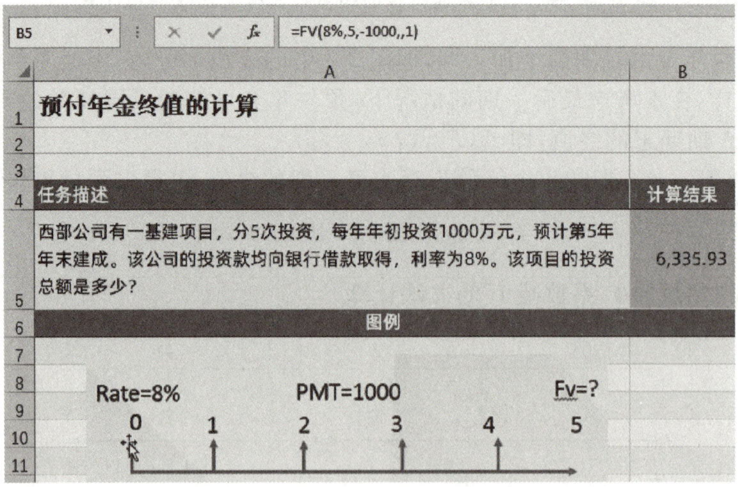

图 2-9 预付年金终值的计算

〖操作提示 2-4〗　预付年金与普通年金 type 参数设置的差别

　　图 2-9 中,最后一个参数为 1,即 type 的参数为 1,代表每期投资是期初投资。

　　终值的计算都将用到 FV 函数,在预付年金终值的计算过程中,要注意 type 参数的正确运用。该值为数字 0 或 1,用以指定各期的付款时间是在期初还是期末。其中,0 或省略代表期末收付,1 则代表期初收付。很显然,预付年金的终值计算的 type 值应设置为 1。否则,它将变成普通年金。

　　也可以在 FV 函数中采用引用单元格的方式进行预付年金终值的计算。采用这种方式,我们以后只要修改相应的参数,就可以直接计算预付年金终值了。

　　根据相关资料,事先在工作表中输入相应的参数,然后在单元格 B12 中输入计算公式,如"=FV(B5,B6,B7,B8,B9)",单击回车键,即可得出相应的计算结果。

【同步训练 2-5】　预付年金终值的计算

　　(1) 北部公司有一投资项目,每年年初投入资金 50 万元,共投资 5 年,假定年资本成本率为 8%,则考虑资金时间价值后的投资总额达到多少万元?

　　💡 提示:316.8 万元,公式为"= FV(8%,5,−50,,1)"。

　　(2) 假设你离校时获国家奖学金 5 000 元,存入银行,之后每年年初存入银行 1 000 元,连续存 3 年,在银行理财产品年均收益率为 4% 的情况下,则在第 3 年年末你将累积多少钱?

　　💡 提示:8 870.78 元,公式为"=FV(4%,3,−1000,−5000,1)"。

　　(3) 假设你每月月初存入银行 100 元,连续存 3 年,在银行理财产品年均收益率为 4% 的情况下,则在第 3 年年末你将累积多少钱?

　　💡 提示:3 830.88 元,公式为"=FV(4%/12,3*12,−100,,1)"。

　　如果是每月月末存入银行 100 元,那么 type 参数应该如何设置呢?

　　💡 提示:每月的月末存入,与 pmt 参数对应的 type 参数应设置为 0,或者为空。

任务四　递延年金终值的计算

✎ 学习目的

　　● 理解递延年金终值计算的财务原理,能正确设置 nper 参数,能运用 FV 函数正确计算递延年金终值。

📗 学习资料

　　假设西部公司拟一次性投资开发某农庄,预计该农庄能存续 15 年,但是前 5 年不会产生净收益,从第 6 年开始,每年的年末产生净收益 5 万元。

　　请问,在考虑资金时间价值的因素下,若农庄的投资报酬率为 10%,则该农庄给企业带来的累计收益为多少?

2

🦆 操作向导

一、递延年金终值的计算原理

递延年金是指第一次年金收付形式发生在第二期或第二期以后的年金。

递延年金的支付形式如图 2-10 所示。从图中可以看出，前 m 期没有发生年金收付。我们一般用 m 表示递延期数，用 n 表示递延年金发生的期数，则总期数为 $m+n$。

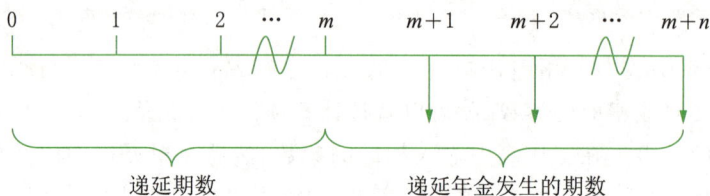

图 2-10　递延年金的支付形式

递延年金终值的计算方法和普通年金终值的计算方法基本类似。但是，由于递延期 m 与终值无关，所以，在计算时只需考虑递延年金发生的期数 n 即可。其计算公式如下：

$$F = A(F/A, i, n)$$

在考虑资金时间价值因素的情况下，农庄每年产生净收益 5 万元，能继续投入再生产，获得每年 10% 的回报。求该农庄给企业带来的累计收益，实际上就是计算递延年金终值。可得：

$$F = A(F/A, i, n)$$
$$= 50\,000 \times (F/A, 10\%, 10)$$
$$= 50\,000 \times 15.937$$
$$= 796\,850(元)$$

若该农庄每年带来的净收益继续投入再生产，在企业的投资报酬率为 10% 的情况下，10 年的累计收益将达到 796 850 元。

二、利用 FV 函数计算递延年金终值

可以利用 Excel 中的 FV 函数来计算递延年金终值。实际上，终值的计算都会用到 FV 函数。

〖操作提示 2-5〗　递延年金中 nper 参数的设置
在递延年金终值的计算过程中，要注意 nper 参数的正确设置，参数只能选择年金支付的期间，不能包括递延期。同时，还要注意 type 参数的正确运用。

选中 A3 单元格，直接输入"＝－FV(10%，15－5，50000，，)"，单击回车键，即可得出计算结果，如图 2-11 所示。

	B14	▼ ◉	*f*ₓ =-FV(B5,B7,B9,B10,B11)	
	A	B	C	D
1	**FV函数的应用**			
2	㈠直接输入参数	公式说明		
3	¥796871.23	=-FV(10%,15-5,50000,,)		
4	㈡使用引用方式输入参数			
5	利率（rate）	10%		
6	递延期（m）	5		
7	年金期数（nper）	10		
8	总期数	15		
9	每期资金收付（pmt）	50000		
10	期初现值（pv）			
11	每期资金收付时点（type）			
12				
13	㈢计算结果	结果	公式说明	
14	15期累计的期末终值	¥796871.23	=-FV(B5,B7,B9,B10,B11)	
15				

图 2-11　利用 FV 函数计算递延年金终值

〖操作提示 2-6〗　正负号的调整

你也许会注意到,图 2-11 中公式前加了负号,目的是将结果值从负数变为正数。因为决策的实质是分析累计收益,收益应该是资金流入,而不是流出,所以应根据需要进行调整。

也可以在 FV 函数中采用引用单元格的方式进行递延年金终值的计算。采用这种方式,以后只要修改相应的参数,就可以直接计算递延年金终值了。

根据相关资料,事先在工作表中输入相应的参数,然后在单元格 B14 中输入计算公式,如"=−FV(B5,B7,B9,B10,B11)",单击回车键,即可得出相应的计算结果。

【同步训练 2-6】　递延年金终值的计算

(1)假设西部公司某项小额投资年收益率为 10%,回收期为 6 年,前两年没有现金流入,从第 3 年起至第 6 年每年年末流入现金 100 000 元,那么项目的投入最终给企业带来的累计收益为多少?

💡 提示:464 100.00 元,公式为"=−FV(10%,6−2,100000,,0)"。

(2)假设西部公司拟一次性投资开发某农庄,预计该农庄能存续 15 年,但是前 5 年不会产生净收益,从第 6 年开始,每年年末产生净收益 50 000 元。到期时,残值变现收益预计为 10 000 元。请问,在考虑资金时间价值的因素下,若农庄的投资报酬率为 10%,该农庄给企业带来累计收益(终值)为多少?

💡 提示:806 871.23 元,公式为"= FV(10%,15−5,−50000,,0)+10000"。

课 后 实 训

一、函数基础(判断正误)

1. FV 函数语法为:FV(rate,nper,pmt,pv,type),其中 rate 为各期利率,nper 为总投资期,pmt 为各期所应支付的金额,pv 为现值,type 为数字 0 或 1。　　　　　　　(　　)

2. FV 函数中的 type 参数为数字 0 或 1,用以指定各期的付款时间是在期初还是期末。

(　　)

3.如果按 6% 的年利率借入一笔贷款来购买汽车,并按月偿还贷款,则月利率为 6%/12(即 0.5%),在计算其终值时,应在公式中输入 6%/12 作为 rate 的值。　　　　（　　）

4.一笔 4 年期按月偿还的汽车贷款,共有 4×12（即 48）个偿款期数,计算其复利终值时,应在公式中输入 48 作为 nper 的值。　　　　　　　　　　　　　　（　　）

5.在递延年金终值的计算过程中,要注意 nper 参数的正确设置,其只能选择年金支付的期间,不能包括递延期。　　　　　　　　　　　　　　　　　　　　（　　）

6.在 FV 函数中,如果省略 pmt,则该函数计算的结果为一次性收付款项的复利终值。

（　　）

7.在 FV 函数中,如果有 pmt 参数,则其计算的结果为普通年金终值。　　（　　）

8.在 FV 函数中,如果有 pmt 参数,且 type 为数字 0,则其计算的结果为普通年金终值。

（　　）

9.在 FV 函数中,如果有 pmt 参数,且 type 为数字 1,则其计算的结果为预付年金终值。

（　　）

10.在 FV 函数中,type 为数字 0 或 1,其中,0 或省略代表期末收付,1 则代表期初收付。

（　　）

11.函数"=FV(8%,2,,−80000,)"返回的计算结果是一个正数。　　　（　　）

12.函数"=FV(8%,2,,−80000,)"返回的计算结果表示现值为 80 000,年利率为8%,期限为 2 年情况下的复利终值。　　　　　　　　　　　　　　　（　　）

13.函数"=FV(8%,4,10000,−80000,0)"返回的计算结果表示年利率为 8%,连续4 年每年收到 10 000 元,现在付出 80 000 元的普通年金终值。　　　　　（　　）

14.函数"=FV(8%,4,10000,,0)"返回的计算结果表示年利率为 8%,连续 4 年每年收到 10 000 元的普通年金终值。　　　　　　　　　　　　　　　　（　　）

15.函数"=FV(8%,4,10000,,1)"返回的计算结果表示年利率为 8%,连续 4 年每年收到 10 000 元的预付年金终值。　　　　　　　　　　　　　　　　（　　）

二、函数应用

1.请根据复利终值的计算原理,以及 FV 函数各参数使用的基本要求,设计一个通用的复利终值计算模型。要求如下:

（1）能满足一次性收付款项、普通年金、预付年金终值的计算要求。

（2）计算结果保留 2 位小数。

（3）格式美观、大方,并用教材中的实例数据验证模型计算结果的正确性。

将实训结果以"××××（学号）-2-1.xls"的命名格式保存到"E:\××（班级）\"文件夹中。

2.请根据递延年金终值的计算原理,以及 FV 函数各参数使用的基本要求,设计一个通用的递延年金终值的计算模型。要求如下:

（1）能满足不同期限的递延年金终值的计算要求。

（2）计算结果保留 2 位小数。

（3）格式美观、大方,并用教材中的实例数据验证模型计算结果的正确性。

将实训结果以"××××（学号）-2-2.xls"的命名格式保存到"E:\××（班级）\"文件夹中。

2

3. 请利用 FV 函数,制作一张利率范围为 1%～10%,期限在 1～20 期的1 元终值系数表,并将计算结果与终值系数表进行对比。

（1）编制复利终值系数表。

（2）编制普通年金终值系数表。

（3）编制预付年金终值系数表。

将实训结果以"××××（学号)-2-3.xls"的命名格式保存到"E:\××（班级)\"文件夹中。

4. 某人将 100 元存入银行,复利年利率为 2%,求 5 年后的终值。

💡 提示:110.41 元,"＝FV(2%,5,,－100,)"。

5. 假设你从 2023 年开始,每年年末向一位经济困难的学生捐 1 000 元,如果年存款利率为 2%,则这些捐款到 2036 年年底相当于多少钱?

💡 提示:15 973.94 元,"＝FV(2%,2036－2023＋1,－1000,,0)"。

6. 假设你从 2023 年开始,每年年初向一位经济困难的学生捐 1 000 元,如果年存款利率为 2%,则这些捐款到 2036 年年底相当于多少钱?

💡 提示:16 293.42 元,"＝FV(2%,2036－2023＋1,－1000,,1)"。

7. 为了给孩子上大学准备资金,你连续 6 年于每年年初在银行存入 3 000 元。若年存款利率为 5%,则第 6 年年末能一次性取出多少钱?

💡 提示:21 426.03 元,"＝FV(5%,6,－3000,,1)"。

8. 为了给孩子上大学准备资金,你连续 6 年于每月月初在银行存入 1 000 元。若银行年理财收益率为 5%,则第 6 年年末能一次性取出多少钱?

💡 提示:84 113.28 元,"＝FV(5%/12,6*12,－1000,,1)"

9. 某项小额投资年收益率为 10%,期限为 10 年,前两年没有现金流入,从第 3 年起至第 10 年每年年末流入现金 50 000 元,那么项目的投入最终给企业带来的累计收益为多少?

💡 提示:571 794.41 元,"＝－FV(10%,10－2,50000,,)"。

中国人为什么更爱"存钱"了

项目三　复利现值的计算

现值又称本金,是指未来某一时点上的一定量的资金折合成的现在的价值。在 Excel 中,复利现值的计算主要通过 PV 函数来完成。

任务一　一次性收付款项复利现值的计算

学习目的

● 能解释 PV 函数的语法结构,能运用该函数计算一次性收付款项的复利、普通年金、预付年金和递延年金的现值。

● 能识别 rate 与 nper 参数在计算资金时间价值时因口径不一致导致的计算结果差错。

● 能运用 F4 功能键实现不同单元格引用方式的快速切换。

学习资料

江南公司计划在两年后购买一台数控机床,机床的预计售价为 80 000 元。若银行存款利率为 8%,则该公司要存入多少钱才能在两年后买到那台机床? 如果现在存入 60 000 元,能满足购买的需要吗? 假设两年后机床价格不变。

操作向导

一、一次性收付款项复利现值的计算原理

复利现值是复利终值的对称概念,是指未来一定时间的特定资金按复利计算现在的价值,或者说是为将来取得一定的本利和而现在所需要的本金。

根据复利终值计算公式:

$$F_n = P(1+i)^n$$

可得复利现值计算公式为：

$$P = \frac{F_n}{(1+i)^n} = F_n \times (1+i)^{-n}$$

式中，$(1+i)^{-n}$ 是把终值折算为现值的系数，称为复利现值系数，或称作 1 元的复利现值，用符号 $(P/F, i, n)$ 来表示。例如，$(P/F, 10\%, 5)$ 表示利率为 10%，期数为 5 时的复利现值系数，该数值也可以通过查询复利现值系数表取得。

根据任务，我们应该计算出两年后机床售价的现值并将其与当前的 60 000 元比较。复利现值计算原理如图 3-1 所示。

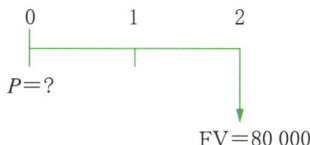

图 3-1　复利现值计算原理

$$P = F(1+i)^{-n} = 80\,000 \times (P/F, 8\%, 2) = 80\,000 \times 0.857\,3 = 68\,584(元)$$

该公司需要现在存入 68 584 元才能在两年后购买价值为 80 000 元的设备。这意味着该公司当前的资金缺口达 8 584 元。

二、利用 PV 函数计算一次性收付款项的复利现值

利用 Excel 中的 PV 函数可以快速地计算出一次性收付款项的复利现值，进而进行财务决策。

【知识链接 3-1】　PV 函数

该函数为一系列未来付款的当前值的累计和。其语法为：PV(rate, nper, pmt, fv, type)，式中，rate、nper、pmt、type 参数使用方法同 FV 函数。参数 fv 为未来值，或在最后一次支付后希望得到的现金余额，如果省略 fv，则假设其值为零（例如，一笔贷款的未来值为零）。

直接在 B6 单元格中输入"=PV(8%, 1, , -80000,)"，单击回车键，即可得出计算结果，如图 3-2 所示。

	A	B	C
1	一次性收付款项复利现值的计算		
2			
3			
4	（一）直接输入参数	结果	备注
5	银行年报酬率8%，按年复利计息。请回答下列问题：		
6	计划在第1年年末本利和为80000元，现在需要存入银行多少钱？	¥74,074.07	=PV(8%,1,,-80000,)
7	计划在第2年年末本利和为80000元，现在需要存入银行多少钱？	¥68,587.11	=PV(8%,2,,-80000,)
8	计划在第3年年末本利和为80000元，现在需要存入银行多少钱？	¥63,506.58	=PV(8%,3,,-80000,)
9	（二）使用引用方式输入参数		
10	利率（RATE）	8%	
11	期数（NPER）	2	请以第2期作为参考答案
12	每期资金收付（PMT）		
13	期末终值（FV）	-80000	
14	每期资金收付时点（TYPE）		
15	（三）计算结果		
16	第2期的现值（PV）	¥68,587.11	=PV(B10,B11,B12,B13,B14)

图 3-2　PV 函数在计算复利现值中的应用

3

根据参数的不同设置,Excel 可以满足普通年金、预付年金、递延年金和一次性收付款项复利现值计算的需要。

> **〖操作提示 3-1〗 PV 函数的参数设置**
>
> 公式"=PV(8%,1,,-80000,)"中间的两个逗号之间是没有数字的,这是参数 pmt 的位置,没有该数字,就意味着这项任务没有每期等额的资金收付。若有,则变成年金现值的计算了。至于输入"-80 000",是因为两年后需要付出80 000 元的终值,是资金流出。
>
> 另外,最后一个参数为空,即 type 的参数值为 0,代表每期等额的资金收付是期末支付还是期初支付。由于本例是一次性收付款项的计算,因此,该值是 0 还是 1,都不会对计算结果产生影响。

也可以在 PV 函数中采用引用单元格的方式进行一次性收付款项现值的计算。在单元格 B16 中输入计算公式,如"=PV(B10,B11,,B13,)",单击回车键,即可得出相应的计算结果,如图 3-2 所示。

由于该公司现在只有 60 000 元,因此按照计算结果,是不能满足两年后购买设备的资金需要的。

【同步训练 3-1】 复利现值的计算

北部公司打算在 10 年后获得本利和 50 000 元,假设投资报酬率为 10%,则该公司现在应投入多少元?

💡 提示:-19 277 元,公式为"=PV(10%,10,,50000,)"。

若查找复利现值系数来计算其现值,请编制一份期数为 1~20 期,利率为 1%~12%的复利现值系数表,供计算校对。

【同步训练 3-2】 RATE 与 NPER 的对应

假设银行年报酬率为 8%,按月复利计息。请回答下列问题:

(1) 计划在第 1 年年末取得本利和 80 000 元,请问现在需要存入银行多少钱?

💡 提示:需要将年报酬率换算为月报酬率,参考答案为:-73 868.92 元,公式为"=PV(8%/12,1*12,,80000,)"。

(2) 计划在第 2 年年末取得本利和 80 000 元,请问现在需要存入银行多少钱?

💡 提示:-68 207.71元,公式为"=PV(8%/12,2*12,,80000,)"。

(3) 计划在第 3 年年末取得本利和 80 000 元,请问现在需要存入银行多少钱?

💡 提示:-62 980.37元,公式为"=PV(8%/12,3*12,,80000,)"。

任务二　普通年金现值的计算

✏️ **学习目的**

● 能解释 PV 函数的语法结构,能识别该函数计算一次性收付款项的复利现值与计算各类年金现值的异同。
- 能够根据不同的财务场景,正确设置 type、fv 等参数的值。
- 能运用 Ctrl 等组合键,实现 Excel 的快捷操作。
- 掌握财务决策的基本方法,能理解现值的财务意义。

学习资料

江南公司拟承租某商铺。公司估计,该商铺将于每年年末给公司带来 100 万元的净收益,租期为 3 年。在公司资产报酬率为 10% 的情况下,公司愿意支付 3 年租金的最高竞价不能超过多少?

操作向导

一、普通年金现值的计算原理

普通年金现值,是指一定期间内每期期末等额的系列收付款项的现值之和。换而言之,年金的现值等于一系列年金的复利现值之和,n 期的年金现值系数等于 n 期的复利现值系数之和,其计算原理如图 3-3 所示。

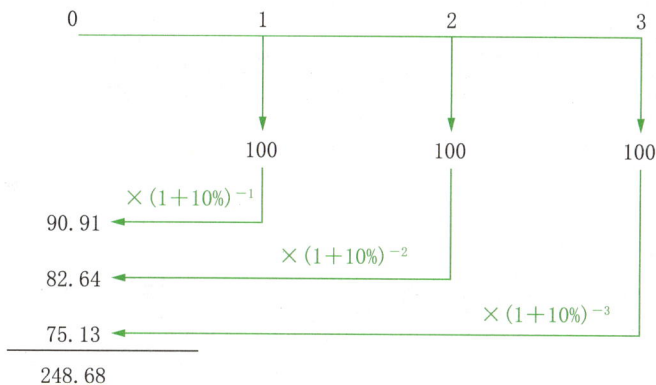

图 3-3 普通年金现值的计算原理

也可以根据普通年金现值的含义,得到普通年金现值的一般公式:

$$P = A \times \frac{1 - (1 + i)^{-n}}{i}$$

式中,$\dfrac{1 - (1 + i)^{-n}}{i}$ 是普通年金为 1 元、利率为 i、经过 n 期的年金现值系数,记作 $(P/A, i, n)$。它可以通过查阅年金现值系数表获取。

根据年金的计算原理,可得江南公司最高的租金竞价,实际上是求年金的现值:

$$P = 100 \times (1 + 10\%)^{-1} + 100 \times (1 + 10\%)^{-2} + 100 \times (1 + 10\%)^{-3} \approx 248.68 (万元)$$

二、利用 PV 函数计算普通年金现值

利用 Excel 中的 PV 函数可以快速地计算出其现值,以进行财务决策。

选择 B5:B7 单元格区域,按住 Ctrl 键,再选择 B15:B16 单元格区域,按 Ctrl+1 快捷键,

打开"设置单元格格式"窗口,将货币符号设置成人民币符号。

设置完成后,直接在 B5 单元格中输入"=PV(10%,3,100,,0)",单击回车键,即可得出计算结果,如图 3-4 所示。

在 PV 函数中,还可以采用引用单元格的方式进行普通年金现值的计算。采用这种方式,以后只要修改相应的参数,就可以直接计算现值了。

根据相关资料,事先在工作表中输入相应的参数,然后在单元格 B15 中输入计算公式,如"=PV(B9,B10,B11,B12,B13)",单击回车键,即可得出相应的计算结果,如图 3-4 所示。

	A	B	C
B5		fx	=PV(10%,3,-100,,0)
1	普通年金现值的计算		
2			
3			
4	(一)直接输入参数	现值的计算	公式检查
5	江南公司拟承租某商铺,公司估计,该商铺将每年年末给公司带来100万元净收益,租期为3年。在公司资产报酬率为10%的情况下,你愿意支付的三年租金最高竞价为多少?(请以万元为单位录入数据,下同)	¥248.69	=PV(10%,3,-100,,0)
6	江南公司拟承租某商铺,公司估计,该商铺将每年年末给公司带来100万元净收益,租期为3年,租期结束后,出租方会支付给江南公司10万元的清理费。在公司资产报酬率为10%的情况下,你愿意支付的三年租金最高竞价为多少?	¥256.20	=PV(10%,3,-100,-10,0)
7	江南公司拟承租某商铺,公司估计,该商铺将每年年末给公司带来100万元净收益,租期为3年,租期结束后,江南公司估计需要支付10万元的清理费。在公司资产报酬率为10%的情况下,你愿意支付的三年租金最高竞价为多少?	¥241.17	=PV(10%,3,-100,10,0)
8	(二)使用引用方式输入参数		
9	利率(RATE)	10%	
10	期数(NPER)	3	请以第3期作为参考答案
11	每期资金收付(PMT)	-100	
12	期末终值(FV)		
13	每期资金收付时点(TYPE)		
14	(三)计算结果		
15	3期累计现值(PV)	¥248.69	=PV(B9,B10,B11,B12,B13)
16	如果收益是每年年初收到,其它数据同上,则其现值(预付年金):	¥273.55	

图 3-4　PV 函数在计算普通年金现值中的应用

〖操作提示 3-2〗　**PV 函数中的 fv 参数设置**

注意公式"=PV(10%,3,100,,)"中的最后,有两个逗号,那是因为本例中没有预计未来值,故 fv 参数为空。如果实务中有一笔未来的收入款项,但又不属于年金,则应将其作为 fv 参数填入。例如固定资产的报废残值收入为 fv 值,而固定资产运行的每年等额资金收入为 pmt。

【同步训练 3-3】　**普通年金现值的计算**

中部公司每年年末需要支付费用 20 000 元,年资本成本率为 6%,若采用一次性付款方式,问 5 年内支付费用总额的现值是多少?

提示:84 248 元,公式为"=PV(6%,5,20000,,)"。

【同步训练 3-4】　**PV 函数中 FV 参数的应用**

1. 江南公司拟承租某商铺,公司估计,该商铺将于每年年末给公司带来 100 万元的净收益,租期为 3 年,租期结束后,出租方会支付给江南公司 10 万元的清理费。在公司资产报酬率为 10% 的情况下,江南公司愿意支付的三年租金的最高竞价为多少?

💡 提示:—256.20 万元,公式为"= PV(10%, 3, 100, 10, 0)",负号代表现金流出,下同。

2. 江南公司拟承租某商铺,公司估计,该商铺将于每年年末给公司带来 100 万元的净收益,租期为 3 年,租期结束后,江南公司估计需要支付 10 万元的清理费。在公司资产报酬率为 10% 的情况下,江南公司愿意支付的三年租金的最高竞价为多少?

💡 提示:—241.17 万元,公式为"= PV(10%, 3, 100, —10, 0)",注意 FV 资金的流向。

3

任务三　预付年金现值的计算

✏️ 学习目的

● 能解释 PV 函数的语法结构,能识别该函数计算普通年金与预付年金现值的区别。
● 能理解 PV 函数中 type 与 pmt 参数之间的关系,能识别预付年金与普通年金现值计算的区别。
● 能理解预付年金现值的计算原理,能运用 PV 函数验证各类年金现值的计算结果。

📗 学习资料

江南公司拟购买新设备,供应商有两套付款方案:方案一是采用分期付款方式,每年年初付款 20 000 元,分 10 年付清;方案二是一次性付款 15 万元。假设有充裕的资金,若公司的资金回报率为 6%,那么选择何种付款方式为最佳?

🌱 操作向导

一、预付年金现值的计算原理

预付年金现值,是指一定时期内每期期初收付款项的复利现值之和。在实务中,也可以在理解普通年金现值计算的基础上掌握预付年金现值的计算,具体有以下两种方法。

(一) 利用同期普通年金的现值公式再乘以 $(1+i)$ 计算

可以在预付年金的首期前增加一期,即图 3-5 中的虚线部分,将之转换成同期普通年金的形式。此时,若按普通年金求现值,将得到虚线起点时的现值,即 $A(P/A, i, n)$。因此,还需将第一步计算出来的现值乘以 $(1+i)$ 向后调整一期,最终得出即付年金的现值,如图 3-5 所示。其公式如下:

$$P = A(P/A, i, n)(1+i)$$

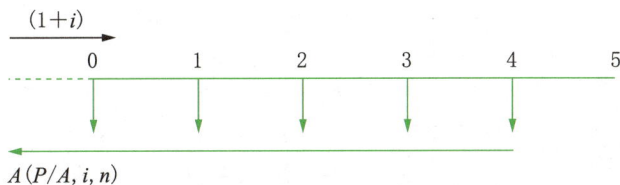

图 3-5　利用同期普通年金的现值公式再乘以 $(1+i)$ 计算

（二）利用"期数减 1、系数加 1"的方法计算

首先假设第 1 期期初没有等额的收付，这样就将其转换为普通年金了，可以按照普通年金现值公式计算。由于最后一期没有等额的年金收付，因此，期数为 $n-1$ 期。根据普通年金现值公式，可得现值为 $A(P/A,i,n-1)$。然后再进行调整，将原来未计入的第 1 期期初的 A 加上。最终得到预付年金的现值公式为：

$$P=A(P/A,i,n-1)+A=A[(P/A,i,n-1)+1]$$

由此可见，即付年金现值系数与普通年金现值系数相比，期数减 1，系数加 1。

根据题意，只要将方案一求出的现值与方案二的 150 000 元进行比较，即可得出结果，也就是求预付年金的现值，因此：

$$P=20\,000\times(P/A,6\%,10)\times(1+6\%)$$
$$=20\,000\times7.360\,1\times(1+6\%)$$
$$=156\,034.12（元）$$

或：

$$P=20\,000\times[(P/A,6\%,10-1)+1]$$
$$=20\,000\times(6.801\,7+1)$$
$$=156\,034.00（元）$$

所以，公司应选择一次性付款。

二、利用 PV 函数计算预付年金现值

可以利用 PV 函数快速地计算出其现值，进行财务决策。在操作上，只要将 type 的参数设置为 1 就可以了。

直接在 B5 单元格中输入"＝ROUND(PV(6％,10,20000,0,1),2)"，将计算结果保留两位小数，单击回车键，即可得到计算结果。选择该单元格，按 Ctrl＋1 快捷键，打开"设置单元格格式"窗口，将数字设置为"会计专用"，币符设置为"无"，如图 3-6 所示。

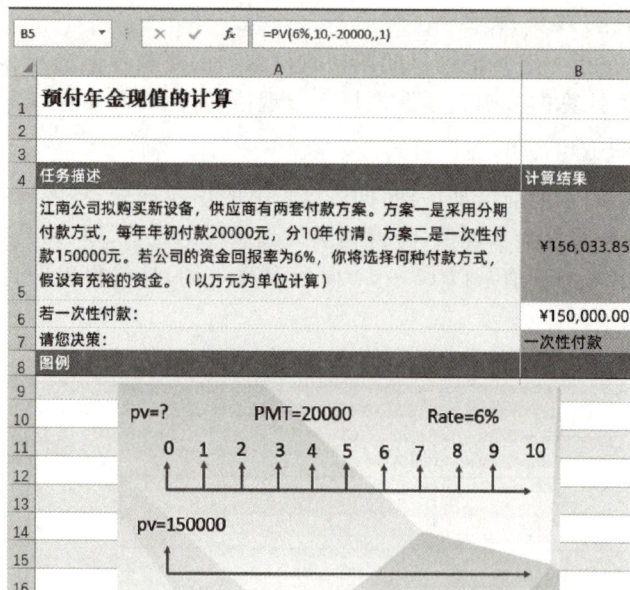

图 3-6　利用 PV 函数计算预付年金现值

在 B7 单元格中输入"＝IF(ABS(B5)＞B6,"一次性付款","分期付款")",对计算结果进行决策判断。如果分期付款的现值的绝对值大于一次性付款金额,函数结果为"一次性付款";否则,结果为"分期付款",如图 3-6 所示。

〖操作提示 3-3〗 type 参数的作用

如果将 B5 单元格公式中的 type 参数改成 0,则上述计算结果就成了普通年金的现值。

【同步训练 3-5】 预付年金现值的计算

1. 北方公司拟购进设备一套,方案一:5 年分期付款,每年年初付款 1 000 000 元,期望报酬率为 10％;方案二:一次性付款 4 500 000 元。请问应选择何种方案?

(1) 请计算使用分期付款的方式相当于一次性付款多少金额?

💡 提示:4 169 865.45 元,公式为"＝ROUND(PV(10％, 5, −1000000, , 1), 2)"。

(2) 计算结果保留两位小数;单元格格式设置为"会计专用",币符为"无",设置有千分号。

(3) 用函数进行"一次性付款""分期付款"的决策判断,为了避免正负号计算结果的影响,请用 ABS 绝对值函数修正后再进行判断决策。

💡 提示:公式为"＝IF(ABS(B5)＞B6," 一次性付款"," 分期付款")"。

2. 华美公司拟购买新设备,方案一采用分期付款方式,每月月初付款 2 万元,分 10 年付清;方案二采用一次性付款方式,金额为 181 万元。已知公司的资金回报率为 6％,请进行决策分析,计算结果不保留小数位,以万元为单位计算。

💡 提示:采用分期付款方式,公式为"＝ROUND(PV(6％/12, 10 ＊ 12, 2, 0, 1), 0)"。

任务四 递延年金现值的计算

✏️ 学习目的

- 掌握 PV 函数使用方法,能利用该函数进行递延年金现值的计算。
- 掌握嵌套公式的编辑方法,能根据复杂计算的需要灵活设置计算公式。
- 掌握单元格数字的自定义技巧,能进行数字的舍位操作。

📖 学习资料

假设江南公司拟一次性投资开发某农庄,预计该农庄能存续 15 年,但是前 5 年不会产生净收益,从第 6 年开始,每年的年末产生净收益 5 万元。请问,若农庄的投资报酬率为 10％,该农庄的累计投资限额为多少?

🗂️ 操作向导

一、递延年金现值的计算原理

递延年金的现值与递延期数相关,递延的期数越长,其现值越低。递延年金的现值计算有以下三种方法。

（1）把递延期以后的年金套用普通年金公式求现值，然后再向前折现。由于递延期的年金折现后，距离递延年金的现值点还有 m 期，再向前按照复利现值公式折现 m 期，即为递延年金的现值，计算公式为：

$$P = A(P/A, i, n)(P/F, i, m)$$

（2）把递延期每期期末都当作有等额的 A 年金收付，将递延期和以后各期看成是一个普通年金，计算出这个普通年金的现值，再把递延期虚增的年金现值减掉即可，如图 3-7 所示，即：

$$P = A[(P/A, i, m+n) - (P/A, i, m)]$$

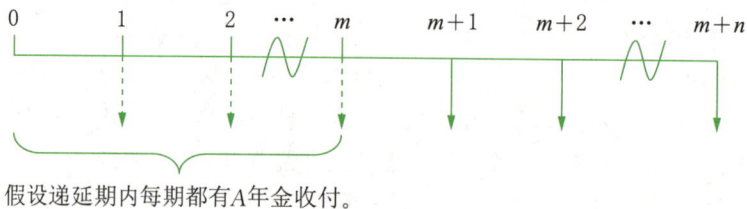

假设递延期内每期都有A年金收付。

图 3-7　递延年金现值的计算

（3）先求递延年金终值，再折现为现值，即：

$$P = A(F/A, i, n)(P/F, i, m+n)$$

只有未来的收益大于当前的投资额，企业才有投资的意愿。由于不同时点上的资金不能直接比较，因此，必须考虑资金的时间价值，将未来的收益与当前的投资额进行对比。

该案例事实上是计算递延年金的现值，因为递延期 m 为 5，发生递延年金收付期数 n 为 10。

按第一种方法计算：

$P = 50\,000 \times (P/A, 10\%, 10) \times (P/F, 10\%, 5)$

$= 50\,000 \times 6.144\,6 \times 0.620\,9$

$= 190\,759.11$（元）

按第二种方法计算：

$P = 50\,000 \times (P/A, 10\%, 15) - 50\,000 \times (P/A, 10\%, 5)$

$= 50\,000 \times 7.606\,1 - 50\,000 \times 3.790\,8$

$= 190\,765.00$（元）

按第三种方法计算：

$P = 50\,000 \times (F/A, 10\%, 10) \times (P/F, 10\%, 15)$

$= 50\,000 \times 15.937\,0 \times 0.239\,4$

$= 190\,765.89$（元）

计算结果表明，该农庄的累计投资限额为 190\,759.11 元。采用上述三种方法计算得出的结果存在微小的差异，主要是因为尾数差异。

二、利用 PV 函数计算递延年金的现值

递延年金的现值可以采用 Excel 中的 PV 函数来计算的,只不过因为存在递延期,所以需要掌握 Excel 的公式嵌套编写方法。

按方法一设计计算公式,其步骤如下:

(1) 计算出年金发生期的预期收益现值。选中 B5 单元格,输入"= PV(10%, 15 - 5, 50000, ,)",这里需要注意的是,期限"15-5"是年金发生的期数。然后,我们需要将该结果作为一次性收付款项的终值折到递延期期初的现值。

(2) 将年金发生期的预期收益现值再向前进行折现。选中 B5 单元格,将光标移至公式编辑栏,在原来的"="号后面继续输入"PV(",根据跳出的提示框最终将公式修改为"= PV(10%, 5, , PV(10%, 15 - 5, 50000, ,),)"。 单击回车键,即可得出递延年金的现值,如图 3-8 所示。

图 3-8　递延年金现值公式的编辑

通过图 3-8 可以看出,将年金发生期的年金现值作为递延期一次性收付款项的现值进行折现,递延期为 5 年。

按方法二进行公式编辑,其公式设置如下:

在 B6 单元格中,直接录入下列公式"= ABS(PV(10%, 15, 50000,) - PV(10%, 5, 50000,))",如图 3-9 所示。

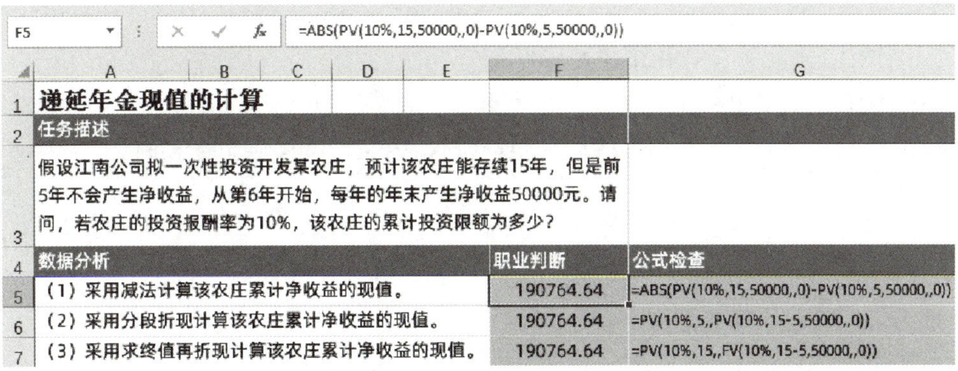

图 3-9　递延年金现值计算公式的编辑

选择 B5:B7 单元格区域,按 Ctrl+1 快捷键打开"设置单元格格式"窗口,在数字分类中,选择"自定义",将类型设置为"0!.0000"万元"",将计算结果转换为以万元为单位的数据。其中,"!."表示强制显示小数点,"0!.0000"万元""就是在万位后(第 4 位数字前面)强制显示一个小数点。同理,可将计算结果转换为以"千元"为单位的数据,如图 3-10 所示。

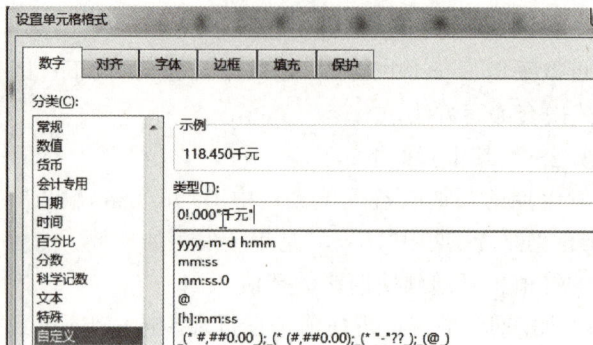

图 3-10　"千元"的设置

【同步训练 3-6】　先求终值再求现值方式计算递延年金现值

我们已经学习了终值的计算,也学习了现值的计算。请按照递延年金现值计算的第三种方法,根据其原理,在 Excel 中设计递延年金现值的计算公式,实现递延年金现值计算的目的。

💡 提示:190 764.64 元,公式为"=PV(10%,15,,FV(10%,10,50000,,),)"。

【同步训练 3-7】　PV 函数在递延年金现值计算中的应用

西部公司向战略合作伙伴借入一笔款项,年资本成本率为 10%,每年复利一次,合同约定前 10 年不用还本付息,但后 10 年每年年末偿还本息 50 000 元。请计算此笔款项的现值。

(1) 按方法一计算其现值。

💡 提示:−118 449.83 元,公式为:"=PV(10%,10,,PV(10%,20−10,−50000,,0),)"。

(2) 按方法二计算其现值。

💡 提示:−118 449.83 元,公式为"=PV(10%,20,50000,,0)−PV(10%,10,50000,,0)",注意正负号对计算结果的影响。

(3) 按方法三计算其现值。

💡 提示:−118 449.83 元,公式为"=PV(10%,20,,FV(10%,10,−50000,,0),)"。

课 后 实 训

一、函数基础(判断正误)

1. PV 函数可以用来计算一系列未来付款的当前值的累积和,即求现值。　　　　　(　　)

2. PV 函数的语法为:PV(rate,nper,pmt,fv,type),式中的 fv 参数是必须输入的,不能省略。　　　　　(　　)

3. 如果 PV 函数在公式编辑中,PV(rate,nper,pmt,fv,type)省略了 pmt 参数,则计算返回值为一次性收付款项的现值。　　　　　(　　)

4. 如果 PV 函数在公式编辑中,PV(rate,nper,pmt,fv,type)省略了 fv 参数,则计算返回值为预付年金的现值。　　　　　(　　)

5. 如果 PV 函数在公式编辑中，PV(rate，nper，pmt，fv，type)有 pmt 参数和 fv 参数，则计算返回值为 pmt 参数的年金现值与 fv 参数的现值之和。　　　　　　　　　　（　　）

6. PV 函数根据参数的不同设置，可以满足普通年金、预付年金、递延年金和一次性收付款项复利现值计算的需要。　　　　　　　　　　　　　　　　　　　　（　　）

7. 在 PV 函数中，如果有 pmt 参数，且参数 type 为数字 0，则其计算的结果为普通年金现值。　　　　　　　　　　　　　　　　　　　　　　　　　　　　　（　　）

8. 在 PV 函数中，如果有 pmt 参数，且参数 type 为数字 1，则其计算的结果为预付年金现值。　　　　　　　　　　　　　　　　　　　　　　　　　　　　　（　　）

9. 在 PV 函数中，参数 type 为数字 0 或 1。其中，0 或省略代表期末收付，1 则代表期初收付。　　　　　　　　　　　　　　　　　　　　　　　　　　　　　（　　）

10. PV 函数中，如果省略 pmt 参数，则必须包括 fv 参数。　　　　　　　　（　　）

11. 函数“=PV(8%，2，，−80000，)”返回的计算结果是一个正数。　　　（　　）

12. 函数“=PV(8%，2，，−80000，)”返回的计算结果是一个负数。　　　（　　）

13. 函数“=PV(8%，2，，PV(8%，2，，−80000，)，)”返回的计算结果是一个正数。　　　　　　　　　　　　　　　　　　　　　　　　　　　　　　　　　（　　）

14. 函数“=PV(8%，2，，PV(8%，2，，−80000，)，)”返回的计算结果是一个负数。　　　　　　　　　　　　　　　　　　　　　　　　　　　　　　　　　（　　）

15. 函数“=PV(8%，2，，−80000，)”返回的计算结果为年利率 8%，期限 2 年，终值为 80 000 元的现值。　　　　　　　　　　　　　　　　　　　　　　　　　（　　）

二、函数应用

1. 请根据复利现值的计算原理，以及 PV 函数各参数使用的基本要求，设计一个通用的复利现值的计算模型。要求如下：

（1）能满足一次性收付款项、普通年金、预付年金现值的计算要求。

（2）计算结果保留两位小数。

（3）格式美观、大方，并用教材中的实例数据进行模型计算结果正确性的验证。

将实训结果以“××××（学号）-3-1.xls”的命名格式保存到“E:\××（班级）\”文件夹中。

2. 请根据先求递延年金终值，再折现为现值的递延年金现值计算原理，即依据计算公式“$P = A(F/A，i，n)(P/F，i，m+n)$”以及 PV 函数各参数使用的基本要求，设计一个通用的递延年金现值的计算模型。要求如下：

（1）能满足不同期限的递延年金现值的计算要求。

（2）计算结果保留两位小数。

（3）格式美观、大方，并用教材中的实例数据验证模型计算结果的正确性。

将实训结果以“××××（学号）-3-2.xls”的命名格式保存到“E:\××（班级）\”文件夹中。

3. 请利用 PV 函数，制作一张利率范围在 1%～10%，期限在 1～20 期的 1 元现值系数表(具体包括：①复利现值系数表；②普通年金现值系数表；③预付年金现值系数表)，并将计算结果与一般财务管理中使用的现值系数表进行对比,看是否正确。

将实训结果以"××××(学号)-3-3.xls"的命名格式保存到"E:\××(班级)\"文件夹中。

利用 PV 函数编制的复利现值系数表的基本格式如图 3-11 所示。

💡 **提示**:注意绝对行、绝对列、绝对引用。

图 3-11　利用 PV 函数编制复利现值系数表

4. 江南公司拟购买 A 公司债券作为长期投资(打算持有至到期日),要求的必要收益率为 6%。A 公司发行 5 年期、面值为 1 000 元的债券,票面利率为 8%,请回答以下问题。

(1) 若单利计息到期还本付息,请问江南公司愿意支付的最高价格是多少?

💡 **提示**:−1 046.16 元,公式为"=PV(6%,5,,1000+1000 * 8% * 5,)"。

(2) 若按年付息,请问江南公司愿意支付的最高价格是多少?

💡 **提示**:−1 084.24 元,公式为"=PV(6%,5,1000 * 8%,1000,0)"。

(3) 若按半年付息,请问江南公司愿意支付的最高价格是多少?

💡 **提示**:−1 085.30 元,公式为"=PV(6%/2,5 * 2,1000 * 8%/2,1000,0)"。

5. 某人采用分期付款方式购入商品房一套,每月月初付款 3 000 元,分 10 年付清。若银行利率为 6%,该项分期付款相当于一次现金付款金额的多少? 若一次性付款 280 000元,他应选择哪种付款方式?

💡 **提示**:271 571.46 元,公式为"=PV(6%/12,10 * 12,−3000,,1)";选择分期付款。

6. 西部公司向战略合作伙伴出借一笔款项,年利率为 10%,每年复利一次,合同约定前10 年不用还本付息,但后 10 年每年年初偿还本息 50 000 元。请计算此笔款项的现值。若有企业愿意以 150 000 元购买该债权权利,是否应选择转让?

💡 **提示**:−130 294.81 元,公式为"=PV(10%,10,,PV(10%,20−10,−50000,,1),)";选择转让。

"幸福来敲门"背后的努力

项目四 年金的计算

年金是指等额、定期的系列收支。例如,分期等额付款赊购、分期等额偿还贷款、等额发放养老金、分期等额支付工程款、每年相同的销售收入等,都属于年金的收付形式。

在 Excel 中,可以利用 PMT 函数计算年金(含本金与利息),也可以利用 IPMT 函数和 PPMT 函数计算出每期支付金额中的利息与本金。

任务一 年偿债基金的计算

学习目的

● 掌握 PMT 函数的运用,能利用该函数正确计算年偿债基金或年资本回收额。
● 能够理解偿债基金与年资本回收额计算所需的各种参数,能正确设置 type 参数。

学习资料

假设东方公司拟在 3 年后还清 100 万元的债务,从现在起每年年末等额存入银行一笔款项。假设银行理财收益率为 10%,则公司每年需要存入多少万元? 若是在每年年初等额存入,又需要存入多少万元?

操作向导

一、偿债基金的计算原理

偿债基金是指为了在约定的未来一定时点清偿某笔债务或积聚一定数额的资金而必须分次等额存入的准备金,也就是为使年金终值达到既定金额的年金数额。偿债基金的计算是根据年金的终值计算年金的,即已知终值求年金。

根据普通年金终值计算公式:

$$F = A \times \frac{(1+i)^n - 1}{i} = A \times (F/A, i, n)$$

可知：

$$A = F \times \frac{i}{(1+i)^n - 1} = \frac{F}{(F/A, i, n)}$$

式中，普通年金终值系数的倒数称为偿债基金系数，记作$(F/A, i, n)$。从式中可知，偿债基金和普通年金终值互为逆运算，偿债基金系数和普通年金终值系数互为倒数。

根据任务描述，由于有利息因素，故不必每年存入 33.33 万元，只要存入较少的金额，3年后本利和即可达到 100 万元用以清偿债务。

$$A = \frac{F}{(F/A, i, n)} = \frac{100}{(F/A, 10\%, 3)} = \frac{100}{3.31} = 30.21（万元）$$

因此，在银行利率为 10% 时，公司每年存入 30.21 万元，3 年后可得 100 万元，用来还清债务。

二、利用 PMT 函数计算偿债基金

在 Excel 中，可以利用 PMT 函数计算偿债基金。

【知识链接 4-1】　PMT 函数

该函数用于计算在固定利率及等额分期付款方式下，返回贷款的每期付款额。其语法为：PMT (rate, nper, pv, fv, type)。

式中各参数的含义及使用方法与 PV、FV 等函数相同。它可以用来计算已知终值(fv)求年金(年偿债基金)或是已知现值(pv)求年金(年资本回收额)的计算。

根据前述的任务要求，在 B5 单元格中输入"= PMT(10%, 3, , -100, 0)"，单击回车键，即可得出计算结果，如图 4-1 所示。

【操作视频】
PMT 函数

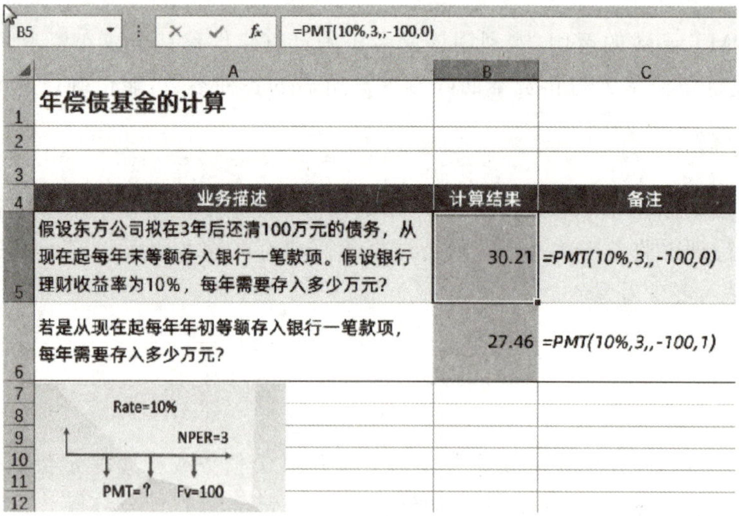

图 4-1　利用 PMT 函数计算偿债基金

〖操作提示 4-1〗　偿债基金的本质

公式"＝PMT(10％，3，，－100，0)"中的两个逗号之间为空，它是 pv 参数的位置，由于该任务没有期初初始资金流入，故为空。偿债基金实质上属于已知终值求年金的计算。

在 B6 单元格中输入"＝PMT(10％，3，，－100，1)"，单击回车键，即可得出每年年初等额存入 27.46 万元的计算结果，因此公司将在 3 年后积累 100 万元的资金。

〖操作提示 4-2〗　type 参数的妙用

如果我们将 type 的参数值设置为 1，则上述计算就成了每年年初需要存入多少钱才能归还期末所需的债务了。

【同步训练 4-1】　每年需准备多少元，才能还清款项

1. 假设江南公司从银行取得一笔贷款，贷款利率为 4.9％，贷款期限为 5 年。若到期一次还本付息，需偿还 100 万元。请问：

(1) 每年年末需准备多少还款金额？

提示：18.13 万元，公式为"＝PMT(4.9％，5，，－100，0)"。

(2) 每年年初需准备多少还款金额？

提示：17.29 万元，公式为"＝PMT(4.9％，5，，－100，1)"。

(3) 将计算结果的字体设置为微软雅黑，字号为 18；将 B 列列宽设置为 15；计算结果的数字设置为"会计专用"，币符为"无"，保留两位小数。

2. 假设你毕业后拟在 5 年后还清本息总额 50 000 元的助学贷款，从现在起每月月末等额定投基金，若期望收益率为 4％，则每月需要存入多少元？

提示：754.16 元，公式为"＝PMT(4％/12，5＊12，，－50000，0)"。

任务二　年资本回收额的计算

学习目的

● 掌握 PMT 函数的运用，能利用该函数正确计算年资本回收额或年偿债基金。
● 能理解年资本回收额与偿债基金的计算所需的各种参数，以及两者之间所需参〔 〕差异。

学习资料

假设北方公司现在拟出资 100 万元投资某项目，项目投资回报率预计为 3 年内收回投资，请问：①若于每年年末收回，则每年至少要收回多少元；〔 〕回，则每年至少要收回多少元；③若第 3 年年末仍有残值变现收入 5 万〔 〕要收回多少元？

4

![操作向导图标] **操作向导**

一、年资本回收额的计算原理

年资本回收额,是指在约定年限内等额收回初始投入资本或清偿所欠的债务,是根据年金现值计算的年金,即已知现值求年金。

根据普通年金现值计算公式:

$$P = A \times \frac{1-(1+i)^{-n}}{i} = A \times (P/A, i, n)$$

可知:

$$A = P \times \frac{i}{1-(1+i)^{-n}} = \frac{P}{(P/A, i, n)}$$

因此,根据任务描述,若于每年年末收回,则北方公司的年资本回收额计算如下:

$$A = \frac{P}{(P/A, i, n)} = \frac{100}{(P/A, 10\%, 3)} = \frac{100}{2.486\ 9} \approx 40.21(万元)$$

计算结果表明,投资回报率为10%时,北方公司每年年末至少要收回40.21万元,才能确保3年后收回初始投资额100万元。

二、利用 PMT 函数计算年资本回收额

在 Excel 中,用 PMT 函数来计算年资本回收额会更加便捷。

PMT 函数除可以计算年偿债基金外,也可以用于计算年资本回收额。这无非是对其中的参数作改变。偿债基金是根据终值计算 PMT,而年资本回收额是根据现值计算 PMT。

在 B6 单元格中输入"=PMT(10%,3,-100,,)",单击回车键,即可得出计算结果,如图 4-2 所示。

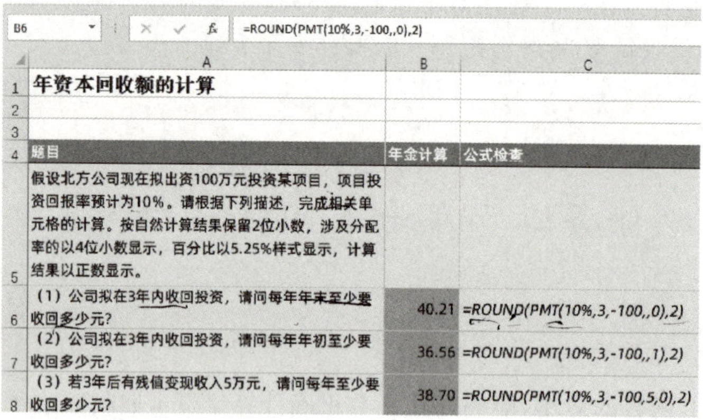

图 4-2　年资本回收额的计算

〖**操作提示 4-3**〗　**有未来值(fv)情况下的年资本回收额计算**

图中输入公式"=PMT(10%,3,-100,,)"中的两个逗号之间为空,它是 fv 参数的位置。如果该项投资期末有残值变现收入(注意资金流入用正数表示),则应在该位置输入相应的数值。事实上,年资本回收额的计算是属于已知现值求年金。

【同步训练 4-2】　有未来值(fv)情况下的年资本回收额的计算

假设北方公司现在拟出资 100 万元投资某项目,项目投资回报率预计为 10%,公司拟在 3 年内收回投资,3 年后有残值变现收入 5 万元,请问每年至少要收回多少元? 其计算结果如图 4-2 所示,公式如图 4-3 所示。

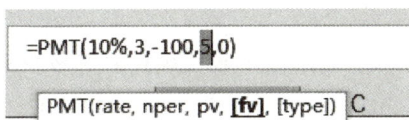

=PMT(10%,3,-100,5,0)

PMT(rate, nper, pv, **[fv]**, [type])　C

图 4-3　有未来值(fv)情况下的年资本回收额的计算

【同步训练 4-3】　融资租赁租金的计算

4

中南公司采用融资租赁方式于 2023 年 1 月 1 日从某租赁公司租入一台设备,设备价款为 90 000 元,租期为 8 年,到期后设备归企业所有,为了保证租赁公司完全弥补融资成本、相关的手续费并有一定的盈利,双方商定采用 20% 的折现率。要求:

(1) 计算该企业每年年末应支付的等额租金。

💡提示:23 454.85 元,公式为"=PMT(20%,8,-90000,,0)"。

(2) 若公司于每年年初支付租金,则每年需支付多少租金?

💡提示:19 545.71 元,公式为"=PMT(20%,8,-90000,,1)"。

(3) 若公司于每月月末支付租金,则每月需支付多少租金?

💡提示:1 885.79 元,公式为"=PMT(20%/12,8*12,-90000,,0)"。

(4) 若公司于每月月初支付租金,则每月需支付多少租金?

💡提示:1 854.87 元,公式为"=PMT(20%/12,8*12,-90000,,1)"。

计算结果如图 4-4 所示。

B6		fx	=PMT(20%,8,-90000,,0)	
	A		B	C
1	融资租赁租金的计算			
4	题目		年金计算	备注
5	中南公司采用融资租赁方式于2023年1月1日从某租赁公司租入一台设备,设备价款为90000元,租期为8年,到期后设备归企业所有,为了保证租赁公司完全弥补融资成本、相关的手续费并有一定的盈利,双方商定采用20%的折现率。			
6	(1)请计算该企业每年年末应支付的等额租金。		¥23,454.85	=PMT(20%,8,-90000,,0)
7	(2)若采用每年年初支付租金,则每年年初需支付多少租金?		¥19,545.71	=PMT(20%,8,-90000,,1)
8	(3)若采用每月月末支付租金,则每月需支付多少租金?		¥1,885.79	=PMT(20%/12,8*12,-90000,,0)
9	(4)若采用每月月初支付租金,则每月需支付多少租金?		¥1,854.87	=PMT(20%/12,8*12,-90000,,1)

图 4-4　融资租赁租金的计算

任务三 等额偿还贷款本息的计算

学习目的

- 掌握 PMT 函数的运用，能利用该函数正确计算等额偿还的本息。
- 掌握 PPMT 函数的运用，能利用该函数正确计算各期支付的贷款本金。
- 掌握 IPMT 函数的运用，能利用该函数正确计算各期支付的贷款利息。
- 掌握 IPMT、PPMT、PMT 函数中的 type 参数的正确设置，理解三个函数之间的关系。

- 掌握 F4 键在单元格引用方式切换中的快捷应用。

学习资料

东方公司从银行取得 500 万元贷款，年利率为 4.9%，期限为 5 年，与银行约定每期期末以等额的还款方式偿还贷款。请计算企业每年的期末应等额偿还的金额以及其中的本金和利息额。

操作向导

等额摊还法是每期偿还相等数额的款项，到期恰好将本金与利息全部偿还完的方法。在等额摊还的情况下，每期偿还款项中包含了利息和本金的部分，随着本金的不断偿还，各期支付的利息是不断减少的，而每期偿还的本金数额实际上是不断增加的。

需要了解每期偿还的金额数量，以及还款金额中有多少是本金，有多少是利息。具体的操作步骤如下所示。

一、设计还款计划表的格式

根据任务要求及贷款信息设计还款计划表，其格式如图 4-5 所示。

B8 =PMT($B$3,$B$4,$B$2,,)

	A	B	C	D
1	每期等额还款额中本金和利息的计算			
2	贷款金额（元）	500		
3	贷款利率（年）	4.90%		
4	期限（年）	5		
5				
6	还本付息计划表（元）			
7	年	每年等额还款	各年偿还本金	各年支付利息
8	1	-115.17	-90.67	-24.50
9	2	-115.17	-95.11	-20.06
10	3	-115.17	-99.77	-15.40
11	4	-115.17	-104.66	-10.51
12	5	-115.17	-109.79	-5.38
13				

图 4-5 还款计划表

二、计算各年的等额还款金额

Excel 中提供的 PMT 函数是基于固定利率及等额分期付款方式，返回投资或贷款的每期付款额。利用 PMT 函数可以计算出每年等额偿还的款项。

在 B8 单元格中输入"＝PMT（＄B＄3，＄B＄4，＄B＄2，，0）"，式中的单元格采用绝对引用方式，这是因为各年等额还款的金额所需的数据均固定在上述 B2、B3、B4 单元格，不能随着单元格的变化而变化，然后将公式采用填充方式复制到 B9：B12 的单元格区域内。

三、计算各年的本金偿还金额

在 C8 单元格中输入"＝PPMT（＄B＄3，A8，＄B＄4，＄B＄2，）"，式中，A8（per 参数）是支付本金的期数，它将会随着付款期数的变化而变化。在本例中，它将从 1 变到 5，然后将公式采用填充方式复制到 C9：C12 的单元格区域内，如图 4-6 所示。

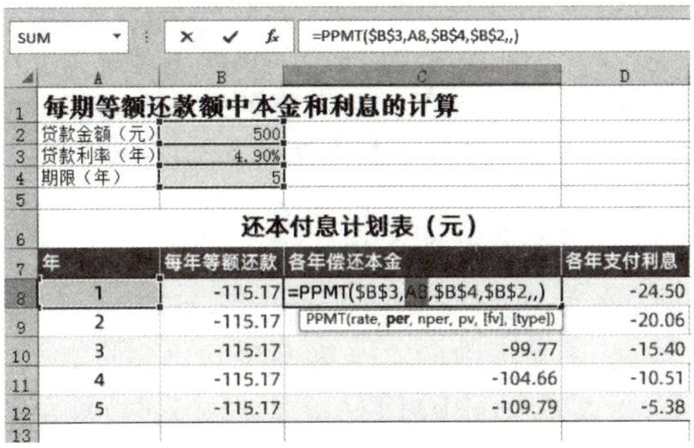

图 4-6 计算各年的本金偿还金额

> **【知识链接 4-2】 PPMT 函数**
>
> 该函数用于计算基于固定利率及等额分期的付款方式，返回投资在某一给定期间内的本金偿还额。其语法为：PPMT(rate, per, nper, pv, fv, type)。
>
> 式中的 rate、nper、pv、fv、type 参数同 FV 函数，其中 per 参数用于计算其本金数额的期数，其必须介于 1 到 nper 之间。

四、计算各年的利息支付金额

在 D8 单元格中输入"＝IPMT（＄B＄3，A8，＄B＄4，＄B＄2，）"，式中，A8（per 参数）是支付利息的期数，它将会随着付款期数的变化而变化。在本例中，它将从 1 变到 5，然后我们将公式采用填充方式复制到 D9：D12 的单元格区域，如图 4-7 所示。

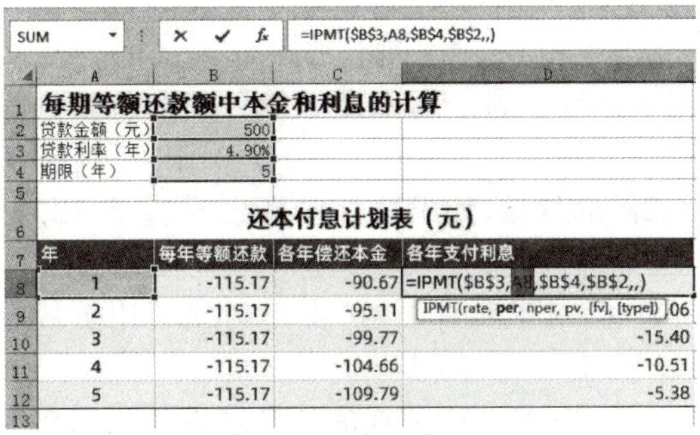

图 4-7 计算各年的利息支付金额

【操作视频】
IPMT、PPMT
函数

【知识链接 4-3】　IPMT 函数
　　该函数基于固定利率及等额分期付款的方式,返回给定期数内投资的利息偿还额。其语法为:IPMT (rate, per, nper, pv, fv, type)。式中的 rate、nper、pv、fv、type 参数同 FV 函数,其中 per 参数用于计算利息数额的期数,其必须在 1 到 nper 之间。

　　在使用这些函数时,我们应确认所指定的 rate 和 nper 参数单位的一致性。例如,同样是 4 年期,年利率为 4.9% 的贷款,如果按月支付,参数 rate 应为 4.9%/12,参数 nper 应为 4 * 12;如果按年支付,参数 rate 应为 4.9%,参数 nper 为 4。

　　对于所有参数,支出的款项,如银行存款,表示为负数;收入的款项,如股息收入,表示为正数。

【同步训练 4-4】　PMT、IPMT、PPMT 三种函数的关系

　　东方公司从银行取得 500 万元贷款,年利率为 4.9%,期限为 5 年,与银行约定以每期期末等额的还款方式偿还贷款。

　　(1) 请计算企业每年的期末应等额偿还的金额。

　💡 提示:115.17 万元,公式为 "=PMT(4.9%, 5, 500, , 0)"。

　　(2) 请计算企业第 2 年偿还款项中的本金为多少?

　💡 提示:95.11 万元,公式为 "=PPMT(4.9%, 2, 5, 500, ,)"。

　　(3) 请计算企业第 2 年偿还款项中的利息为多少?

　💡 提示:20.06 万元,公式为 "=IPMT(4.9%, 2, 5, 500, ,)"。

课 后 实 训

一、函数基础(判断正误)

1. 在固定利率及等额分期付款方式下,PMT 函数可以用于计算等额偿还的贷款本息。
（　　）

2. PMT 函数(rate, nper, pv, fv, type)的语法格式中,pv、fv 两参数不能同时共存。
（　　）

3. PMT 函数可以用来计算已知终值(fv)求年金或是已知现值(pv)求年金的计算。　（　　）

4. PPMT 函数用于计算基于固定利率及等额分期的付款方式,返回投资在某一给定期间内的本金偿还额。
（　　）

5. PPMT 函数的语法为 PPMT(rate, per, nper, pv, fv, type),其中 per 参数用于计算其本金数额的期数,必须介于 1 到 nper 之间。
（　　）

6. IPMT 函数可以用于计算在固定利率及等额分期的付款方式下,返回给定期数内投资的利息偿还额。
（　　）

7. 4 年期,年利率为 12% 的贷款,如果按月支付,rate 应为 12%/12,nper 应为 4 * 12;如果按年支付,rate 应为 12%,nper 为 4。
（　　）

8. 在使用 PMT 等函数时,对于所有参数,支出的款项用负数表示,收入的款项用正数表示。
（　　）

9. "=PPMT(10%, 4, 5, 500, ,)" 公式的计算结果是年利率为 10%,贷款额为 500 元的 5 年期贷款在等额还款情况下,第 4 年偿还的本金。
（　　）

10. “=IPMT(10%，4，5，500，，)”公式的计算结果是年利率为10%，贷款额为500元的5年期贷款在等额还款情况下，第4年偿还的本金。（ ）

11. 表达式“=PMT(10%，5，500，，0)”，其计算结果表示已知现值为500，年利率为10%，期数为5年的情况下，企业每年期末应等额收回的金额。（ ）

12. 表达式“=PMT(10%，5，，500，0)”，其计算结果表示已知终值为500，年利率为10%，期数为5年的情况下，企业每年期末应等额偿还的金额。（ ）

13. 表达式“=PPMT(10%，2，5，500，，)”，其计算结果表示已知现值为500，年利率为10%，总期数为5年的情况下，企业在第2年年末偿还的本金数。（ ）

14. 表达式“=IPMT(10%，2，5，500，，)”，其计算结果表示已知现值为500，年利率为10%，总期数为5年的情况下，企业在第2年年末偿还的利息数。（ ）

15. 表达式“=IPMT(10%，2，5，500，，)”，其计算结果表示已知现值为500，年利率为10%，总期数为5年的情况下，企业在第2年年末偿还的本金数。（ ）

二、函数应用

1. 北方公司员工张三从银行取得50万元的住房贷款，贷款月利率为4.2‰，期限为10年，与银行约定以每月期末等额本息还款方式偿还贷款。请计算张三每月月末应等额偿还的金额以及其中的本金和利息额，请为他编制一张120个月的还款计划表，格式如图4-8所示。

C11 =PPMT($B$3, A11, $B$5, $B$2, ,)

	A	B	C	D
1	每期等额还款额中本金和利息的计算			
2	贷款金额（元）	500000		
3	贷款利率（月）	0.0042		
4	期限（年）	10		
5	期限（月）	120		
6				
7	月	每月等额还款	每月偿还本金	每月支付利息
8	1	-5313.06	-3213.06	-2100.00
9	2	-5313.06	-3226.55	-2086.51
10	3	-5313.06	-3240.10	-2072.95
11	4	-5313.06	-3253.71	-2059.35
12	5	-5313.06	-3267.38	-2045.68
13	6	-5313.06	-3281.10	-2031.96
14	7	-5313.06	-3294.88	-2018.18
15	8	-5313.06	-3308.72	-2004.34
16	9	-5313.06	-3322.62	-1990.44
17	10	-5313.06	-3336.57	-1976.49
18	11	-5313.06	-3350.58	-1962.47
19	12	-5313.06	-3364.66	-1948.40
20	13	-5313.06	-3378.79	-1934.27
21	14	-5313.06	-3392.98	-1920.08
22	15	-5313.06	-3407.23	-1905.83
23	16	-5313.06	-3421.54	-1891.52
24	17	-5313.06	-3435.91	-1877.15
25	18	-5313.06	-3450.34	-1862.72
26	19	-5313.06	-3464.83	-1848.22
27	20	-5313.06	-3479.39	-1833.67

图4-8 张三的还款计划表

2. 假设江南公司从银行取得一笔贷款，贷款利率为4.9%，贷款期限为5年。若到期一次还本付息，需偿还100万元。若每月月初等额准备还款金额，那么每期应准备多少金额？

提示： 1.468 2万元，公式为“=PMT(4.9%/12，5*12，，-100，1)”。

3. 假设江南公司从银行取得一笔贷款，贷款利率为4.9%，贷款期限为5年。若到期一次还本付息,需偿还 100 万元。若每月月末等额准备还款金额,每期应存入多少金额?

💡 **提示:**1.474 2 万元,公式为"=PMT(4.9%/12,5 * 12,,−100,0)"。

4. 假设某同学毕业后拟在 5 年后购买一套价值 300 万元的公寓,从现在起每月月末在银行等额存入一笔款项。若银行存款利率为 2%,则每月需要存入多少万元?

💡 **提示:**4.76 万元,公式为"=PMT(2%/12,5 * 12,,−300,0)"。

5. 假设某同学毕业后拟在 5 年后购买一套价值 300 万元的公寓,从现在起每年年末在银行等额存入一笔款项。若银行存款利率为 2%,则每年需要存入多少万元?

💡 **提示:**57.65 万元,公式为"=PMT(2%,5,,−300,0)"。

6. 假设贷款年利率为 4.13%,贷款期为 20 年,贷款额度为 200 000 元。每月月末还款,则每月需还多少款项?

💡 **提示:**−1 225.704 7 元,公式为"=PMT(4.13%/12,20 * 12,200000,,)"。

7. 假设贷款年利率为 4.13%,贷款期为 20 年,贷款额度为 200 000 元。每年年初还款,则每年需还多少款项?

💡 **提示:**−14 295.835 4 元,公式为"= PMT(4.13%,20,200000,,1)"。

五年规划与中国梦

项目五　利率与期限的计算

在实务中,需要在已知 P , F , i , n , A 中的任何四个要素的情况下,能求出第五个要素的值。

前面介绍的是已知现值求终值,或是已知终值求现值,但是,在实务中,还需要求期限、利率等相关参数的值,这时,可以使用 RATE 和 NPER 函数进行计算。

任务一　利率的计算

学习目的

● 掌握 RATE 函数的使用,在已知 P , F , n , A 等要素的情况下,能够利用该函数求出 i 的值。

● 理解财务函数中数值必须有负数的规则,能查找出不能计算的原因。

学习资料

江南公司为了推销一种新产品,采用"还本送利"策略,向顾客承诺 5 年后按"一比一"返还销售额。促销活动结束后,公司共收到 20 000 元销售额,若不考虑产品销售成本,想让这笔款项经过 5 年后升值到 40 000 元,那么这笔款项的报酬率应达到多少才能实现目标?

操作向导

一、利率计算的基本原理

计算利率时,首先要计算出有关的资金时间价值系数,然后查阅相应的系数表(如复利终值系数表、复利现值系数表、年金终值系数表、年金现值系数表等)。如果表中有这个系数,则对应的利率即为要求的利率。如果没有,则查出最接近该系数值的一大一小两数,采用插值法求出利率。其计算过程如下所示。

根据前述的任务描述,是已知终值、现值、期限,再求利率的问题。所以,依照复利终值公式可计算:

$$20\,000 \times (F/P, i, 5) = 40\,000$$
$$(F/P, i, 5) = 2$$

查询复利终值系数表并用插值法求解。在表中找出期数为5、复利终值系数最接近2的一大一小两个系数。

$$(F/P, 15\%, 5) = 2.011\,4$$
$$(F/P, 14\%, 5) = 1.925\,4$$

两个系数对应的利率分别为15%、14%,说明报酬率居于这两者之间。

利率	复利终值系数
15%	2.011 4
i	2
14%	1.925 4

则:$(15\% - i) \div (15\% - 14\%) = (2.011\,4 - 2) \div (2.011\,4 - 1.925\,4)$

$i = 14.87\%$

所以,投资报酬率达到14.87%时,这笔销售款才能在5年后增长一倍。

二、利用 RATE 函数计算预期利率

在 Excel 中,上述的利率推算将变得很简单。

根据任务要求,选中 B5 单元格,输入"=RATE(5,,20000,-40000,,12%)",单击回车键,即可得出相应的计算结果,如图5-1所示。

【操作视频】
RATE 函数

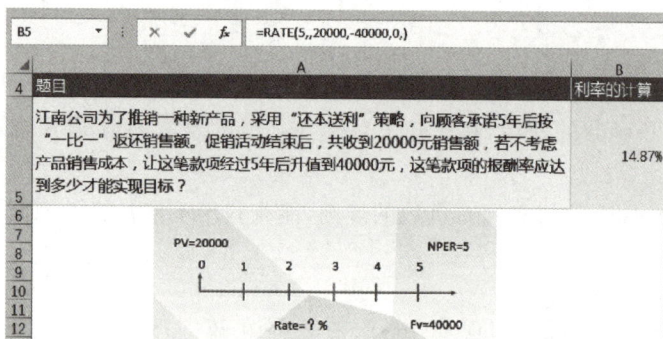

图 5-1　RATE 函数的使用

【　　　】RATE 函数

　金的各期利率。其语法为:RATE(nper, pmt, pv, fv, type, guess)。

　r、pmt、pv、fv 及 type 的含义及使用方法,同 PV 等函数。guess 为预期利率,如果省　值为10%。

　确认所指定的 guess 和 nper 参数单位的一致性,对于年利率为12%的4年期贷款,　为12%/12, nper 为 4 * 12;如果按年支付,guess 为12%, nper 为4。

〖操作提示 5-1〗 RATE 函数中有关参数设置的要求

以上输入的公式比图中的公式多了一个 12% 的参数,这是一个预期利率,可以省略。

公式中既有现值,又有未来值,还有每期等额的资金收付,所以要假设有资金流进与流出,资金流进用正数表示,流出用负数表示。在本例中,将未来值作为资金流出,取负值。否则,将不能得出计算结果。

【同步训练 5-1】 求央行票据利率

《上海证券报》报道:"央行公告显示,1 年期票据发行价格为人民币 96.16 元,对应参考收益率为 3.993 3%。"

请问:为什么说 1 年期票据发行价格为人民币 96.16 元,对应参考收益率为 3.993 3%?请用 RATE 函数计算验证。(注:央行票据面值为 100 元)

💡 提示:3.993 3%,公式为"=RATE(1,,96.16,-100,,)"。

【同步训练 5-2】 有 pv 参数时的 RATE 函数计算

如果某人现在在银行存入 3 600 元,且以后每月月末都存入 800 元,计划在 5 年后使存款数额达到 60 000 元,用于捐建希望小学,计算其年理财收益率应达到多少才能实现目标?

💡 提示:5.60%,公式为"=RATE(5*12,-800,-3600,60000,0)*12"。

【同步训练 5-3】 nper 与 pmt 参数的口径要对应

假设某同学毕业后拟在 5 年后还清 50 000 元的助学贷款,从现在起每月月末在银行等额存入 716.64 元。则银行的年利率应达到多少才能实现其目标?

💡 提示:6.00%,公式为"=RATE(5*12,716.64,,-50000,,)*12"。

【同步训练 5-4】 type 参数的运用

假设江南公司从银行取得一笔贷款,贷款期限为 5 年。若到期一次还本付息,公司需偿还本息金额 100 万元。若其每年年初等额还款 17.50 万元,则贷款利率为多少?

💡 提示:4.48%,公式为"=RATE(5,-17.5,,100,1)"。

任务二 实际利率与名义利率的计算

✏️ 学习目的

● 掌握 EFFECT 函数的使用,能够利用该函数根据名义利率计算实际利率并用于财务决策。

● 掌握 NOMINAL 函数的使用,能够利用该函数根据实际利率计算名义利率并用于财务决策。

📖 学习资料

江南公司因项目投资需要,向银行借款。其中,A 银行贷款利率为 6.10%,但要按季计息;B 银行贷款利率为 6.20％,可以按年付息。请问公司该向哪家银行申请贷款?

操作向导

一、实际利率的计算原理

通常情况下,假定利率均为年利率,以"年"作为基本计息期,每年计算一次复利。但实际上复利的计息期不一定是 1 年,有可能是按季度、按月或按日计算的。例如有的企业债券每半年计息一次;有的抵押贷款每季度计息一次。当每年的复利次数超过一次时,给出的年利率为名义利率(nominal interest rate)。而按照短于 1 年的计息期计算复利,并将全年利息额除以年初的本金,此时得到的利率为实际利率(effective interest rate)。

若一年计息一次,则实际利率等于名义利率;若一年内多次计息,则实际利率大于名义利率。

设名义利率为 r,实际利率为 i,一年中的复利次数为 m,全年利息额为 I,本金为 P,则实际利率的计算公式推导如下:

$$i = \frac{I}{P}$$

$$i = \frac{P\left(1+\frac{r}{m}\right)^m - P}{P} = \left(1+\frac{r}{m}\right)^m - 1$$

按上述公式来回答任务中描述的问题,它实质上是要求比较名义利率与实际利率的大小。江南公司向 A 银行借款的实际利率为:

$$i = \left(1+\frac{r}{m}\right)^m - 1 = \left(1+\frac{6.1\%}{4}\right)^4 - 1 \approx 6.24\%$$

所以,江南公司应选择 B 银行借款。

显然,在一年内多次计息的情况下,实际利率将大于名义利率。

二、利用 EFFECT 函数进行实际利率的计算

在 Excel 中,实际利率的计算将变得很简单。在 A3 单元格中,输入"＝EFFECT(6.1％,4)",式中的 6.1％为名义利率,而 4 则为每年的计息次数,单击回车键,即可得出答案,如图 5-2 所示。

A3		f_x =EFFECT(6.1%,4)	
	A	B	
1	A银行年贷款利率为6.10%，但要按季计息,其实际利率为多少?		
2	函数计算	列式计算	
3	6.24%	6.24%	
4	=EFFECT(6.1%,4)	=(1+6.1%/4)^4-1	

图 5-2　用 EFFECT 函数计算实际利率

【知识链接 5-2】　EFFECT 函数

该函数利用给定的年名义利率和每年的复利期数,计算有效的年利率。其语法为:EFFECT(nominal_rate, npery)。

式中的 nominal_rate 为年名义利率,npery 为每年的复利期数。我们需要注意两者的时间口径要一致,若 nominal_rate 为年名义利率,则 npery 为每年的复利次数;若 nominal_rate 为季名义利率,则 npery 为每季的复利次数。

【同步训练 5-5】　季度实际利率的计算

假设你考虑的一项投资的名义利率为季度利率 5%,每月付息,想要将名义利率转换为实际的季度利率。因为一个年度有 12 个月,所以,在确定 npery 参数时,应将其定义为 12。

💡 提示:在单元格中输入"= EFFECT(5%, 12)",即可得出实际的季度利率为 5.12%。

【同步训练 5-6】　选择哪种付款方式

如果某人想要买一辆车,经销商提供按月计息,年名义利率为 5.9% 的 5 年期贷款。而银行 5 年期存单的年存款利率为 6%。请问他是使用车贷还是放弃存单使用现金购车?

为了回答这个问题,必须明确 6% 的存款利率是实际利率,而按月付款的 5.9% 利率是名义利率。两者是不可比的,必须将名义利率换算成实际利率。

💡 提示:在单元格中输入"=EFFECT(5.9%, 12)",即可得出实际利率为 6.062 2%。所以,他应使用现金付款,放弃存单收益。

【同步训练 5-7】　npery 若为非整数,则将被截尾取整

假设名义利率为 6.25%,每年复利 5 次,则有效年利率为多少?若每年复利 5.5 次,其有效年利率为多少?

💡 提示:两项的参考答案均为 6.408 2%,npery 若为非整数,则将被截尾取整。

5

**【操作视频】
NOMINAL 与
EFFECT 函数**

【知识链接 5-3】　NOMINAL 函数

该函数基于给定的实际利率和年复利期数,返回名义年利率。其语法为:NOMINAL(effect_rate, npery),式中,effect_rate 为实际利率,npery 为每年的复利期数。

npery 若为非整数,将被截尾取整。

【同步训练 5-8】　NOMINAL 函数的应用

1. 假设实际季度利率为 1.354 3%,每季复利期数为 3 次,试计算季度名义利率。

💡 提示:1.348 2%,公式为"=NOMINAL(1.354 3%, 3)"。

2. 假设实际利率为 5.354 3%,每年复利期数为 7 次,试计算名义利率。

💡 提示:5.235 4%,公式为"=NOMINAL(5.354 3%, 7)"。

3. 假设实际利率为 5.354 3%,每年复利期数为 8.2 次,试计算名义利率。

💡 提示:5.232 9%,公式为"=NOMINAL(5.354 3%, 8.2)"。

4. 假设实际利率为 5.354 3%,每年复利期数为 8.6 次,试计算名义利率。

💡 提示:5.232 9%,公式为"=NOMINAL(5.354 3%, 8.6)",npery 为非整数,被截尾取整,所以与上题的计算结果一样。

任务三 期限的计算

学习目的

● 掌握 NPER 函数的使用,能够在已知 P、F、i、A 等要素情况下,求出 n 的值。

学习资料

江南公司为了推销一种新产品,采用"还本送利"策略,向顾客承诺 5 年后按"一比一"返还销售额。促销活动结束后,共收到 20 000 元销售额,若不考虑产品销售成本,请让这笔款项经过 5 年后升值到 40 000 元。

假设江南公司当前的资产报酬率为 10%,在制定"返本送利"销售策略时,你认为采用多长时间进行"还本送利"策略是合适的?

5

操作向导

一、期限的计算原理

在已知 P、F、i、A 等要素的情况下,我们能求出 n 的值。在实务中,其可采用插值法求解。

根据任务描述,这是根据已知的终值、现值、利率求期限的问题,所以,依照复利终值公式有:

$20\ 000 \times (F/P, 10\%, n) = 40\ 000$

$(F/P, 10\%, n) = 2$

查阅复利终值系数表并用插值法求解。在表中找出利率为 10%,复利终值系数最接近 2 的一大一小两个系数。它们分别是:

$(F/P, 10\%, 7) = 1.948\ 7$

$(F/P, 10\%, 8) = 2.143\ 6$

它们对应的期数分别为 7、8,也就意味着实际期限大于 7 年,小于 8 年。

期数	复利终值系数
7	1.948 7
n	2
8	2.143 6

则:$(7 - n) \div (7 - 8) = (1.948\ 7 - 2) \div (1.948\ 7 - 2.143\ 6)$

$n = 7.\ $

当存期达到 7.26 年时,销售款才能增长一倍。所以,你的建议是采用"还本
司为 7.26 年是比较合适的。

函数计算期限

述计算将变得很简单。

输入"=NPER(10%,,20000,−40000,)",单击回车键,即得出相应的

计算结果,如图 5-3 所示。

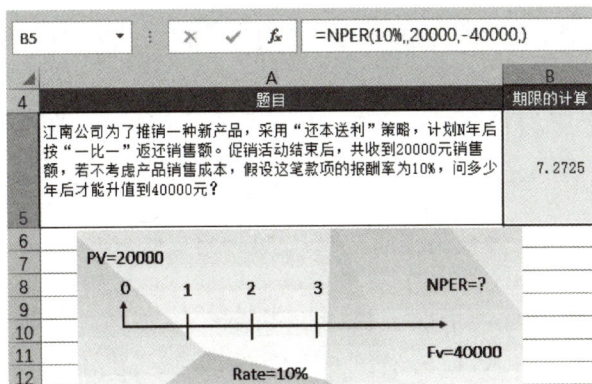

图 5-3　利用 NPER 函数计算期限

【知识链接 5-4】　NPER 函数

　　该函数基于固定利率及等额分期付款方式,返回某项投资的总期数。其语法为:NPER(rate, pmt, pv, fv, type),式中的相关参数含义及其使用方法同 PV 函数。

〖操作提示 5-2〗　必须有数值为负

　　　　NPER 函数公式中既有现值,又有未来值,还有每期等额的资金收付。要假设资金有流进与流出,所以,应遵从“必须有数值为负”的规则。在本例中,将未来值作为资金流出,取负值。否则,将不能得出计算结果。

【同步训练 5-9】　动态回收期的计算

　　若南部公司投资 C 方案,该方案每年带来的现金流量为 4 600 万元,初始投资为 12 000 万元,在资产报酬率为 10% 的情况下,计算公司需要多少年才能收回投资?

　　提示:3.17 年,公式为“=NPER(10%, − 4600, 12000, ,)”。

【同步训练 5-10】　NPER 函数的应用

　　1. 若南部公司投资 A 方案,该方案每月给公司带来的现金流量为 5 万元,初始投资为 120 万元,在年资产报酬率为 10% 的情况下,计算公司需要多少个月才能收回投资?

　　提示:26.888 6 月,公式为“=NPER(10%/12, 5, − 120, ,)”。

　　2. 若南部公司投资 A 方案,该方案每月带来的现金流量为 5 万元,初始投资为 120 万元,项目投资终结后,将有 20 万元的残值变现收入,在年资产报酬率为 10% 的情况下,计算公司需要多少个月才能收回投资?

　　提示:22.803 5 月,公式为“=NPER(10%/12, 5, − 120, 20,)”,需要将年资产报酬率换算为月报酬率,并且注意资金流进流出方向。

　　3. 若南部公司投资 A 方案,该方案每月带来的现金流量为 5 万元,初始投资为 120 万元,项目投资终结后,将有 20 万元的净清理支出,在年资产报酬率为 10% 的情况下,计算公司需要多少个月才能收回投资?

　　提示:30.839 8 月,公式为“=NPER(10%/12, 5, − 120, −20,)”,需要注意资金流进流出方向。

课 后 实 训

一、函数基础(判断正误)

1. RATE 函数中的 nper、pmt、pv、fv、guess 参数为必选项,不能省略,否则不能正确计算出结果。 (　　)

2. RATE 函数中 guess 参数为预期利率,如果省略预期利率,则假设该值为 10%。 (　　)

3. 在单元格中输入"= RATE(5,,20000,－40000,,12%)",能得到计算结果。 (　　)

4. 在单元格中输入"= RATE(5,,20000,40000,,12%)",能得到计算结果。 (　　)

5. 在单元格中输入"= RATE(5,,20000,－40000,,)",能得到计算结果。 (　　)

6. 在单元格中输入"= RATE(5,,20000,－40000,,)",不能得到计算结果。 (　　)

7. NPER 函数可以用于计算固定利率及等额分期付款方式下的收回某项投资所需的总期数。 (　　)

8. 在 EFFECT(nominal_rate,npery)函数中,nominal_rate 为年名义利率,npery 为每年的复利期数。 (　　)

9. 若季度利率为 2%,每月付息 1 次,则实际利率的表达式为 EFFECT(2%,3)。 (　　)

10. 在 EFFECT(nominal_rate,npery)函数中,若 nominal_rate 为季度名义利率,则 npery 为每季的复利次数。 (　　)

11. EFFECT(nominal_rate,npery)中的 nominal_rate 参数为实际利率。 (　　)

12. EFFECT(nominal_rate,npery)中的 npery 参数在其为非整数时,将被截尾取整。 (　　)

13. 若季度实际利率为 2%,每季复利期数为 3 次,则可以用表达式"= NOMINAL(2%,3)"正确计算其季度名义利率。 (　　)

14. 表达式"= NOMINAL(15%,8.2)"与"= NOMINAL(15%,8.8)"两者计算出的名义利率是一样的。 (　　)

15. 表达式"= EFFECT(15%,8.2)"与"= EFFECT(15%,8.8)"两者计算出的名义利率是一样的。 (　　)

二、函数应用

1. 北方公司拟对一台设备进行更新改造,预计现在一次性支付 10 万元,更新后能为企业每年节约成本 3 万元,若期望报酬率为 6%。请问:

(1) 这项更新至少需要使用几年才合算?

提示:3.83 年。

(2) 若该设备报废时还有残值变现收入 1 万元,则这项更新至少需要使用几年才合算?

提示:3.48 年。

2. 请根据 NPER 函数各参数使用的基本要求,设计一个项目投资回收期的计算模型。要求如下:

(1) 能录入 NPER 函数各种参数的需要。

(2) 计算结果保留两位小数。

（3）格式美观、大方。

（4）用第 1 题的数据验证模型的正确性。

将实训结果以"××××（学号）-5-1.xls"的命名格式保存到"E:\××（班级）\"文件夹中。

3. 假设江南公司从银行取得一笔贷款，贷款期限为 5 年。若到期一次还本付息，其需偿还 100 万元。若每年年末等额存款 15.741 万元，则其存款利率至少要达到多少才能实现还款目标？

💡 提示：12.00%，公式为"= RATE(5，- 15.741，，100，)"，注意 type 参数的正确设置。

4. 假设江南公司从银行取得一笔贷款，贷款期限为 5 年。若到期一次还本付息，其需偿还 100 万元。若每月月初等额存款 1.212 3 万元，则其存款利率至少要达到多少才能实现还款目标？（按月计算存款利率）

💡 提示：1.00%，公式为"= RATE(5 * 12，- 1.2123，，100，1，)"，注意 nper 及 type 参数的正确设置。

5. 假设江南公司从银行取得一笔贷款，贷款期限为 5 年。若到期一次还本付息，其需偿还 100 万元。若每月月初等额存款 1.212 3 万元，则其存款利率至少要达到多少才能实现还款目标？（按年计算存款利率）

💡 提示：12.00%，公式为"=RATE(5 * 12，- 1.2123，，100，1，) * 12"，注意计算结果是年存款利率。

6. 若南部公司投资 C 方案，该方案每年年末给企业带来的现金流量为 4 600 万元，初始投资为 12 000 万元，项目投资终结后，将有 2 000 万元的残值变现收入，在资产报酬率为 10% 的情况下，计算公司需要多少年才能收回投资？

💡 提示：2.705 2 年，公式为"= NPER(10%，4600，- 12000，2000，)"，注意 pv、fv 等参数及资金流方向的正确设置。

7. 若南部公司投资 C 方案，该方案每年年初给企业带来的现金流量为 4 600 万元，初始投资为 12 000 万元，在资产报酬率为 10% 的情况下，计算公司需要多少年才能收回投资？

💡 提示：2.840 2 年，公式为"=NPER(10%，4600，- 12000，，1)"，注意 pv、type 等参数的正确设置。

8. 若南部公司投资 C 方案，该方案每年年初给企业带来的现金流量为 4 600 万元，初始投资为 12 000 万元，项目投资终结后，将有 2 000 万元的残值清理支出，在资产报酬率为 10% 的情况下，计算公司需要多少年才能收回投资？

💡 提示：3.25 年，公式为"= NPER(10%，4600，- 12000，- 2000，1)"，注意 pv、fv、type 等参数的正确设置。

9. 如果你现在在银行存入 3 600 元，且以后每月月末都存入 1 000 元，计划在 N 年后使存款数达到 100 000 元并用于父母养老保障，假设年理财收益率为 4%，问需经过多少个月你才能实现目标？

💡 提示：83 月，公式为"= NPER(4%/12，- 1000，- 3600，100000，)"。

10. 假设季度实际利率为 1.5%，每季复利期数为 3 次，请计算季度名义利率。

💡 提示：1.49%，公式为"=NOMINAL(1.5%，3)"。

底线思维

项目六　净现值与内部收益率的计算

在项目投资决策中,需要经常计算净现值、内部收益率等指标。在 Excel 中,这些指标的计算都可以由内置函数来完成。本项目主要介绍 NPV 函数、IRR 函数的应用。

任务一　净现值的计算

学习目的

● 掌握 NPV 函数的运用,能正确通过该函数进行项目投资决策的净现值计算,并用于财务决策。

● 理解 NPV 函数中的现金流参数的取数范围,能正确确定现金流的取数范围。

学习资料

中南公司拟建一项固定资产,需投资 100 万元,使用寿命为 10 年,期末无残值。该项工程于当年投产,预计投产后每年经营的现金净流量为 20 万元。假定该项目的期望报酬率为 10%,请分析评价是否需要购建该固定资产? 为什么?

操作向导

一、净现值的计算原理

净现值是指投资项目在整个计算期内各个不同时点上产生的现金净流量,按照同一折现率(资金成本或必要的报酬率)折算的现值与投资额的现值之间的差额。其计算公式为:

$$净现值 = \sum 生产经营期各年现金净流量的现值 - \sum 投资额的现值$$

净现值是一个正指标,该指标越大,说明投资方案预期的经济效益越好;该指标越小,则说明投资方案预期的经济效益越差。采用净现值法的决策标准是:

净现值＞0时，意味着项目实际报酬率将大于期望报酬率，则方案可行；

净现值＝0时，意味着项目实际报酬率将等于期望报酬率，则方案可行；

净现值＜0时，意味着项目实际报酬率将小于期望报酬率，则方案不可行。

根据任务的要求，可以计算该项目投资方案的净现值为：

净现值$= 20 \times (P/A, 10\%, 10) - 100 = 20 \times 6.144\,6 - 100 \approx 22.89$(万元)

该方案的净现值大于零，因此，该方案是可行的。

二、利用 NPV 函数计算项目的净现值

通过 Excel 中的 NPV 函数可以进行净现值的计算，先将方案中各期的预计现金流量输入工作表中，资金流出用负数表示，流入用正数表示，这一点很重要。因为从逻辑上讲，一个方案必有现金流出流入之分，否则将不能得出正确的计算结果。

【知识链接 6-1】　NPV 函数

　　该函数通过使用贴现率以及一系列未来支出(负值)和收入(正值)，返回一项投资的净现值。其语法为：NPV(rate，value1，value2，…)。

　　式中的参数 rate 为某一期间的贴现率，是一固定值。"value1，value2，…"代表支出及收入的 1 到 254 个参数。这些支出与收入在时间上必须间隔相等，并且都发生在期末。因为 NPV 函数是使用"value1，value2，…"的顺序来解释现金流的顺序的，所以务必保证支出和收入的数额按正确的顺序输入。

上述任务方案的现金流如图 6-1 所示。

【操作视频】
NPV 函数

图 6-1　利用 NPV 函数计算净现值

在 B7 单元格中输入"＝NPV(10％，C3:L3)＋B3"，公式中的"B3:L3"表示既可直接引用该区域的数据，也可以一个一个地引用，10％是投资者期望的报酬率，单击回车键，即可得到相应的结果。

〖操作提示 6-1〗　NPV 函数的现金流范围

　　NPV 函数假定投资开始于 value1 现金流所在日期的前一期，并结束于最后一笔现金流的当期。NPV 函数依据未来的现金流进行计算。如果第一笔现金流发生在第一个周期的期初，则第一笔现金必须添加到 NPV 函数的结果中，而不应包含在 values 参数中。如本例的净现值计算公式为"＝NPV(10％，C3:L3)＋B3"。

【同步训练 6-1】 更新改造项目决策

若江南公司的更新改造项目的有关净现金流量数据如图 6-2 所示，假设该项目的基准折现率为 10%。

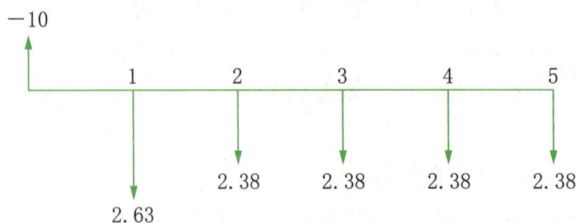

图 6-2 更新改造项目的各期现金净流量数据

从图 6-2 中可以看出，经营现金净流量在第 2—5 年是年金形式，因此可以按年金求现值。即：

$$
\begin{aligned}
\text{净现值} &= 2.63\times(P/F,10\%,1)+2.38\times(P/A,10\%,4)\times(P/F,10\%,1)-10\\
&=2.63\times0.909\,1+2.38\times3.169\,9\times0.909\,1-10\\
&\approx-0.75(\text{万元})
\end{aligned}
$$

该更新改造项目的净现值 < 0，即项目实际报酬率将小于期望报酬率 10%，因此该更新方案不可行。

上述做法是采用查表方式计算的，在 Excel 中则可以直接套用该函数进行计算，如图 6-3 所示。

B7 =NPV(10%,C3:G3)+B3

	A	B	C	D	E	F	G
1	(1)数据信息						
2	期限	0	1	2	3	4	5
3	现金流量	-10	2.63	2.38	2.38	2.38	2.38
4	期望报酬率	10%					
5							
6	(2)净现值(数组公式)	-0.75	=NPV(10%,{2.63,2.38,2.38,2.38,2.38})-10				
7	(3)净现值	-0.75	=NPV(10%,C3:G3)+B3				
8							

图 6-3 非年金形式下的净现值计算

【同步训练 6-2】 NPV 函数与 PV 函数的应用比较

1. 中南公司拟建一项固定资产，需投资 0 万元，使用寿命为 5 年，期末无残值。该项工程于当年投产，预计投产后每年的经营现金净流量为 18 万元。假定该项目的期望报酬率为 10%，请计算其净现值。

提示：68.234 2 万元，公式为："= NPV(10%，18，18，18，18，18) − 0"。

2. 中南公司拟建一项固定资产，需投资 0 万元，使用寿命为 5 年，期末无残值。该项工程于当年投产，预计投产后每年的经营现金净流量为 18 万元。假定该项目的期望报酬率为 10%，请计算其现值。

🔆 提示：—68.234 2 万元，公式为"＝PV(10％，5，18，,)"，请注意计算结果正负号的不同。请比较一下，第 1 题与第 2 题的计算结果。当初始投资额为零时，采用 NPV 函数与 PV 函数能实现同样的计算目的。

3. 中南公司拟建一项固定资产，需投资 100 万元，使用寿命为 5 年，期末残值为 10 万元。该项工程于当年投产，预计投产后每年的经营现金净流量为 18 万元。假定该项目的期望报酬率为 10％，请计算其净现值。

🔆 提示：—25.556 6 万元，公式为"＝NPV(10％，18，18，18，18，10＋18)－100"。

4. 中南公司拟建一项固定资产，需投资 100 万元，使用寿命为 5 年，期末残值为 10 万元。该项工程于当年投产，预计投产后每年的经营现金净流量为 18 万元。假定该项目的期望报酬率为 10％，请用 PV 函数计算其净现值。

🔆 提示：—25.556 6 万元，公式为"＝－PV(10％，5，18，10，)－100"，请注意正负号对计算结果的影响。

任务二　内部收益率的计算

🖊 学习目的

● 掌握 IRR 函数的运用，能正确设置该函数的现金流参数，计算项目投资的内部收益率并用于财务决策。

📖 学习资料

中南公司某一完整工业项目投资的各年的净现金流量如图 6-4 所示，假设该项目的基准折现率为 10％。请计算该生产线的内部收益率。

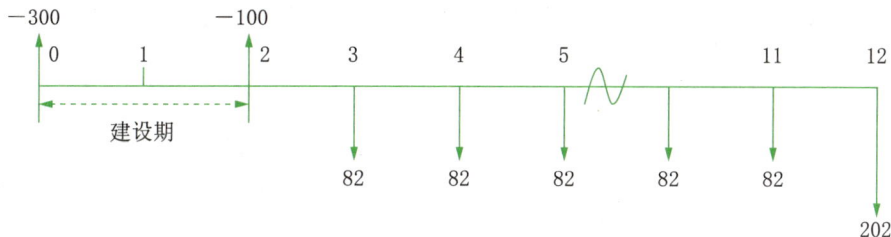

图 6-4　完整工业项目投资的净现金流量

🦅 操作向导

一、内部收益率的计算基本原理

内部收益率(internal rate of return，IRR)，是指项目投资实际可望达到的收益率。实质上，它是能使项目的净现值等于零时的折现率。即：

$$\sum NCF_n \times (P/F, IRR, n) = 0$$

式中,IRR 为内部收益率。

在实际计算过程中,若项目投产后的各期经营现金净流量不相等,则需要采用逐次测试法测试出使项目净现值等于零时的 IRR。若不能找到使项目净现值等于零时的 IRR,则再采用插值法计算 IRR。

根据内部收益率的含义,上述生产线内部收益率的计算过程如下:

$$NPV = 82 \times (P/A, IRR, 9) \times (P/F, IRR, 2)$$
$$+ 202 \times (P/F, IRR, 12) - 100 \times (P/F, IRR, 2) - 300 = 0$$

分别以 12%、14% 作为估计值进行测试,得到的结果如下所示。

① 估计值为 12% 时:

$$NPV = 82 \times (P/A, 12\%, 9) \times (P/F, 12\%, 2)$$
$$+ 202 \times (P/F, 12\%, 12) - 100 \times (P/F, 12\%, 2) - 300$$
$$= 82 \times 5.328\,2 \times 0.797\,2 + 202 \times 0.256\,7 - 100 \times 0.797\,2 - 300$$
$$\approx 20.44(万元)$$

② 估计值为 14% 时:

$$NPV = 82 \times (P/A, 14\%, 9) \times (P/F, 14\%, 2)$$
$$+ 202 \times (P/F, 14\%, 12) - 100 \times (P/F, 14\%, 2) - 300$$
$$= 82 \times 4.916\,4 \times 0.769\,5 + 202 \times 0.207\,6 - 100 \times 0.769\,5 - 300$$
$$\approx -24.79(万元)$$

显然,该项目的内部收益率在 12% 与 14% 之间。因此,可以采用插值法进行求解。

内部收益率	净现值
12%	20.44
K	0
14%	-24.79

则:$(12\% - K) \div (12\% - 14\%) = (20.44 - 0) \div [20.44 - (-24.79)]$

$K \approx 12.90\%$

计算结果说明,该项目实际收益率将达到 12.90%。若与基准收益率 10% 比较,该项目显然是符合管理层的目标的。

采用这一指标的决策标准是:将方案的内部收益率与其资本成本率进行对比,如果方案的内部收益率大于或等于其资本成本率,则方案可行;否则,方案不可行。在可行的方案中,如果各方案的投资额都相等,则内部收益率最大的方案为最优方案;如果投资额不相等,其决策标准应是"投资额 ×(内部收益率 - 资本成本率)"的值(该值相当于剩余收益)最大的方案为最优方案。

内部收益率的主要优点:❶可以直接反映投资项目的实际收益水平,可以直接与行业基准收益率作直观比较;❷计算过程不受基准收益率高低的影响,比较客观。

但是,该指标的计算过程复杂,工作量大。这个问题,用 Excel 中的 IRR 函数就能快速解决。

二、利用 IRR 函数计算项目投资的内部收益率

将任务中的项目投资方案中的各期现金流量按次序输入表中的 B3:N3 单元格区域,然

后在 B7 单元格中输入“= IRR(B3:N3)”，单击回车键，即可得到该方案的内部收益率为 12.90%，如图 6-5 所示。

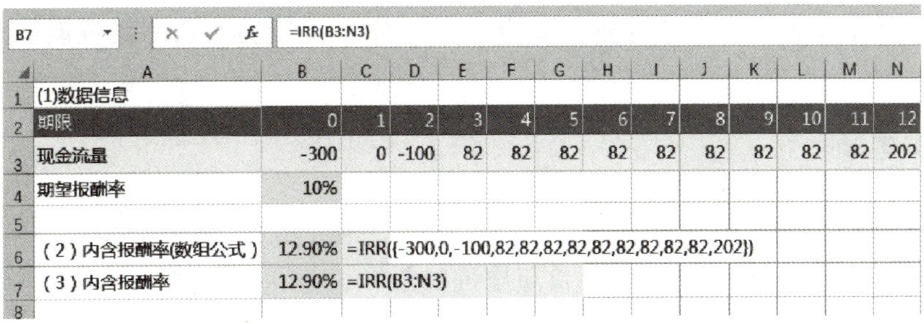
B7　=IRR(B3:N3)

	A	B	C	D	E	F	G	H	I	J	K	L	M	N
1	(1)数据信息													
2	期限	0	1	2	3	4	5	6	7	8	9	10	11	12
3	现金流量	-300	0	-100	82	82	82	82	82	82	82	82	82	202
4	期望报酬率	10%												
5														
6	(2)内含报酬率(数组公式)	12.90%	=IRR({-300,0,-100,82,82,82,82,82,82,82,82,82,202})											
7	(3)内含报酬率	12.90%	=IRR(B3:N3)											
8														

图 6-5　利用 IRR 函数计算项目投资的内部收益率

【操作视频】IRR 函数

【知识链接 6-2】　IRR 函数

该函数用以计算由数值代表的一组现金流的内部收益率。这些现金流不必为均衡的，但作为年金，它们必须按固定的间隔产生，如按月或按年。内部收益率为投资的回收利率，其中包含定期支付（负值）和定期收入（正值）。其语法为：IRR(values, guess)。

式中的 values 为数组或单元格的引用。值得注意的是，values 必须包含至少一个正值和一个负值，以计算返回的内部收益率；IRR 函数与 NPV 函数一样是根据数值的顺序来解释现金流的顺序的，故应确定输入支付和收入的数值的顺序；guess 为对 IRR 函数计算结果的估计值。其中，数组的录入需要用“{}”加以表示，例如，IRR({−800, 80, 50, 900})表示根据“−800, 80, 50, 900”四期数据计算的内部收益率。

6

【同步训练 6-3】　NPV 函数与 RATE 函数的应用比较

北方公司拟建一项固定资产，需投资 100 万元，使用寿命为 10 年，期末无残值。该项工程于当年投产，预计投产后每年的经营现金净流量为 20 万元。假定该项目的期望报酬率为 10%。

(1) 请计算该项目投资的内部收益率，是否大于项目的期望报酬率 10%？

提示：公式为“= IRR({−100, 20, 20, 20, 20, 20, 20, 20, 20, 20, 20}) = 15.10%”。

(2) 请用 RATE 函数计算其内部收益率。

提示：15.10%，公式为“=RATE(10, 20, −100, , , 10%)”。

(3) 假如预计投产后每年的经营现金净流量不相等，能否用 RATE 函数求内部收益率？

提示：不能，使用 RATE 函数时，必须使用年金形式。

任务三　证券投资收益率的计算

学习目的

● 理解 IRR 函数的本质意义，能够灵活运用该函数计算项目投资、证券投资、实际利率等相关问题。

学习资料

江夏公司于 2023 年 3 月 1 日以 9 000 元购入面值为 100 元的债券 100 张,票面利率为 10%,每年 3 月 1 日付息。该债券将于 2028 年 2 月 29 日到期,公司计划将该债券持有至到期。请计算该债券投资的到期收益率。

操作向导

一、证券投资收益率的计算原理

证券投资的收益包括证券交易现价与原价的差价收益以及持有证券所获得的股利或股息收益。可以用相对数来表示证券投资收益率的大小。其计算方法如下所示。

(一) 短期证券投资收益率

短期证券投资由于持有期限较短,因此,在计算短期证券收益率时,一般不考虑资金的时间价值。其计算公式为:

$$K = \frac{S_1 - S_0 + P}{S_0} \times \frac{360}{T} \times 100\%$$

式中,S_0 表示证券购买价格;S_1 表示证券出售价格;P 表示证券投资报酬,即股利或利息;T 表示证券实际持有的天数;K 表示证券投资收益率。

例如,江北公司 2023 年 1 月 18 日用现金 18 000 元购入当日发行面值为 100 元的三年期债券 20 张,票面利率为 6%,债券按年付息。江北公司于 2023 年 12 月 18 日以 19 000 元的市价将该债券全部售出。则该债券投资收益率为:

$$K = \frac{19\,000 - 18\,000 + 0}{18\,000} \times \frac{12}{11} \times 100\% \approx 6.06\%$$

(二) 长期证券投资收益率

由于长期证券投资期限较长,因此,在计算长期证券投资收益率时,我们需要考虑资金的时间价值。根据内部收益率计算原理,长期证券投资收益率实际上就是计算证券投资项目的内部收益率,即净现值等于零时的折现率。其计算公式为:

$$\sum NCF_n \times (P/F, IRR, n) = 0$$

式中,IRR 为内部收益率,在这里也就是长期证券投资收益率。

按照任务要求,根据资金时间价值原理,现在的 9 000 元是为了获得以后每年的利息收入和到期收回面值而支付的代价。因此有:

$9\,000 = 10\,000 \times (P/F, IRR, 5) + 10\,000 \times 10\% \times (P/A, IRR, 5)$

移项,得出净现值:

$NPV = 10\,000 \times (P/F, IRR, 5) + 10\,000 \times 10\% \times (P/A, IRR, 5) - 9\,000 = 0$

很显然,上述等式说明只要计算其内部收益率即可求出长期债券投资收益率。由于存在复利现值系数和年金复利现值系数两个未知数,因此,采用逐次测试法进行求解。

第 1 次用 12% 进行测试,得净现值:

$$NPV = 10\,000 \times (P/F, 12\%, 5) + 10\,000 \times 10\% \times (P/A, 12\%, 5) - 9\,000$$
$$= 10\,000 \times 0.567\,4 + 10\,000 \times 10\% \times 3.604\,8 - 9\,000$$
$$= 278.80\text{(元)}$$

第 2 次用 14%进行测试，得净现值：

$$NPV = 10\,000 \times (P/F, 14\%, 5) + 10\,000 \times 10\% \times (P/A, 14\%, 5) - 9\,000$$
$$= 10\,000 \times 0.519\,4 + 10\,000 \times 10\% \times 3.433\,1 - 9\,000$$
$$= -372.90\text{(元)}$$

根据等比原理，用插值法计算，如图 6-6 所示。

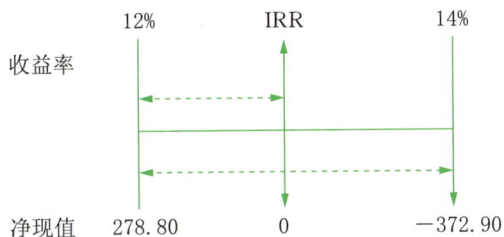

图 6-6　插值法计算原理

则：$(12\% - IRR) \div (12\% - 14\%) = (278.80 - 0) \div [278.80 - (-372.90)]$

$IRR \approx 12.83\%$

很显然，这又是一个烦琐的计算过程，事实上，只要理解长期证券的投资收益率，计算实质上是求内部收益率，IRR 函数将计算过程变得很简单。

二、利用 IRR 函数求长期证券投资收益率

将任务中的项目投资方案的各期现金流量按照次序输入表中的 B3:G3 单元格区域，然后在 B7 单元格中输入“= IRR(B3:G3)”，单击回车键，即可得到该方案的内部收益率为 12.83%，如图 6-7 所示。

B7　=IRR(B3:L3)

	A	B	C	D	E	F	G
1	(1)数据信息						
2	期限	0	1	2	3	4	5
3	现金流量	-9000	1000	1000	1000	1000	11000
4	期望报酬率	10%					
5							
6	(2)输入公式	=IRR(B3:L3)					
7	(3)计算结果	12.83%					
8							

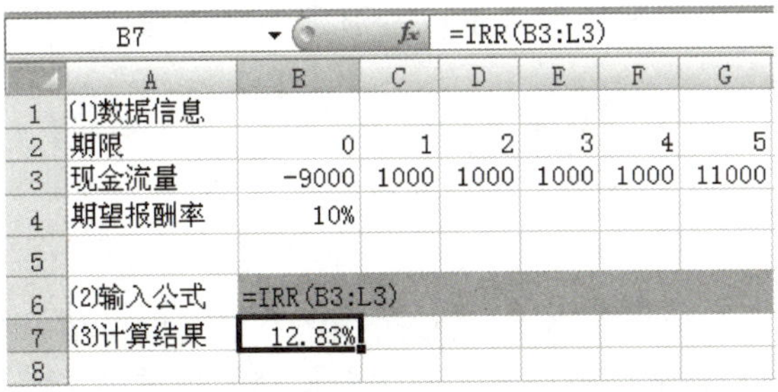

图 6-7　利用 IRR 函数计算证券投资收益率

图 6-7 中的各期现金流“1 000”是按面值与票面利率计算的利息，期末的“11 000”是最后一期的本息和，期初的“−9 000”代表购买票据的资金流出。

【同步训练 6-4】　长期股票投资收益率的计算

中原公司在 2020 年 4 月 1 日以 800 万元购入某股票 100 万股。在 2021 年 4 月 1 日、

2022 年 4 月 1 日分别取得现金股利 80 万元、50 万元。公司于 2023 年 4 月 1 日将股票全部出售,取得收入 900 万元。请计算该股票投资的收益率。

提示:9.51%,在单元格中录入"=IRR({-800,80,50,900})"。

长期股票投资收益率的计算原理与长期债券投资收益率的计算原理相同。但由于股利往往是变动的,不能采用年金方法计算现金股利的现值。因此,大多数情况是采用复利现值方式求出股利和出售收入的现值,再计算净现值等于零时的折现率。

任务四　贴现模式下资本成本的计算

学习目的

● 掌握 RATE 函数、IRR 函数的灵活运用,能够利用上述函数正确计算借款的资本成本。

● 理解 IRR 函数的本质意义,能够灵活运用该函数计算项目投资、证券投资、实际利率等相关问题。

学习资料

西北公司向银行借入 1 000 万元长期借款,预计税前资本为 10%,期限为 4 年,每年付息一次,到期一次还本。假定筹资费率为 2%,公司所得税税率为 25%。

制作一个资本成本计算模型,分别用以计算不考虑资金时间价值和考虑资金时间价值的资本成本。

操作向导

一、资本成本的计算基本模式

(一) 通用模式

资本成本可以用绝对数表示,也可以用相对数表示,但一般用相对数表示,即资本成本率。为了便于分析比较,短期资金的资本成本通常不必考虑资金时间价值,其通用计算公式为:

$$资本成本 = \frac{每年的用资费用}{筹资数额-筹资费用} = \frac{每年的用资费用}{筹资数额(1-筹资费用率)}$$

(二) 贴现模式

金额大、时间超过一年的长期资本,需要考虑资金的时间价值,可以采用贴现模式计算资本成本。资本成本可以理解为公司未来资本清偿额的现值等于筹资净额时的贴现率,也就是净现值为零时的贴现率。其计算公式为:

$$NPV = \frac{CF_1}{(1+K)} + \frac{CF_2}{(1+K)^2} + \cdots + \frac{CF_n}{(1+K)^n} - P_0 \times (1-f) = 0$$

式中,NPV 为净现值;P_0 为 $n=0$ 时公司筹集的资本总额;f 为筹资费用率(即筹资费用与筹资总额的比率);CF_n 为第 n 年支付的现金流出;K 为资本成本。

　　在未来现金流不相等的情况下,采用现值公式求资本成本需要采用逐次测试法求解。我们需要估计不同的折现率并代入上述等式中,测试出净现值等于零时的折现率,即为该借款的资本成本。若不能找出净现值等于零时的折现率,则需要测试出最接近于零值的大于零和小于零时的折现率,再用插值法求资本成本。

　　这种模式下,它的计算结果比不考虑资金时间价值的资本成本更加准确。它被广泛地用于普通股、优先股、留存收益等资本成本的计算。

　　根据上述分析原理,可以计算出上述借款在没有考虑资金时间价值下的资本成本为:

$$K_t = \frac{1\ 000 \times 10\% \times (1 - 25\%)}{1\ 000 \times (1 - 2\%)} \approx 7.65\%$$

　　根据表 6-1 中的数据,在考虑资金时间价值,即贴现模式下的借款资本成本计算如下:

表 6-1　　　　　　　　　　　　长期借款的各期现金流　　　　　　　　　　金额单位:万元

期　　　限	0	1	2	3	4
筹资费用	20				
筹资净额	980				
借款利息		100	100	100	100
抵税后的利息支出		75	75	75	75
到期还本支出					1 000

　　根据现值计算公式,可得:

$980 = 75 \times (P/A, K, 4) + 1\ 000 \times (P/F, K, 4)$

进行移项,可得:

$\text{NPV} = 75 \times (P/A, K, 4) + 1\ 000 \times (P/F, K, 4) - 980 = 0$

分别以 7%、8%、9% 作为估计值进行测试,得到的结果如下:

　　估计值为 7% 时,$\text{NPV} = 75 \times (P/A, 7\%, 4) + 1\ 000 \times (P/F, 7\%, 4) - 980 = 36.94$(万元)。

　　估计值为 8% 时,$\text{NPV} = 75 \times (P/A, 8\%, 4) + 1000 \times (P/F, 8\%, 4) - 980 = 3.41$(万元)。

　　估计值为 9% 时,$\text{NPV} = 75 \times (P/A, 9\%, 4) + 1\ 000 \times (P/F, 9\%, 4) - 980 = -28.62$(万元)。

　　显然,该借款的资本成本率在 8% 与 9% 之间。因此,采用插值法进行求解。

资本成本率	净现值
8%	3.41
K	0
9%	-28.62

则:$(8\% - K) \div (8\% - 9\%) = (3.41 - 0) \div (3.41 - (-28.62))$

$K \approx 8.11\%$

上面的计算步骤用手工计算比较麻烦,但是,Excel 可以让计算过程变得十分简单。

二、利用 RATE 函数、IRR 函数计算借款资本成本率

　　在不考虑时间价值下的借款资本成本计算,只涉及了加、减、乘、除,计算过程比较简单,在此

6

就不作介绍了。这里主要介绍贴现模式下的借款资本成本的计算。它主要有以下两种方法。

（一）采用 RATE 函数计算

在 B9 单元格中输入"＝RATE(B6，B2＊B3＊(1－B4)，－B2＊(1－B5)，B2，)"，这是贴现模式下的资本时间成本，它是根据 RATE 函数计算的。

（二）采用 IRR 函数计算

根据"资本成本可以理解为公司未来资本清偿额的现值等于筹资净额时的贴现率，也就是净现值为零时的贴现率"，同样可以将资本成本理解为求其内含报酬率。

在 B14 单元格中输入"＝IRR(B13:F13)"，采用 IRR 函数计算的结果与采用 RATE 函数计算的结果是一样的，如图 6-8 所示。因为，RATE 函数中所需的各种参数，如 pv、fv、nper、pmt 等就是 IRR 函数中使用的数据，所以，计算变得简单了。

	C13		f_x	=-$B2*$B3*(1-$B4)		
	A	B	C	D	E	F	G
1	**长期借款资金成本计算模型**						
2	长期借款	1000					
3	借款利率	10%					
4	所得税税率	25%					
5	筹资费率	2%					
6	期限	4					
7	**计算**	**结果**	**公式说明**				
8	未考虑资金时间价值模式下	7.65%	=B2*B3*(1-B4)/(B2*(1-B5))				
9	考虑资金时间价值模式下	8.11%	=RATE(B6,B2*B3*(1-B4),-B2*(1-B5),B2,)				
10							
11	**用IRR函数计算**						
12	期限	0	1	2	3	4	
13	资金流	980	-75	-75	-75	-1075	
14	资金成本	8.11%	=IRR(B13:F13)				
15							

图 6-8 借款资本成本计算模型

【同步训练 6-5】 债券资本成本的计算

海峡公司 2023 年以溢价方式发行票面利率为 8％、期限为 5 年的长期债券，面值为 100 元，发行价为 110 元，筹资费用率为 2％，适用所得税税率为 25％，每年付息一次，到期一次还本，不考虑资金时间价值，已知该债券的资本成本为：

$$K_b = \frac{M \times i \times (1-T)}{B \times (1-f)} = \frac{100 \times 8\% \times (1-25\%)}{110 \times (1-2\%)} \approx 5.57\%$$

请利用 IRR 函数、RATE 函数，计算贴现模式下的资本成本，并比较两者是否一致？

💡 提示：4.236 3％，公式为"＝RATE(5，100＊8％＊(1－25％)，－110＊(1－2％)，100，，)"；IRR 函数需要引用单元格区域，公式为："＝IRR({－107.80，6，6，6，6，106})＝4.2363％)"。

课 后 实 训

一、函数基础(判断正误)

1. NPV 函数可以用来计算某投资项目的净现值。   （   ）

2. NPV 函数中的现金流在时间上必须具有相等间隔,并且都发生在期末。　　　（　　）

3. NPV 函数中的现金流在时间上必须具有相等间隔,在金额上必须相等,并且都发生在期末。　　　（　　）

4. NPV 函数中使用 value1,value2,…的顺序来解释现金流的顺序,所以务必保证支出和收入的数额是按正确的顺序输入的。　　　（　　）

5. IRR 函数用以计算由数值代表的一组现金流的内部收益率。　　　（　　）

6. IRR 函数中的现金流在时间上必须具有相等间隔,并且都发生在期末。　　　（　　）

7. IRR 函数中的现金流在时间上必须具有相等间隔,在金额上必须相等,并且都发生在期末。　　　（　　）

8. IRR 函数中的现金流不必为均衡的,但作为年金,它们必须按固定的间隔产生,如按月或按年。　　　（　　）

9. IRR 函数与 NPV 函数一样是根据数值的顺序来解释现金流的顺序的,故应确定其是否按需要的顺序输入了支付和收入的数值。　　　（　　）

10. IRR 函数与 NPV 函数中的现金流必须要有支付和收入的数值,即要有正数和负数。　　　（　　）

11. 表达式"=RATE(5,10,90,100,,10%)"不能计算出正确的结果,是因为现金流的正负号出错。　　　（　　）

12. 表达式"=RATE(5,10,−90,100,,10%)"能计算出正确的结果。　　　（　　）

13. 在年金形式下,利用 IRR 函数计算出的内部收益率与利用 RATE 函数计算出的结果是一样的。　　　（　　）

14. 在非年金形式下,不能利用 RATE 函数计算内部收益率。　　　（　　）

15. 表达式"=PV(10%,5,18,,)"中,若 18 为现金流入,则其计算结果是一个负值。

　　　（　　）

二、函数应用

1. 中南公司某一完整工业项目投资各年的净现金流量如图 6-9 所示,假设该项目的基准折现率为 10%。请计算其净现值。

💡 提示：72 万元。

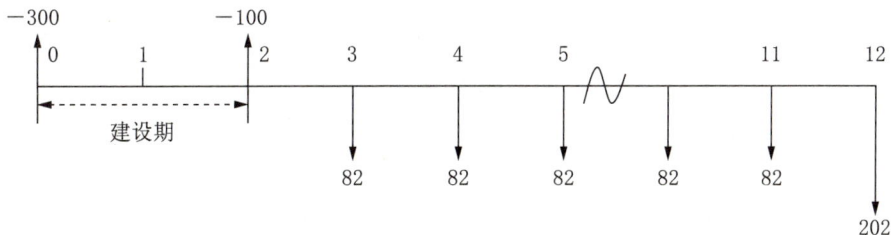

图 6-9　某一完整工业投资项目的净现金流量

2. 南方公司的更新改造项目中有关净现金流量的数据如图 6-10 所示,假设该项目的基准折现率为 10%。请计算该项更新改造项目的内含收益率为多少? 该项目是否可行?

💡 提示：IRR＝6.97%,项目不可行。

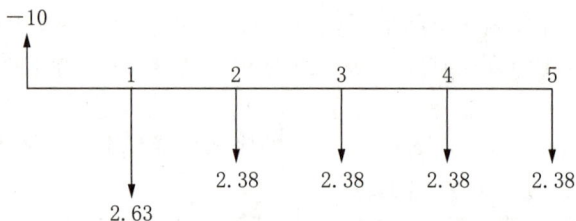

图 6-10　南方公司更新改造项目的净现金流量

3. 中南公司拟建一项固定资产，需投资 100 万元，使用寿命为 5 年，期末无残值。该项工程于当年投产，预计投产后每年经营的净现金流量为 18 万元。假定该项目的期望报酬率为 10％，请计算其净现值。

💡 提示：−31.765 8 万元，公式为："＝NPV(10％，18，18，18，18，18)−100"。

4. 中南公司拟建一项固定资产，需投资 100 万元，使用寿命为 5 年，期末无残值。该项工程于当年投产，预计投产后每年经营的净现金流量为 18 万元。假定该项目的期望报酬率为 10％，请用 PV 函数计算其净现值。

💡 提示：−31.765 8 万元，公式为："＝−PV(10％，5，18，，)−100"，请注意正负号对计算结果的影响。

5. 海峡公司某项投资各年的现金流如表 6-2 所示，请回答下列问题：

表 6-2　　　　　　　　　各年的现金流　　　　　　　　　　金额单位：万元

期　　限	0	1	2	3	4	5
现金流量	−108	6	6	6	6	106

(1) 请用 IRR 函数计算其内部收益率。

💡 提示：4.193 2％，公式为："＝IRR({−108，6，6，6，6，106})"。

(2) 请用 RATE 函数计算其内部收益率。

💡 提示：4.193 2％，公式为："＝RATE(5，6，−108，100)"，由于期末的 106 万元现金流中，有 6 万元已作为年金收付，故 FV 参数为：106−6＝100(万元)。

坚持系统观念

项目七 数据分析工具的应用

Excel 提供了很多非常实用的数据分析工具,例如模拟运算表、规划求解工具、方案管理器等,利用这些分析工具,可解决财务中的许多问题。本项目介绍了单变量求解、规划求解工具、方案管理器的基本应用。

任务一 单变量求解的应用

学习目的

● 理解单变量求解的基本原理与作用,能够利用单变量求解方式根据目标值的计算公式进行逆运算,求出其他影响因素的值。

● 能够在财务决策中应用单变量求解方式,提高计算效率,为决策分析服务。

学习资料

中原公司职工张三的销售奖金是全年销售额的 0.2%,前三个季度的销售额分别为 120 000 元、180 000 元、150 000 元。张三想知道第四季度的销售额为多少时,才能保证年终奖金为 1 500 元。

操作向导

"单变量求解"是一组命令的组成部分,这些命令有时也称作假设分析工具。如果已知单个公式的预期结果,而用于确定此公式结果的输入值未知,则可使用"单变量求解"功能。

简单地说,就是知道一个公式的结果,求一个公式中包含的某个未知的单元格的值。单变量求解可以帮助求解"如果——怎样"的条件问题,即从结果反推并改变一个变量。例如算式 $z = 3x + 4y + 1$,求 $z = 20$、$y = 2$ 时 x 的值,就可以使用单变量求解功能。可以把单变量求解想象成公式求解的逆过程。

一、定义计算公式

启动 Excel，按下列格式建立一张工作表。在 B8 单元格中输入"＝SUM(B4:B7)＊B2"，用以计算年终奖金，如图 7-1 所示。

【操作视频】
单变量求解

图 7-1　单变量数据定义

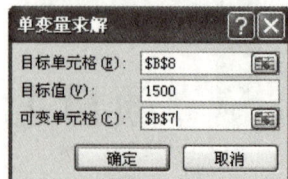

图 7-2　单变量求解单元格定义

二、确定目标值，选定可变单元格

执行"数据"→"假设分析"→"单变量求解"命令，打开"单变量求解"对话框。在弹出的"单变量求解"对话框"目标单元格(E)"中选择输入"$B$8"，在"目标值(V)"中输入"1500"，在"可变单元格(C)"中选择输入"$B$7"，如图 7-2 所示，单击"确定"按钮。

三、确定计算结果

单击"确定"按钮，则在可变单元格中自动填入显示的结果，如图 7-3 所示。也可以选择"取消"按钮，不填入计算结果。

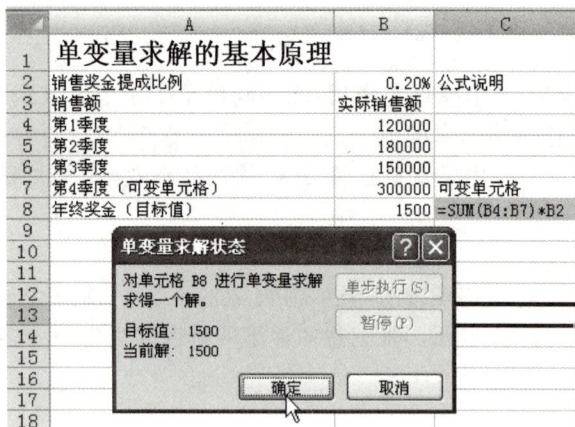

图 7-3　"单变量求解状态"对话框

〖操作提示 7-1〗　单变量求解对话框单元格定义

目标单元格中必须已录入设置好的计算公式；可变单元格为需要计算求解的单元格，该单元格中无公式。

【同步训练 7-1】 单变量求解在项目投资决策中的应用

已知江北公司某投资项目各期的现金流如图 7-4 所示,其中的净现值公式已经设置完成。若将净现值的目标值定为 100 万元,则第 4 期期末的现金净流量应达到多少万元?

💡 提示：76.67 万元。

	B13		fx	=NPV(B10,C12:F12)+B12	
	A	B	C	D	E	F
10	利率	10%				
11	期数	0	1	2	3	4
12	现金流	-100	50	60	70	80
13	净现值	¥102.27				
14						

图 7-4 利用单变量方式计算第 4 期期末的现金流

任务二 规划求解的应用

✏️ **学习目的**

● 理解规划求解的基本原理与作用,能够利用规划求解方式根据目标值的计算公式自动求出影响目标值的其他各因素的最优值。

● 能够在财务决策中应用规划求解方式,提高计算效率,为决策分析服务。

📖 **学习资料**

已知西部公司生产甲和乙两种产品,甲产品的单位变动生产成本为 70 元,乙产品的单位变动生产成本为 120 元,甲产品的销售单价为 150 元,乙产品的销售单价为 200 元。利用规划求解方式,求甲产品和乙产品的数量为多少时,公司的毛利额最大? 相关资源限制条件及产品消耗定额如图 7-5 所示。

	fx	=SUMPRODUCT(B10:C10,B11:C11)				
	A	B	C	D	E	F
1	**规划求解的基本应用**					
4	资源设备	甲产品	乙产品	约束条件	关系	资源上限
5	单位产品消耗工时(小时)	8	12	0	<=	400
6	单位产品消耗材料(千克)	5	4	0	<=	500
7	单位产品消耗能源(千瓦)	12	15	0	<=	1000
8	单位变动生产成本(元)	70	120			
9	单位产品销售价格(元)	150	200			
10	单位产品销售毛利(元)	80	80	目标值		
11	各产品的最优产量(千克)(可变单元格)		0	0		
12	设生产的产量为X1, X2	x1	x2			

图 7-5 相关资源限制条件及产品消耗定额

🐦 **操作向导**

单变量求解仅可解决存在一个变量的问题,而规划求解则可以求解更多变量。

规划求解是假设分析的组成部分,可以用于解决复杂的方程式值及各类线性或非线性的有约束的优化问题。规划求解是 Excel 的一个可选安装模块,必须在系统安装了规划求解工具后,才能使用它。

在财务决策中涉及很多优化的问题,如利润最大化、成本最小化、投资组合最优化等。

7

这些问题,都可以采用规划求解工具来解决。

一、建立规划求解模型

在使用规划求解之前,首先应该建立规划求解模型,以保证规划求解设置和运算的正确性。建立规划求解模型包括确定目标单元格、可变单元格、目标单元格与可变单元格数值之间的关系和约束条件等。

(1) 确定可变单元格。可变单元格是 Excel 中可以进行更改或调整以优化目标单元格的单元格。例如,进行利润最优计算时,需要测算各产品的产销数量为多少时,才能实现利润最大,那么产销数量所在的单元格便被称为可变单元格。图 7-5 中,B11:C11 单元格区域为可变单元格区域。

(2) 确定目标单元格与可变单元格数值之间的关系。目标单元格与可变单元格数值的关系可以通过计算公式建立。例如,若毛利总额为目标值,而预计产销量为可变单元格中的数值,则目标值与可变单元格中的数值关系可以通过"毛利总额 =(单位售价 - 单位变动成本)× 预计产销量"的计算等式建立。图 7-5 中,D11 单元格为目标单元格。

(3) 确定规划求解的约束条件。这可以根据已知条件进行设置,如各产品的消耗总工时不能大于机器工时总数等。

根据上述分析,可以建立产品生产量的规划求解模型,假设用 X_1、X_2 分别代表甲、乙产品的产量,则目标函数为:毛利额 $P = (150-70)X_1 + (200-120)X_2 = 80X_1 + 80X_2$。

在 B10 单元格中输入"=B9-B8",在 C10 单元格中输入"=C9-C8",上述两公式是为了计算两种产品的单位毛利额;D11 为目标单元格,在该单元格中输入"=SUMPRODUCT(B10:C10,B11:C11)",该公式可以计算出两种产品的毛利总额之和,与表达式"=B10 * B11 + C10 * C11"含义一样。

7

【操作视频】
SUMPRODUCT
函数

> ### 【知识链接 7-1】　SUMPRODUCT 函数
>
> 该函数是指在给定的几组数组中,将数组间对应的元素相乘,并返回乘积之和。其语法为:SUMPRODUCT(array1,array2,array3,…)。
>
> 式中,array1,array2,array3,…为 2 到 255 个数组,其相应元素需要进行相乘并求和。数组参数必须具有相同的维数,否则,函数 SUMPRODUCT 将返回错误值 #VALUE!。函数 SUMPRODUCT 将非数值型的数组元素作为零处理。

约束条件为:

$8X_1 + 12X_2 <= 400$；

$5X_1 + 4X_2 <= 500$；

$12X_1 + 15X_2 <= 1\,000$；

X_1、X_2 均大于零且为整数。

在 D5 单元格中输入"=SUMPRODUCT(B5:C5,B11:C11)",其含义为"=B5 * B11 + C5 * C11",目的是计算出产品消耗的总工时。

在 D6 单元格中输入"=SUMPRODUCT(B6:C6,B11:C11)",其含义为"=B6 * B11 + C6 * C11",目的是计算产品消耗的材料总量。

在 D7 单元格中输入"=SUMPRODUCT(B7:C7,B11:C11)",其含义为"=B7 * B11 + C7 * C11",目的是计算产品消耗的能源总量。

二、加载规划求解命令

在"Excel 选项"对话框内,单击选择"加载项"选项,然后单击右侧的"转到"按钮,如图 7-6 所示。

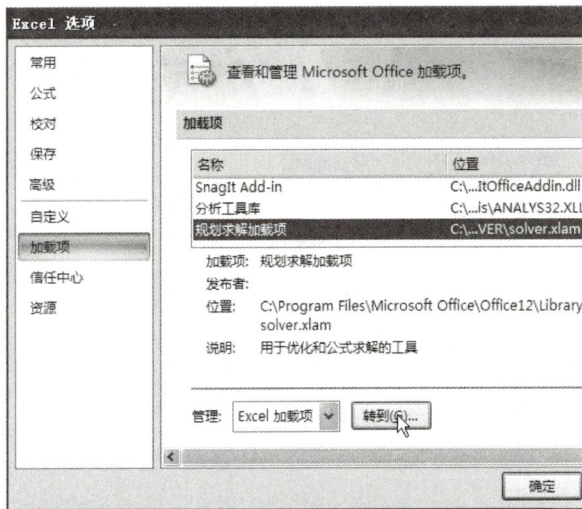

图 7-6　"加载项"对话框　　　　　图 7-7　"加载宏"对话框

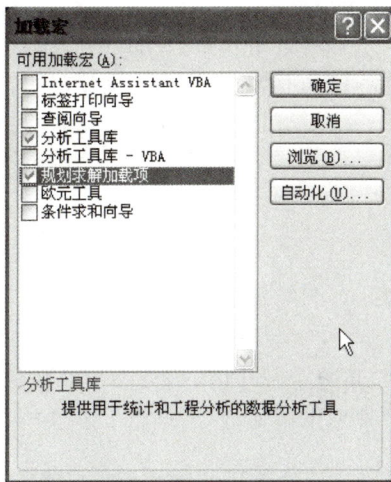

在"加载宏"对话框内,选择"规划求解加载项",然后单击"确定"按钮,如图 7-7 所示。

通过上述设置,就完成了在"数据"选项卡的"分析"选项组中加载"规划求解"的操作命令。

三、利用规划求解命令求解

加载规划求解命令后,就可以利用规划求解命令求解。执行"数据→规划求解"命令,打开"规划求解参数"对话框,如图 7-8 所示。

【操作视频】
规划求解

图 7-8　"规划求解参数"对话框

(1)设置目标单元格。在出现的"规划求解参数"对话框内,设置目标单元格"$D$11",选中"最大值"单选按钮,计算毛利额最大值。

(2)设置可变单元格。为了实现最大的毛利额,在有限的资源条件下,需要通过计算安

排产品的生产。产销量为可变单元格中的数据,我们应将 $B$11:$C$11 单元格区域设置为可变单元格。

(3)设置约束条件,单击"添加"按钮,弹出"添加约束"对话框。根据事先设定的约束条件进行设置:$8X_1+12X_2 \leqslant 400$,$5X_1+4X_2 \leqslant 500$,$12X_1+15X_2 \leqslant 1\,000$,$X_1$、$X_2$ 均大于零且为整数。

例如,将单元格引用位置设置为"$D$7"(产品消耗能源总量),条件为"$\leqslant$",约束值为"$=1\,000$",然后单击"添加"按钮,如图 7-9 所示。

图 7-9 添加或修改约束条件

重复上述步骤,继续添加其他约束条件,将约束条件添加完毕之后,单击"确定"按钮,返回"规划求解参数"对话框,"约束"列表框中可以显示所有约束条件,参见图 7-8。

〖操作提示 7-2〗 设置约束条件为"整数"

有时候,我们需要将可变单元格的约束条件设为"整数",如产品生产的件数。此时,我们应对相应数值所在的单元格进行事先的约束设置。如本例要求将产销量,即 B11:C11 单元格中的数值设置为整数,其操作步骤如下:单击"添加",在"添加约束"对话框中定义"单元格引用位置"为 $B$11:$C$11 单元格区域,运算符号选择"int",此时约束值自动变成"整数",如图 7-10 所示。

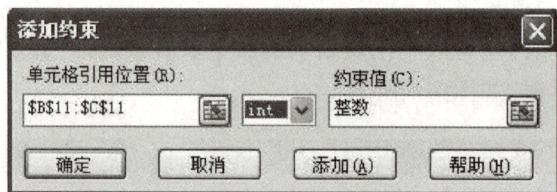

图 7-10 设置约束条件为"整数"

---

(4)规划求解。单击"求解"按钮,出现"规划求解结果"对话框,选择"保存规划求解结果"单选框,然后单击"确定"按钮,如图 7-11、图 7-12 所示。

图 7-11 "规划求解结果"对话框

从图 7-12 中，可以看出规划求解后，若只生产 50 件甲产品，同时停产乙产品，就能实现最大毛利额 4 000 元，且材料消耗、能源消耗都还有剩余。

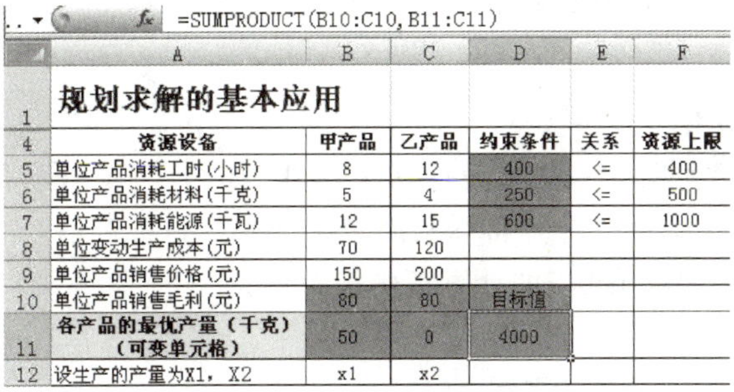

=SUMPRODUCT(B10:C10,B11:C11)

	A	B	C	D	E	F
1	规划求解的基本应用					
4	资源设备	甲产品	乙产品	约束条件	关系	资源上限
5	单位产品消耗工时(小时)	8	12	400	<=	400
6	单位产品消耗材料(千克)	5	4	250	<=	500
7	单位产品消耗能源(千瓦)	12	15	600	<=	1000
8	单位变动生产成本(元)	70	120			
9	单位产品销售价格(元)	150	200			
10	单位产品销售毛利(元)	80	80	目标值		
11	各产品的最优产量（千克）（可变单元格）	50	0	4000		
12	设生产的产量为X1，X2	x1	x2			

图 7-12　规划求解结果

【同步训练 7-2】　增加约束条件后的规划求解

如果我们必须完成 10 件乙产品的生产任务，若其他条件不变，那么该如何进行求解呢？

提示： X_2 的最小值为 10 件，求解后，甲产品生产 35 件，最大毛利额为 3 600 元。

任务三　方案分析的应用

学习目的

● 掌握方案分析的应用原理，能根据不同财务决策的需要，利用 Excel 建立不同的方案，为决策提供分析参考。

● 掌握方案的建立、修改、删除等操作，能根据已建立的不同方案显示方案摘要报告。

学习资料

江南公司目前年产 D 产品 2 500 件，销售单价为 120 元，单位变动成本为 60 元，全年专属固定成本为 50 000 元。为了进一步提高产品的盈利能力，公司管理层集中讨论了各种路径的可行性分析。该公司拟订了三种运作方案，请计算每一种方案的目标利润，并提供三种方案的结果比较报告。D 产品的目标利润规划如表 7-1 所示。

表 7-1　　D 产品的目标利润规划

影响因素	方案一	方案二	方案三
产品售价	−10%	−8%	−6%
单位变动生产成本	0%	−2%	−2%
预计产销量	30%	25%	20%
固定成本	0(不变)	0(不变)	1%(追加投资 500 元)

操作向导

在不断变化的市场环境中，企业的生产经营活动往往受到各种因素变化的影响，预估这

7

些因素对企业产生的影响,这对于企业做好财务决策具有重要的意义。利用 Excel 提供的方案管理器工具可以很方便地建立方案,随时显示各方案的执行结果,还可以建立各方案的摘要报告,从而可以更有效地做好财务决策工作。

一、设计方案分析表格

在工作表中按目标利润计算过程设计如下格式,如图 7-13 所示。在 B9 单元格中输入"=(B5 − B6) * B7 − B8",用以计算目标利润,这是根据"目标利润 =(产品售价 − 单位变动生产成本)× 产销量 − 固定成本"的计算逻辑设置的。

图 7-13　设计项目分析方案

二、定义方案分析器中各单元格的名称

选中 C5 单元格区域,执行"公式"→"定义的名称"命令,打开"新建名称"窗口,录入该单元格的名称为"售价变动率",如图 7-14 所示。

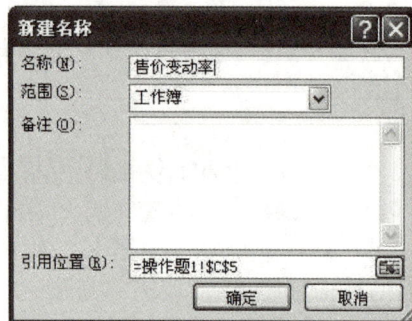

图 7-14　定义方案分析器中单元格的名称

以同样的方法将 C6、C7、C8 单元格分别定义为"变动成本变动率""产销量变动率""固定成本变动率"。

在 C9 单元格中录入"=(B5 *(1 + 售价变动率)− B6 *(1 + 变动成本变动率))* B7 *(1 + 产销量变动率)− B8 *(1 + 固定成本变动率)",即可计算出各因素发生变动后的利润数值。

三、建立方案

执行"数据"→"数据有效工具"→"假设分析"命令,打开"方案管理器"对话框,单击"添

加"按钮,如图 7-15 所示。

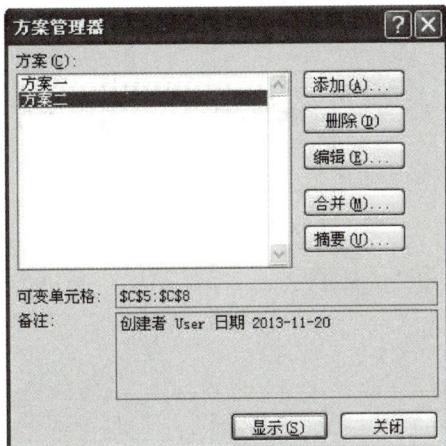

图 7-15 "方案管理器"对话框

在"添加方案"对话框内,输入方案名称和可变单元格区域,然后单击"确定"按钮,如图 7-16 所示。可变单元格区域是随不同方案变化而变化的单元格区域,即 C5:C8 单元格区域。

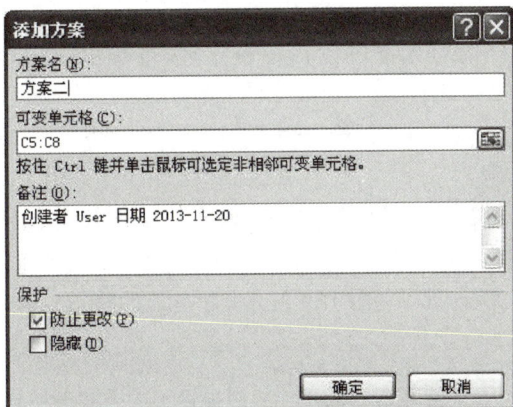

图 7-16 "添加方案"对话框

四、输入可变单元格的值

在"方案变量值"对话框内,输入不同方案可变单元格的变动值,然后单击"确定"按钮,如图 7-17 所示。

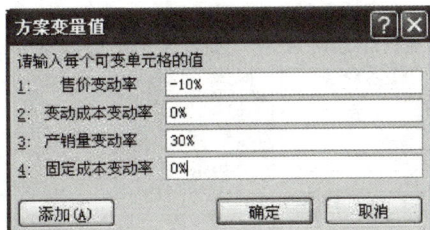

图 7-17 录入各方案可变单元格的变动值

待所有方案的数据都输入完毕后,系统返回"方案管理器"对话框,如图 7-18 所示。

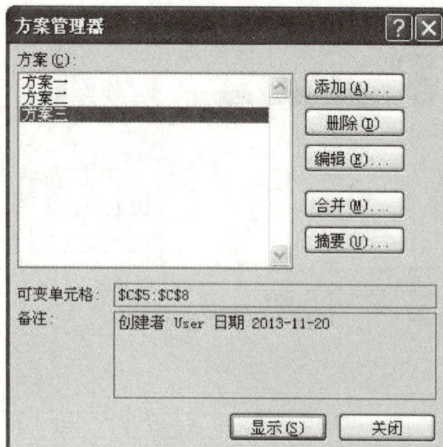

图 7-18   方案建立完毕后的"方案管理器"对话框

如果创建的方案不符合要求,也可以在方案管理器中对其进行修改、删除或添加新的方案。

五、显示方案

方案制订完成后,在任何时候都可以执行该方案,查看不同的执行结果,具体方法如下所示。

执行"数据"→"数据工具"→"假设分析"命令,打开"方案管理器"对话框,如图 7-18 所示。

在出现的"方案管理器"对话框内的"方案"列表框中选择要显示的方案名称,然后单击"显示"按钮,即能在可变单元格区域内显示不同方案的数据,并在事先已定义好公式的目标单元格中显示计算结果,如图 7-19、图 7-20 所示(方案二的执行结果图略)。

图 7-19   方案一的执行结果

图 7-20   方案三的执行结果

六、建立方案摘要报告

如果需要将所有的方案执行结果都显示出来,可通过建立方案报告的功能来实现它。其方法如下所示。

(1) 执行"数据"→"数据工具"→"假设分析"命令,打开"方案管理器"对话框,如图 7-18 所示,单击"摘要"按钮。

(2) 选择方案摘要类型。在报表类型中选择"方案摘要",在结果单元格中输入"=$C$9",这是需要计算的目标值所在的单元格,即目标单元格,如图 7-21 所示。

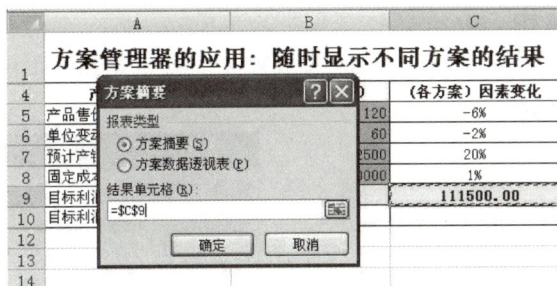

图 7-21　"方案摘要"对话框

单击"确定"按钮,系统就会在当前工作簿中自动建立一个名为"方案摘要"的工作表,便于对比分析其内容,如图 7-22 所示。

图 7-22　方案摘要报告

任务四　数据透视表的基础应用

学习目的

● 能描述数据透视表的作用与结构,能运用数据透视表进行求和、计数、平均值、最大值、最小值等的计算。

● 能运用数据透视表进行指定字段的分类查询与统计。

● 能识别数据透视表中因数据格式不同、表格样式不规范而对分类统计造成的影响。

学习资料

根据田源良品的生产订单工作表,向生产主管提供每种产品、每个客户的订单汇总表;按客户提供每种产品的订单汇总表;根据指定的客户提供该客户各产品订单的情况。

操作向导

数据透视表是一种**交互式报表**,它可以快速分类汇总大量的数据,并随时选择其中行、列、页中的不同元素,从而快速查看根据不同条件生成的源数据统计结果。

数据透视表有机地结合了数据的排序、筛选功能,可以便捷地调整分类汇总的方式,灵活地以多种不同的方式展现数据的特征。数据透视表仅靠鼠标移动字段的位置便可以生成各种类型的报表。因此,该工具是最常用、功能最全的数据分析工具之一。

一、数据透视表的结构

在创建数据透视表之前,先要了解数据透视表的基本结构,即**报表筛选**、**行标签**、**列标签**、**数值**,如图 7-23 所示。

7

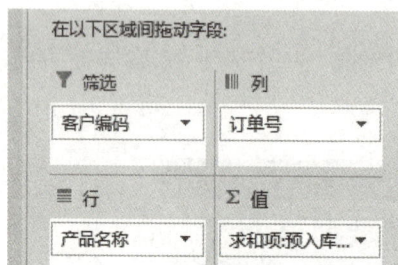

图 7-23　数据透视表的基本结构

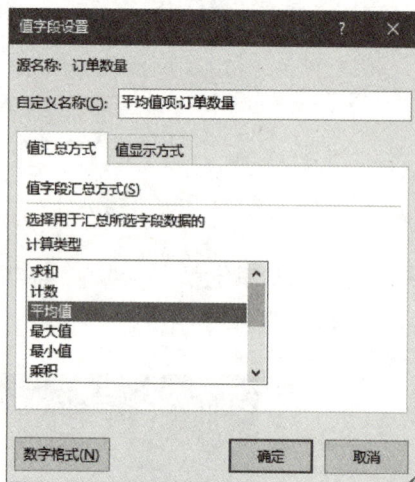

图 7-24　多种值字段的设置

(一) 报表筛选

添加字段到报表筛选区可以使该字段包含在数据透视表的筛选区中,以便用户根据需要进行数据筛选。

(二) 行标签

行标签用来纵向罗列不重复的字段内容,在数据透视表中被指定为行方向的字段。

(三) 列标签

列标签用来横向罗列不重复的字段内容,在数据透视表中被指定为列方向的字段。

(四) 数值

数据透视表中的数值区,用来统计汇总数据,可以按条件进行求和、计数、平均值、最大值、最小值、标准差、方差等的计算。添加字段到数值区,可以使该字段包含在数据透视表的数值区中,并使用该字段中的值进行指定的计算。值字段是可以更改设置的,如图 7-24 所示。

二、创建数据透视表

田源良品一季度的产品生产记录表,如图 7-25 所示。现要求向生产主管提供每种产品的订单汇总表;按客户提供每种产品的订单汇总表;根据指定的客户提供该客户各产品订单的情况。具体操作如下所示。

(一)检查数据格式能否正常参与计算

进行数据统计时,应先对数据的格式进行检查,避免出现文本格式对计算的结果产生错误的影响。

打开"数据透视表——生产记录"工作簿,选择 H5 单元格,按"Ctrl+Shift+↓"组合键,即选择了"入库数量"下的所有单元格,在跳出的错误信息窗口中点击下拉式箭头,将其格式全部转换为数字格式,如图 7-25 所示。同理,对 F 列的订单数量也进行数字格式的转换。

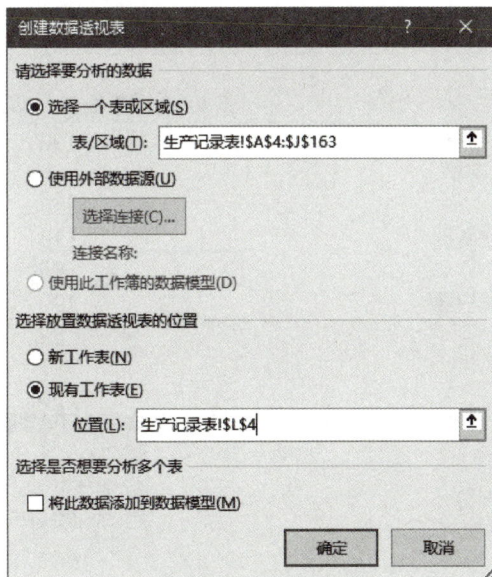

图 7-25 一季度的生产记录表(转换数字格式)

(二)创建数据透视表

光标选择源数据区域中的任意单元格,在"插入"选择项卡下,单击"数据透视表"按钮,弹出"创建数据透视表"对话框。在"请选择要分析的数据"下,检查选定的区域是否正确;在"选择放置数据透视表的位置"下,可以选择将数据透视表放置在新工作表或现有工作表中,这里选择本表的 L4 单元格,如图 7-26 所示。

【操作视频】
数据透视表
创建的三个
步骤

图 7-26 创建数据透视表

1. 每种产品的数据透视表

完成以上操作后，单击"确定"按钮。Excel 会将空的数据透视表添加至指定位置并显示数据透视表字段列表，以便添加字段、创建布局以及自定义数据透视表。将报表字段中的"产品名称"字段拖动到"行标签"处，把"订单数量"和"总价"字段拖动到"数值"处，将"客户编码"拖到"报表筛选"处，即可统计出所有客户各产品的订单数量和总价合计，如图 7-27 所示。

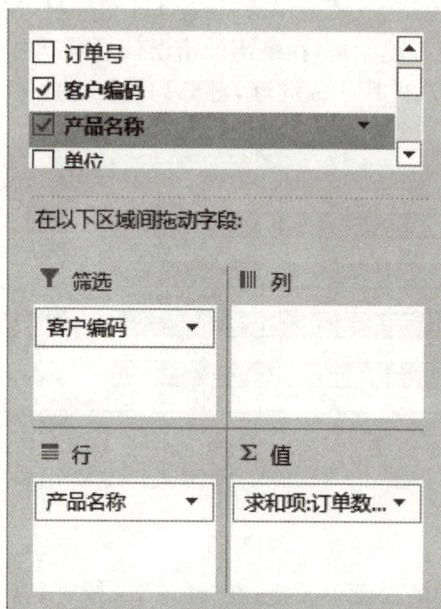

图 7-27   数据透视表字段添加

以产品名称为行标签的数据透视表如图 7-28 所示。

客户编码	(全部)	
行标签	求和项:订单数量	求和项:总价
10N.M扭力手柄	192	72800
12N.m扭力手柄	66	52800
Φ4.3骨钻	218	12450
Φ4软组织分离器	116	9035
Φ5.2平头钻	86	7840
Φ8软组织保护器	195	6850
剥离器	69	6000
撑开钉扳手	87	18860
持板钳	22	46200
持钉套		9920
打入器手柄		14850
导杆（CZ-HS）		28400
导杆连接螺栓（CZ-HS）		5500
导针1.0	1087	39840

求和项:订单数量
值: 22
行: 持板钳
列: 求和项:订单数量

图 7-28   以产品名称为行标签的数据透视表

2. 各产品各客户的数据透视表

若将"客户编码"字段拖动到"行标签"处,排在"产品名称"之后,如图 7-29 所示,即可统计显示出每种产品各客户的订单情况。

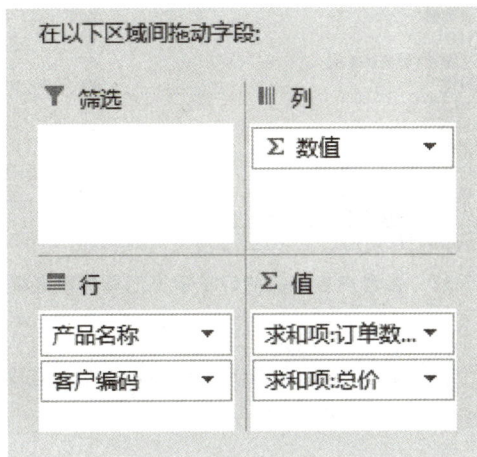

图 7-29　多个行标签的数据透视表结构

各产品各客户的订单情况汇总数据透视表,如图 7-30 所示。

行标签	求和项:订单数量	求和项:总价
⊟10N.M扭力手柄	192	72800
CZ-KH	192	72800
⊟12N.m扭力手柄	66	52800
ZJ-KH	66	52800
⊟Φ4.3骨钻	218	12450
CZ-HS	218	12450
⊟Φ4软组织分离器	116	9035
SZ-ADE	116	9035
⊟Φ5.2平头钻	86	7840
SZ-ADE	86	7840
⊟Φ8软组织保护器	195	6850
CZ-HS	195	6850
⊟剥离器	69	6000
BJ-NT	69	6000
⊟撑开钉扳手	87	18860
FD	87	18860

图 7-30　各产品各客户的订单情况汇总数据透视表

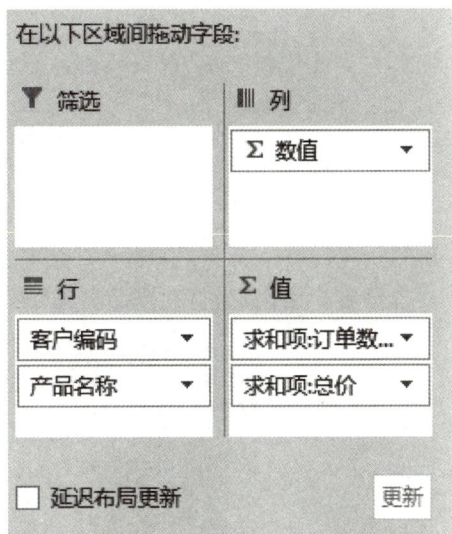

图 7-31　先客户后产品的数据透视表结构

3. 各客户各产品的数据透视表

若在"行标签"内,将"客户编码"拖放在"产品名称"之前,如图 7-31 所示,即可统计显示出每位客户各产品的订单情况。

各客户各产品的订单情况汇总数据透视表如图 7-32 所示(图中 BJ-BA 等为客户编码)。

行标签	▼ 求和项:订单数量	求和项:总价
⊟BJ-BA	**123**	**108680**
颈后旋棒器	123	108680
⊟BJ-FL	**266**	**75500**
梅花通止规T	171	44500
梅花通止规Z	95	31000
⊟BJ-NT	**69**	**6000**
剥离器	69	6000
⊟CZ-HJ	**62**	**21070**
扩髓钻T型快装手柄	62	21070
⊟CZ-HS	**987**	**69150**
Φ4.3骨钻	218	12450
Φ8软组织保护器	195	6850
橄榄头加长导针	66	6210
加力六角扳手	129	1950
螺旋刀片松紧扳手	102	10320
软组织保护器手柄	77	7520
软钻连接杆	200	23850

图 7-32 各客户各产品的订单情况汇总数据透视表

4. 其他数据透视表结构设计

如果将"产品名称"与"客户编码"两个字段在"行标签"与"列标签"之间互换,则会形成不同样式的数据透视表,如图 7-33 所示。

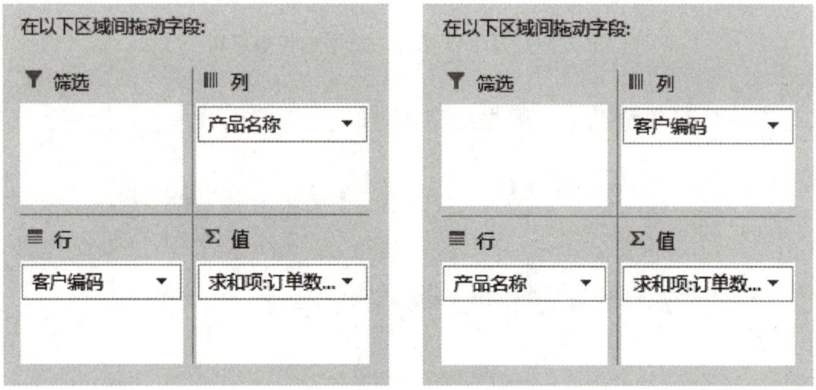

图 7-33 字段在行列标签间互换

以"客户编码"为行、"产品名称"为列的数据透视表如图 7-34 所示。

求和项:订单数量	列标签			
行标签 ▼	10N.M扭力手柄	12N.m扭力手柄	Φ4.3骨钻	Φ4软组织分离
BJ-BA				
BJ-FL				
BJ-NT				
CZ-HJ				
CZ-HS			218	
CZ-HS				
CZ-KH	192			
CZ-ZY				
FD				
KC				
SH-RZH				
SZ-ADE				
TJ-WM				
ZJ-KH				
ZJ-KH		66		
总计	192	66	218	

求和项:订单数量
值: 无数值
行: FD
列: 10N.M扭力手柄

图 7-34 以"客户编码"为行、"产品名称"为列的数据透视表

以"产品名称"为行、"客户编码"为列的数据透视表如图 7-35 所示。

求和项:订单数量	列标签 ▼					
行标签 ▼	BJ-BA	BJ-FL	BJ-NT	CZ-HJ	CZ-HS	CZ
10N.M扭力手柄						
12N.m扭力手柄						
Φ4.3骨钻					218	
Φ4软组织分离器						
Φ5.2平头钻						
Φ8软组织保护器					195	
剥离器				69		
撑开钉扳手						
持板钳						
持钉套						
打入器手柄						
导杆（CZ-HS）						
导杆连接螺栓（CZ-HS）						
导针1.0						
导针导向器						

图 7-35　以"产品名称"为行、"客户编码"为列的数据透视表

通过将不同的字段与"报表筛选""行标签""列标签""数值"等进行组合可以得到不同的数据透视表,使用者可按自己的需求进行字段拖放,生成所需的数据透视表。

【同步训练 7-3】　数据透视表的结构设置

设置数据透视表结构,按客户 CZ-HS 查询各产品的订单数量汇总情况。

💡 提示：启用报表筛选功能,操作结果如图 7-36 所示。

7

L	M
客户编码	CZ-HS ▼
行标签 ▼	求和项:订单数量
导杆（CZ-HS）	124
导杆连接螺栓（CZ-HS）	150
定位杆（CZ-HS）	168
定位杆钻套Φ5.2（CZ-HS）	118
定位卡块（CZ-HS）	182
护肤版（CZ-HS）	70
加压螺栓（CZ-HS）	184
近端45度瞄准架（CZ-HS）	194
近端连接螺栓（CZ-HS）	140
近端瞄准架（CZ-HS）	193
皮质骨螺钉套筒Φ8.0（CZ-HS）	193
松质骨螺钉套管Φ8.5（CZ-HS）	208
万向扳手SW6.5（CZ-HS）	83
远端连接螺栓（CZ-HS）	85
远端瞄准架（CZ-HS）	143
主钉连接螺栓（CZ-HS）	163
主钉取出连接杆（CZ-HS）	69
主钉手把（CZ-HS）	205
钻套Φ3.2（CZ-HS）	129
钻套Φ4.0（CZ-HS）	156
总计	2957

图 7-36　CZ-HS 客户的订单汇总数据透视表

三、生成数据透视图

选中【同步训练 7-3】生成的数据透视表中的任一单元格,然后在"插入"选择项卡下"图表"选项组中,单击"数据透视图"按钮,在弹出的对话框中选择"柱形图",如图 7-37 所示。

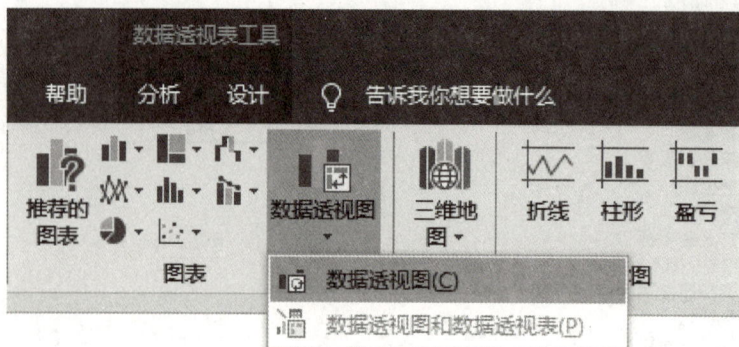

图 7-37　插入数据透视图

生成的数据透视图,可以根据"客户编码"和"产品名称"的不同组合同步变化,如图 7-38 所示。

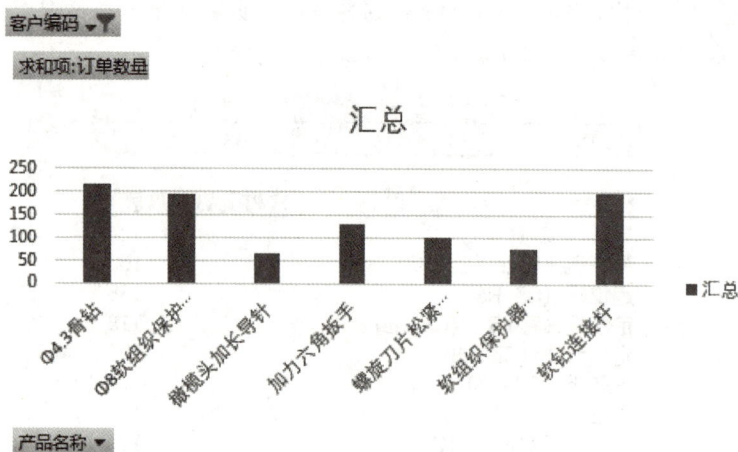

图 7-38　数据透视图

任务五　数据透视表的计算

学习目的

- 能根据数据查询需要,增加数据透视表的计算字段。
- 能熟练运用数据透视表筛选器,进行指定字段的分类查询与统计。
- 能运用条件格式,增强数据的可读性。

学习资料

田源良品的一季度采购订单与生产入库单已经完成登记,现在需要统计各位客户的采购数量与生产入库数量之间的差异,要求增设"生产差异"字段,计算采购数量与入库数量的差异,并将差异用数据条标出,以便生产主管进行后续的生产安排。

操作向导

在一个数据透视表生成以后,我们可进一步对数据进行排序、筛选等编排操作,此时需要用到数据透视表的编辑功能。数据透视表中的数据一般都是对某一字段进行简单的计算,如果需要对数据透视表的结果进行辅助计算,就要用到数据透视表的计算功能。

一、进行数据整理

打开"数据透视表的计算与编辑——生产记录"工作簿,检查工作表的数据区域,查验这些数字的单元格的格式是否适应计算的需要。如果不能适应计算的需要,使用者应对数据的格式进行转换,例如,将文本格式的数据转换为数字格式。

二、筛选器的应用

插入数据透视表,将数据透视表的位置设置在 L4 单元格内。将"客户编码"拖到"报表筛选"中,将"产品名称"拖到"行标签"中,将"订单数量""入库数量""生产差异"拖到"数值"中,如图 7-39 所示。

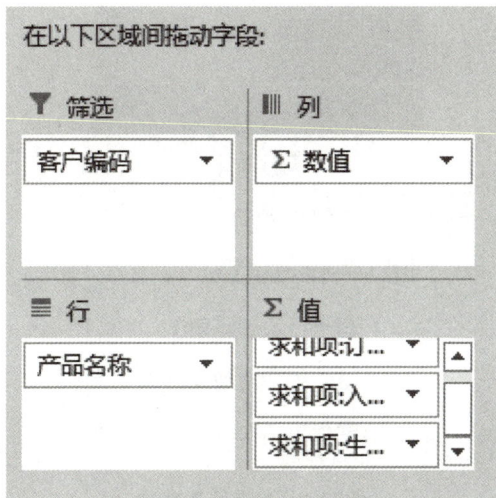

图 7-39　设计数据透视表的结构

单击"客户编码"的筛选器,选择 KC 客户,单击"确定"按钮,即可形成 KC 客户的生产订单数量和生产入库数量的统计信息,如图 7-40 所示。

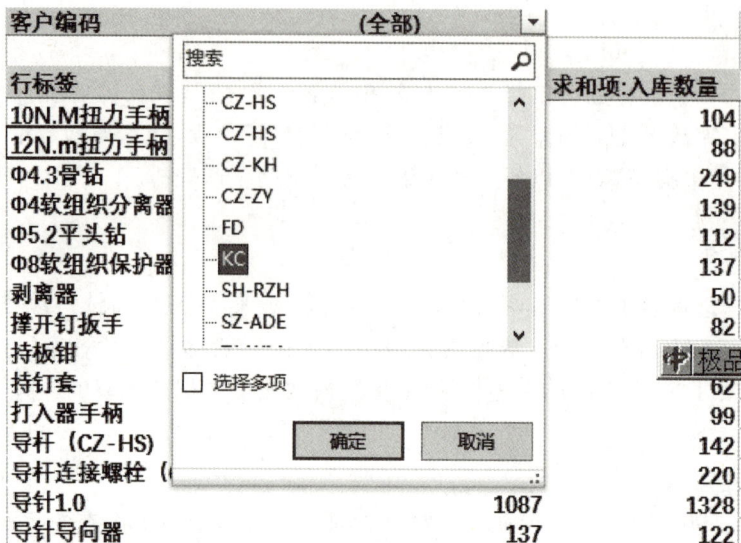

图 7-40　筛选器的应用

三、增设生产差异字段

在数据透视表工具中，选择"分析"选项卡，单击"字段、项目和集"，选择"计算字段"，该功能适用于不同字段间的计算，如图 7-41 所示。

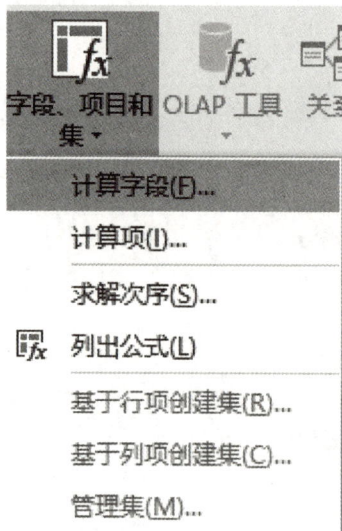

图 7-41　选择计算字段

弹出的"插入计算字段"窗口，在"名称框"中录入"生产差异"，新增一个计算字段；在"公式框"中选择"入库数量－订单数量"。单击"确定"按钮，完成字段间的公式定义，如图 7-42 所示。

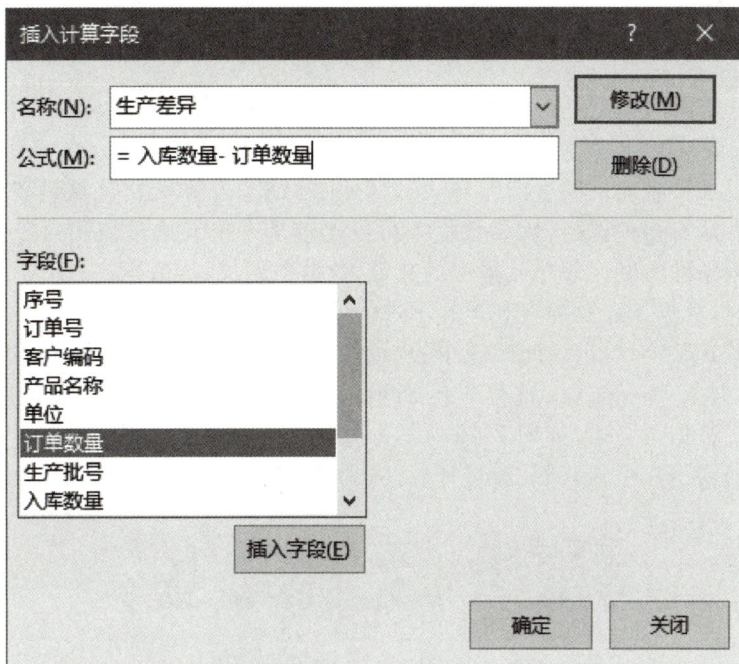

图 7-42　设置计算字段

完成以上操作后,在工作表右侧的数据透视表字段中就增加了新设置的"生产差异"字段,如图 7-43 所示。

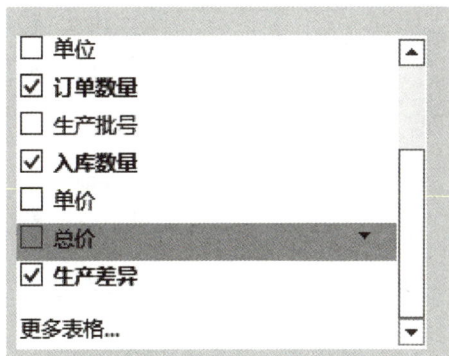

图 7-43　增设生产差异字段

勾选"生产差异"字段后,数据透视表的最后一列将增加"求和项:生产差异"这一项目,如图7-44 所示。

客户编码	KC		
行标签	求和项:订单数量	求和项:入库数量	求和项:生产差异
环钻	39	107	68
环钻连接手柄	116	45	-71
环钻螺纹针	205	88	-117
总计	360	240	-120

图 7-44　修改后的数字透视表

自此,生成的数据透视表可以直观地反映 KC 客户采购订单数量与生产入库数量之间的差异。

四、设置条件格式

为了能够更加直观地反映生产差异,我们可以对 O5:O7 单元格区域设置条件格式。条件格式的设置方法有多种选择,比如数据条可以比较某个单元格数值相对于其他单元格数值的大小。数据条的长度代表单元格中的数值,数据条越长,数值越高;反之,数值越低。在观察大量数据时,数据条能更加直观地显示数值的大小。

选择"开始"选项卡,单击中间区域中的"条件格式"按钮,弹出下拉菜单,选择"数据条",单击相应的"数据条"图标按钮,如图 7-45 所示。设置完成后,就可以看到"生产差异"所在的单元格增加了数据条格式,如图 7-46 所示。其他条件格式的应用与前面的方法类似,此处不再赘述。若要清除格式,则只需选择"清除规则"进行操作即可。

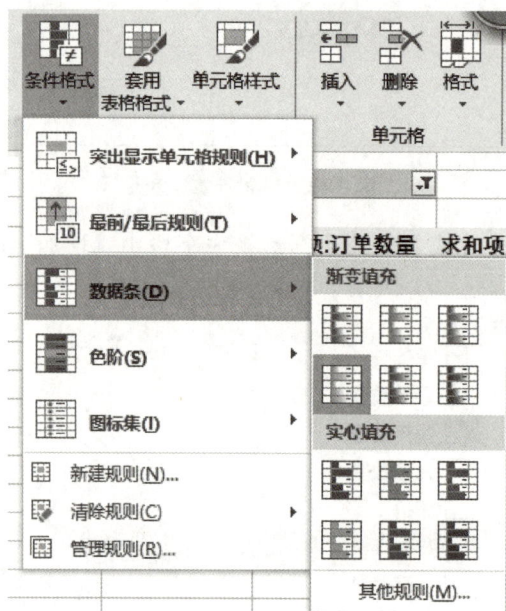

图 7-45　设置条件格式

客户编码	KC		
行标签	求和项:订单数量	求和项:入库数量	求和项:生产差异
环钻	39	107	68
环钻连接手柄	116	45	-71
环钻螺纹针	205	88	-117
总计	360	240	-120

图 7-46　条件格式的设置

课 后 实 训

一、判断题

1. 简单地说，单变量求解就是知道一个公式的计算结果，求一个公式中某一个未知单元格的值。（　　）

2. 已知算式 $z=3x+4y+1$，当 $z=20$、$y=2$ 时，我们可以使用单变量求解功能计算 x 的值。（　　）

3. 执行"数据"→"假设分析"→"单变量求解"命令，可以打开"单变量求解"对话框。（　　）

4. 在单变量求解或是规划求解过程中，需要确定目标单元格，目标单元格中必须已有设置好的计算公式。（　　）

5. 在单变量求解或规划求解过程中，需要确定可变单元格，可变单元格为我们需要计算求解的单元格，该单元格中应事先设置好相应的计算公式。（　　）

6. 单变量求解仅可解决存在一个变量的问题，而规划求解可以求解更多变量。（　　）

7. 规划求解是 Excel 的一个可选安装模块，只有在系统安装了规划求解工具后，我们才能使用它。（　　）

8. 财务决策中涉及很多优化的问题，如利润最大化、成本最小化、投资组合最优化等。这些问题都可以采用规划求解工具来解决。（　　）

9. 规划求解的过程包括确定目标单元格、可变单元格、目标值与可变单元格之间的关系和约束条件等。（　　）

10. 一般而言，目标单元格与可变单元格的数值的关系可以通过计算公式建立。（　　）

11. 执行"数据"→"规划求解"命令，可以打开"规划求解参数"对话框。（　　）

12. 利用 Excel 提供的方案管理器工具，我们可以很方便地建立各种方案，随时显示各方案的执行结果。（　　）

13. 表达式"=SUMPRODUCT(B10:C10，B11:C11)"与"=B10 * B11＋C10 * C11"的含义一样。（　　）

14. SUMPRODUCT 函数是指在给定的几组数组中，将数组间对应的元素相乘，并返回乘积之和。（　　）

15. 使用 SUMPRODUCT(array1，array2，array3，…)函数时，式中，array1，array2，array3 数组参数必须具有相同的维数，否则，SUMPRODUCT 函数将返回错误值 ♯VALUE!。（　　）

二、函数应用

1. 中原公司目前年产销 E 产品 2 000 件，销售单价为 90 元，单位变动成本为 60 元，全年专属固定成本为 50 000 元。

假设企业产品的销售单价为 p，单位变动成本为 b，固定成本为 a，销售量为 q，利润为 P。利润计算公式为：$P=(p-b) \times q-a$。

问：影响利润的各因素发生多大变化时，会使该产品的利润为零？请将表 7-2 填写完整，并用单变量求解方式计算。

💡 **提示**：$p=85$，$b=65$，$q=1\ 667$，$a=60\ 000$。

表 7-2　　　　　　　　　　　　　　E 产品单变量求解表

影响利润的各因素	当前数值	p 的最小值	b 的最大值	q 的最小值	a 的最大值
销售单价	90	$p=?$	90	90	90
单位变动成本	60	60	$b=?$	60	60
产销量	2 000	2 000	2 000	$q=?$	2 000
固定成本	50 000	50 000	50 000	50 000	$a=?$
目标利润	10 000	0	0	0	0

将实训结果以"××××(学号)-7-1.xls"的命名格式保存到"E:\××(班级)\"文件夹中。

2. 已知东方公司同时生产甲和乙两种产品,公司管理层正讨论甲、乙两种产品的生产决策,相关资料如表 7-3 所示。

表 7-3　　　　　　　　　　　　　　甲、乙产品资料

项　　目	甲	乙
预计销售量/件	780	1 200
预计单位变动生产成本/元	?	?
预计最高单价/元	150	200
固定成本总额/元	50 000	
单位产品消耗工时/时	8	12
机器工时总数/时	25 000	

问:企业应将各种产品的单位变动成本控制在什么水平,才能确保实现 200 000 元的目标利润?

提示:用规划求解方式,甲产品 40.74 元和乙产品 62.68 元。

3. 已知东方公司同时生产甲和乙两种产品,公司管理层正讨论甲、乙两种产品的生产决策,相关资料如表 7-4 所示。

表 7-4　　　　　　　　　　　　　　甲、乙产品资料

项　　目	甲	乙
预计销售量/件	780	?
预计单位变动生产成本/元	40	60
预计最高单价/元	150	200
固定成本总额/元	50 000	
单位产品消耗工时/时	8	12
机器工时总数/时	25 000	

问:企业至少要销售多少乙产品才能确保实现 200 000 元的目标利润?

提示:1 173 件。

4. 已知东方公司同时生产甲和乙两种产品,公司管理层正讨论甲、乙两种产品的生产决策,相关资料如表 7-5 所示。

表 7-5　　　　　　　　　　　　甲、乙产品资料

项　　目	甲	乙
预计销售量/件	?	?
预计单位变动生产成本/元	40	60
预计最高单价/元	150	200
固定成本总额/元	50 000	
单位产品消耗工时/时	8	12
机器工时总数/时	25 000	

问：企业如何安排产品生产才能确保实现利润最大化？

💡 提示：生产甲产品 3 125 件，停产乙产品。

5. 已知东方公司同时生产甲和乙两种产品，公司管理层正讨论甲、乙两种产品的生产决策，相关资料如表 7-6 所示。

表 7-6　　　　　　　　　　　　甲、乙产品资料

项　　目	甲	乙
预计销售量/件	?	?
预计单位变动生产成本/元	40	60
预计最高单价/元	150	200
固定成本总额/元	50 000	
单位产品消耗工时/时	8	12
机器工时总数/时	25 000	

问：若甲、乙两种产品都必须生产，企业将如何安排产品生产才能保本？

💡 提示：生产甲产品 172 件，乙产品 222 件。

将实训 2～实训 4 的结果以"××××(学号)-7-2.xls"的命名格式保存到"E:\××(班级)\"文件夹中。

7

坚持问题导向

项目八　资金需求量的预测

公司筹集资金首先要对资金需求量进行预测。公司对固定资产资金需求量的预测一般是通过投资决策、编制资本预算完成的。在公司正常经营的情况下,资金的预测主要是对流动资金的需求量进行测算。

企业资金需求量的预测方法主要有定性预测法和定量预测法两种。其中,定量预测法是指以资金需求量与有关因素的关系为依据,在掌握大量历史资料的基础上选用一定的数学方法加以计算,并将计算结果作为预测结果的一种方法。

本项目主要介绍如何利用 Excel 建立销售百分比法、回归分析法和高低点法资金预测模型,进行资金预测。

任务一　用销售百分比法预测资金需求量

学习目的

● 掌握 IF 函数及数据有效性在实务中的应用技巧,能在 Excel 中制作下拉式菜单,能制作一个通用的销售百分比法资金需求量预测模型。

● 掌握 Excel 的公式输入方法,能正确运用"＋""－""＊""/"等运算符进行相关数据的计算。

学习资料

江南公司的资产负债表、利润表等相关资料,如表 8-1、表 8-2 所示,请采用销售百分比法预测该公司 2024 年的资金需求量。

其他资料如下:销售增长率通过计算营业收入三年平均增长率确定;营业净利率通过计算近三年的平均营业净利率确定;固定资产投资金额按投资计划表金额 495 万元确定;股利支付率假定为 30%。

表 8-1　　　　　　　　　　　　江南公司资产负债表　　　　　　　　　　　　单位:万元

项　目	2023 年	2022 年	2021 年	2020 年	2019 年
流动资产					
货币资金	5 100	4 000	3 100	2 800	5 700
交易性金融资产	200	300	0	0	0
应收票据及应收账款	4 450	4 000	3 725	2 670	2 060
预付款项	700	270	130	200	120
其他应收款	420	400	150	120	110
存货	5 000	4 500	4 800	3 900	2 700
一年内到期的非流动资产	0	0	0	0	0
其他流动资产	20	0	0	0	0
流动资产合计	15 890	13 470	11 905	9 690	10 690
非流动资产					
长期股权投资	400	450	380	470	0
投资性房地产	0	0	0	0	0
固定资产	10 000	9 900	10 570	4 300	3 900
在建工程	1 290	960	410	4 850	550
无形资产	1 300	1 400	1 100	1 150	640
商誉	0	0	0	0	0
递延所得税资产	200	150	110	0	0
其他非流动资产	0	0	0	0	0
非流动资产合计	13 190	12 860	12 570	10 770	5 090
资产总计	29 080	26 330	24 475	20 460	15 780
流动负债					
短期借款	6 900	7 600	6 600	4 200	1 800
交易性金融负债	80	0	0	0	0
应付票据及应付账款	2 200	4 000	5 000	5 000	2 400
预收款项	200	180	40	500	250
应付职工薪酬	100	60	90	20	10
应交税费	600	250	140	10	160
应付利息	20	20	15	0	0
其他应付款	110	110	200	150	160
一年内到期的非流动负债	500	3 300	155	0	0
流动负债合计	10 710	15 520	12 240	9 880	4 780

8

续　表

项　　目	2023 年	2022 年	2021 年	2020 年	2019 年
非流动负债					
长期借款	4 800	840	3 620	2 300	3 400
应付债券	0	0	0	30	100
其他非流动负债	300	200	30	0	0
非流动负债合计	5 100	1 040	3 650	2 330	3 500
负债合计	15 810	16 560	15 890	12 210	8 280
所有者权益					
实收资本	3 400	3 400	3 400	1 700	1 100
资本公积	1 400	1 300	1 320	3 000	3 600
盈余公积	1 200	800	690	660	500
未分配利润	7 270	4 270	3 175	2 890	2 300
所有者权益合计	13 270	9 770	8 585	8 250	7 500
负债和所有者权益总计	29 080	26 330	24 475	20 460	15 780

表 8-2　　　　　　　　　　**江南公司利润表**　　　　　　　　　　单位:万元

项　　目	2023 年	2022 年	2021 年	2020 年	2019 年
营业收入	29 000	18 000	16 000	12 600	11 400
减:营业成本	24 200	16 520	15 520	11 650	10 440
其中:营业成本	20 700	14 000	13 500	10 100	9 100
税金及附加	150	80	30	20	10
销售费用	700	600	600	450	460
管理费用	1 300	950	700	630	770
财务费用	1 100	800	560	450	100
资产减值损失	250	90	130	0	0
加:公允价值变动收益	−40	0	0	0	0
投资收益	90	75	10	−10	−15
营业利润	4 850	1 555	490	940	945
加:营业外收入	160	50	55	30	80
减:营业外支出	140	40	70	40	20
利润总额	4 870	1 565	475	930	1 005
减:所得税费用	1 416	470	150	280	300
净利润	3 454	1 095	325	650	705

操作向导

一、销售百分比法的基本原理

销售百分比法是指在分析资产负债表有关项目与销售额关系的基础上,根据市场调查和销售预测取得的资料,确定资产、负债和所有者权益的有关项目占销售的百分比,并依此推算出流动资金需求量的一种方法。

采用销售百分比法预测资金需求量的步骤如下:

(1)根据历史数据,预计销售收入增长率。

(2)计算资产负债表中敏感项目与销售收入的百分比。首先,根据资产负债表中的项目与销售额之间是否存在同步变动的关系,将报表项目分为敏感项目和非敏感项目。敏感项目是指随着销售的变动同步变动的项目,其与销售额之间存在着一个相对稳定的比率关系,如现金、应收账款、存货、应付账款等;非敏感项目与销售额之间不存在紧密的变动关系,如对外投资、长期负债和实收资本等。敏感项目与销售收入的百分比的计算公式为:

敏感项目与销售收入的百分比 = (基期敏感项目数额 ÷ 基期销售额) × 100%

(3)计算需要增加的资金。其计算公式为:

需增加的资金 = 增加的资金需求 — 增加的自发性负债
= (敏感资产销售百分比 × 新增销售额) — (敏感负债销售百分比 × 新增销售额)

(4)计算内部留存收益增加额。其计算公式为:

内部留存收益增加额 = 预计销售额 × 计划销售净利率 × (1 — 股利支付率)

(5)计算外部融资需求。

外部融资需求 = (敏感资产销售百分比 × 新增销售额)
— (敏感负债销售百分比 × 新增销售额) — 内部留存收益增加额

二、Excel 中销售百分比法资金需求量计算模型的设计

在实务中,销售百分比法涉及大量的计算,让人望而却步,限制了该方法的使用,事实上,我们可以利用 Excel 的计算功能,制作一个销售百分比法分析模型,以后只要修改资产负债表和销售预测的相关资料,就能得到一个预测结果,供财务决策分析使用。其相关步骤如下所示。

(一)搜集整理企业近年来的销售、盈利情况资料

搜集整理企业近年来的销售、盈利情况资料,如营业收入、净利润、营业净利率、股利支付率等,作为资金预测的基本数据,如图 8-1 所示。

	F21		fx			
	A	B	C	D	E	F
1			利润表			
2	项目 / 年度	2023年度	2022年度	2021年度	2020年度	2019年度
3	一、营业收入	29000	18000	16000	12600	11400
18	四、净利润	3454	1095	325	650	705
19	其他资料:					
20	营业净利率	11.91%	6.08%	2.03%		
21	股利支付率	30%				

图 8-1　历年来销售数据资料

8

在 B20:D20 单元区域分别计算对应年度的营业净利率,并利用 SUMIF 函数在 B36 单元格中录入"=SUMIF(B23:B33,B35,C23:C33)",对 2024 年度固定资产投资额进行汇总,求出 2024 年度累计固定资产投资额总额,如图 8-2 所示。

21			固定资产投资表	
22	固定资产投资项目	年度	投资金额(万元)	
23	中部#301项目	2019年度	50	
24	中部#302项目	2020年度	50	
25	北部#303项目	2018年度	50	
26	北部#304项目	2019年度	50	
27	南部#305项目	2020年度	50	
28	南部#306项目	2024年度	60	
29	西部#307项目	2022年度	50	
30	西部#308项目	2024年度	100	
31	西部#309项目	2024年度	80	
32	东部#310项目	2024年度	120	
33	东部#311项目	2024年度	135	
34				
35	输入需汇总的年度	2024年度		
36	2024年度累计投资额	495.00		

图 8-2   2022 年度固定资产投资额条件求和

【知识链接 8-1】   SUMIF 函数

使用 SUMIF 函数可以对区域中符合指定条件的值求和。其语法为:SUMIF(range, criteria, [sum_range])。

式中,range 是指用于条件计算的单元格区域。每个区域中的单元格都必须是数字或名称、数组或包含数字的引用。空值和文本值将被忽略。

criteria 用于确定对哪些单元格求和的条件,其形式可以为数字、表达式、单元格引用、文本或函数。例如,条件可以表示为 32、">32"、B5、32、"32"、"苹果"或 TODAY()。任何文本条件或任何含有逻辑或数学符号的条件都必须使用双引号括起来。如果条件为数字,则无须使用双引号。

sum_range 为求和的实际单元格,该参数可省略。如果省略 sum_range 参数,Excel 会对在范围参数中指定的单元格(即应用条件的单元格)求和。

我们可以在 criteria 参数中使用通配符[包括问号(?)和星号(*)]。问号匹配任意单个字符;星号匹配任意一串字符。如果要查找实际的问号或星号,请在该字符前键入波形符(~)。

若要实现多条件求和,也可以用 SUMIFS 函数实现。

(二) 设计资产负债表敏感性分析选择表

由于敏感项目需要随时调整,我们应在资产负债表中增加一列,作为判别是否属于敏感项目的调整列,由财务人员分析选择"是"或"否"填列,如图 8-3 所示。

设计资产负债表敏感性分析选择表,首先应选择 C4:C54 单元格区域,执行"数据"→"数据工具",打开"数据验证"窗口,进行如下设置:在有效性条件中选择"序列",来源中输入

"是,否"(注意,其中的逗号为英文输入法状态下的逗号),单击"确定",如图 8-4 所示。通过上述步骤,完成了敏感项目"是"或"否"的选择录入。

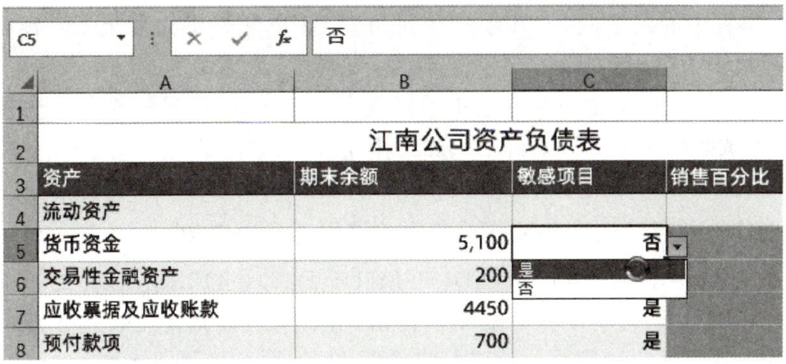

图 8-3　设计资产负债表敏感性分析选择表

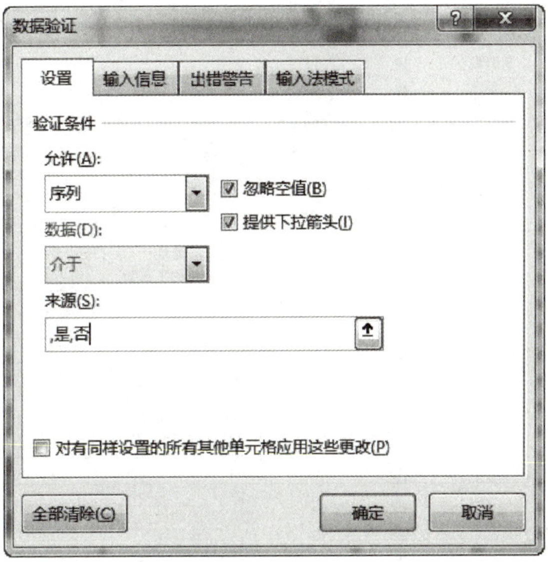

图 8-4　数据有效性的设置

【知识链接 8-2】　数据验证

数据验证是对单元格或单元格区域输入的数据从内容到数量上进行限制。对于符合条件的数据,允许输入;对于不符合条件的数据,则禁止输入。这样就可以依靠系统检查数据的正确有效性,避免错误的数据录入。

数据验证功能可以在尚未输入数据时,预先设置,以保证输入数据的正确性。

设置完成之后,就可以通过选择"是"或"否"对资产负债表项目进行逐项分析,分析报表项目与营业收入的相关关系,确定哪些项目为敏感项目,哪些项目为非敏感项目。

(三) 计算敏感项目销售百分比

确定了敏感项目后,可以根据"敏感项目与销售收入的百分比 =(基期敏感项目数额 ÷

基期销售额）×100％"来计算敏感项目的销售百分比。

在 D5 单元格中输入"＝IF(C5 ="是",B5/利润表！＄B＄3,"")"，其公式的含义是：如果 C5 单元格的值是"是"，则执行资产负债表中的敏感项目金额（即 B5 单元格中的数值）除以"利润表"工作表中的营业收入（其数值在利润表 B3 单元格中）；如果 C5 单元格的值不是"是"，则 D5 单元格为空格。

上述公式是计算货币资金项目占上年销售收入的比重，采用销售百分比法预测资金需求是假定预计年度敏感项目金额占销售收入的比重不变。式中，采用绝对引用方式（＄B＄3），有利于将公式采用填充方式复制到其他单元格区域时营业收入数据始终保持不变。

（四）分别计算敏感性资产和敏感性负债的销售百分比之和

在 D28 单元格中输入"＝ROUND(SUM(D4:D27),4)"，在 D54 单元格中输入"＝ROUND(SUM(D31:D53),4)"，计算结果保留 4 位小数，以减少尾数差异带来的影响。上述公式是对各敏感项目的销售百分比进行自动求和，如图 8-5、图 8-6 所示。

	A	B	C	D
4	资产	期末余额	敏感项目	销售百分比
5	流动资产			
6	货币资金	5,100	是	17.59%
7	交易性金融资产	200	是	0.69%
8	应收票据及应收账款	4450	是	15.34%
9	预付款项	700	是	2.41%
10	其他应收款	420	否	
11	存货	5,000		17.24%
12	一年内到期的非流动资产			
13	其他流动资产	20	否	
14				
15	流动资产合计	15,890	否	53.28%
16	非流动资产		否	
17	长期股权投资	400	否	
18	投资性房地产		否	
19	固定资产	10,000	否	
20	在建工程	1,200	否	
21	工程物资	90	否	
22	无形资产	1,300	否	
23	商誉		否	
24	递延所得税资产	200	否	
25	其他非流动资产		否	
26	非流动资产合计	13,190	否	0.00%
27				
28	资产总计	29,080	否	53.28%

图 8-5 敏感资产的销售百分比

	A	B	C	D
30	负债和所有者权益	期末余额		
31	流动负债		是	0.00%
32	短期借款	6,900	是	23.79%
33	交易性金融负债	80	是	0.28%
34	应付票据及应付账款	2200	是	7.59%
35	预收款项	200	是	0.69%
36	应付职工薪酬	100	是	0.34%
37	应交税费	600	是	2.07%
38	应付利息	20	是	0.07%
39	其他应付款	110	否	
40	一年内到期的非流动负债	500	否	
41	流动负债合计	10,710	否	
42	非流动负债		否	
43	长期借款	4,800	否	
44	应付债券		否	
45	其他非流动负债	300	否	
46	非流动负债合计	5,100	否	
47	负债合计	15,810	否	
48	所有者权益		否	
49	实收资本	3,400	否	
50	资本公积	1,400	否	
51	盈余公积	1,200	否	
52	未分配利润	7,270	否	
53	所有者权益合计	13,270	否	
54	负债和所有者权益总计	29,080	否	34.83%

图 8-6 敏感负债的销售百分比

〖操作提示 8-1〗 用 SUMIF 函数实现条件求和

对于 D28 单元格的数值，我们还可以用 SUMIF 函数实现条件求和。根据题意，敏感性的资产占销售收入的比重之和，可以理解为"若 C4:C27 单元格区域中各单元格的值为'是'，即敏感项目为'是'时，则对 D4:D27 单元格区域中的销售百分比进行求和"。此时，可以用"＝SUMIF(C4:C27,"是",D4:D27)"来代替"＝SUM(D4:D27)"。

从图 8-5 和图 8-6 中可以看出,公司每增加销售收入 100 元,需要增加 53.28 元的资产,同时,增加 34.83 元的商业信用(属自发性负债筹资)。所以,公司每增加 100 元的销售收入,最终需要净增加资金 18.45 元(53.28 − 34.83)。由于下一年度收入增长 32.03%,因销售增长而增加的资金需求,要按新增销售额计算,如图 8-7 所示。

▲	A	B	C	D	E	F
37	销售百分比法预测资金需要量					
38	指标	数据	说明			
39	营业收入三年平均增长率	32.03%	营业收入三年平均增长率			
40	最近三年平均营业净利率	6.67%	根据最近三年营业净利率平均计算			
41	最近三年平均股利支付率	30.00%	估计数			
42	2024年度新增预计销售收入	9,288	基期销售额*营业收入三年平均增长率,用INT函数取整			
43	2024年度预计销售收入	38,288	基期销售额*(1+营业收入三年平均增长率),用INT函数取整。			
44	敏感性资产销售百分比	53.28%	引用敏感资产项目分析填列			
45	敏感性负债销售百分比	34.83%	引用敏感负债项目分析填列			
46	计算过程					
47	(一)新增资金需求:					
48	因销售增长而增加的资金需求	1713	新增销售额*(敏感性资产百分比-敏感性负债百分比)			
49	预计新增固定资产投资	495	引用固定资产投资数据			
50	预计新增资金总需求	2208	销售增长而增加的资金需求+新增固定资产投资资金需求			
51	(二)内部留存收益资金来源:					
52	预计新增留存收益	1789	根据预计销售收入*营业净利率*(1-股利支付率)计算,用INT函数取整。			
53	(三)需向外部融资资金金额:	419	根据新增资金总需求-新增留存收益计算			

图 8-7　按销售百分比法计算资金需求量

在 B39 单元格中录入"=(B3/E3)^(1/3)−1",完成营业收入三年平均增长率的计算。为了提高模板的通用性,表中所有的数据均采用链接方式进行,以便于动态更新。

(五)计算预计年度需要增加的资金

在 B48 单元格中输入"=B42*(B44−B45)",2024 年因销售增长需要新增的资金 = 29 000 × 32.03% × (53.28% − 34.83%) ≈ 1 713(万元)。单元格计算含义在图 8-7 中说明,下同。

在 B49 单元格中输入"=B36",是为了引用 2024 年因固定资产投资需要新增的资金 495 万元。

在 B50 单元格中输入"B48＋B49",计算结果显示该企业 2024 年新增资金需求为 2 208 万元。

(六)计算预计年度内部留存收益数额

在 B52 单元格中输入"=INT(B43*B40*((1−B41)))",2024 年新增内部留存收益金额 = 38 288 × 6.67% × (1 − 30%) ≈ 1 789(万元)。

(七)计算外部融资需求

在 B53 单元格中输入"=B50−B52",2024 年外部融资需求量 = 2024 年新增资金需求 − 2024 年新增内部留存收益 = 419(万元)。

【知识链接 8-3】 INT 函数向下取整

INT 函数将数字向下舍入到最接近的整数。其语法为:INT(number)。式中,number 为需要进行向下舍入取整的实数。

8

也就是说,依据基期报表项目与销售额的比例关系和项目投资计划,下一年度的新增资金需求为 2 208 万元,其中内部留存收益可提供资金来源 1 789 万元,公司需向外部筹资 419 万元。

如此,一个简易的销售百分比法资金预测模型就制作完成了。

〖操作提示 8-2〗　数据验证的作用

如果修改资产负债表中的敏感项目,最终的计算结果是否会发生变化? 在这里,数据验证的设置能发挥较好的作用。

任务二　用回归分析法预测资金需求量

学习目的

- 能调用 Excel 分析工具库中的工具用于财务实务决策。
- 能正确使用分析工具库中的回归分析法,正确设置 Y 值与 X 值,能根据计算结果编写分析项目的回归公式。

学习资料

假设中南公司 2019—2023 年度的资金占用与销售收入如表 8-3 所示。假设 2024 的预计销售收入为 700 万元。

表 8-3　　　中南公司 2019—2023 年度的资金占用与销售收入　　　单位:万元

年　　度	2019	2020	2021	2022	2023
业务量 x	500	520	480	540	690
资金占用 y	100	110	120	125	130

请用回归分析法预测中南公司 2024 年的资金需求量。

操作向导

一、回归分析法的基本原理

回归分析法是假定资本量(y)与业务量(x)之间存在线性关系,然后通过建立数学模型,来预测资金需求量的一种方法。

若有 n 组观测值,则可以用 n 组 $y=a+bx$ 的和的形式来反映该线性公式,即:

$$\sum y = na + b\sum x$$

在 $y=a+bx$ 左右两边乘以业务量 x 后再予以求和:

$$\sum xy = a\sum x + b\sum x^2$$

上述两公式构成一组方程组,即可求出固定资金 a 与单位产销量所需变动资金 b 的值。

根据一组历史的业务量与资金占用数据,依据 $y = a + bx$ 的线性关系,可得出如下方程式:

$$b = \frac{n\sum xy - \sum x \sum y}{n\sum x^2 - (\sum x)^2}$$

$$a = \frac{\sum y - b \sum x}{n}$$

式中,资金需求量为因变量 y;产销量为自变量 x;a 为固定资金;b 为单位产销量所需变动资金。

根据实训资料,利用回归分析法来预测企业未来的资金需求量。

根据公式先计算出求固定资金 a 与单位产销量变动资金 b 所需要的有关数据,回归分析计算表如表 8-4 所示。

表 8-4   中南公司回归分析计算表

年度	业务量 x/万元	资金占用 y/万元	$x \cdot y$	x^2
2019	500	100	50 000	250 000
2020	520	110	57 200	270 400
2021	480	120	57 600	230 400
2022	540	125	67 500	291 600
2023	690	130	89 700	476 100
合计	$\sum x = 2\,730$	$\sum y = 585$	$\sum x \cdot y = 322\,000$	$\sum x^2 = 1\,518\,500$

根据计算公式可得:

$$b = \frac{n\sum xy - \sum x \sum y}{n\sum x^2 - (\sum x)^2} = 0.092\,8$$

$$a = \frac{\sum y - b \sum x}{n} = 66.331\,2 (万元)$$

所以,资金预测公式为:

$y = 66.331\,2 + 0.092\,8x$

2024 年的资金需求量 $= 66.331\,2 + 0.092\,8 \times 700 \approx 131.29$(万元)

从数学角度分析,因为回归分析法利用了观测值中所有的数据,故较为准确,但计算工作量较大。

二、利用 Excel 分析工具库来进行公式的设置

在 Excel 中,上述复杂的计算过程将变得十分简单,其基本步骤如下所示。

(1)加载宏。单击 Office 按钮,进入 Excel 选项,单击"加载项",选择"分析工具库",如图 8-8 所示。

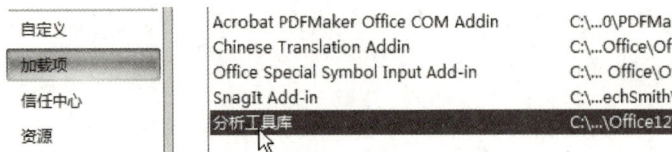

图 8-8　加载分析工具库

（2）调用分析数据库。管理 Excel 加载项，单击"转到"按钮，进入"加载宏"选项界面，如图 8-9、图 8-10 所示，选择"分析工具库"。

图 8-9　转到分析工具库

【操作视频】
回归直线法

8

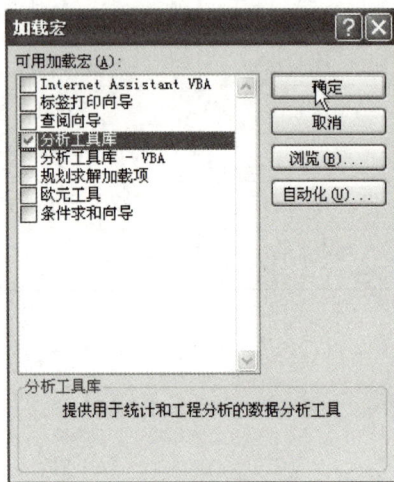

图 8-10　"加载宏"选项界面

（3）选择回归分析方法。单击"数据"选项卡，选择"数据分析"功能，在跳出的"数据分析"对话框中选择"回归"，单击"确定"，如图 8-11 所示。

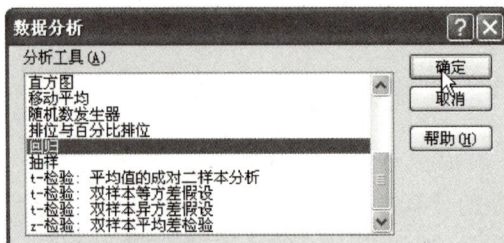

图 8-11　选择回归分析法

（4）设置因变量和自变量计算区域。在 Y 值输入区域中，选择输入“\$B\$3：\$F\$3”，这是资金占用金额，属于因变量指标。在 X 值输入区域中，选择输入“\$B\$2：\$F\$2”，这是业务量，属于自变量指标。在输出区域中，选择输入“\$A\$6”，将计算结果输出到该单元格，如图 8-12 所示。

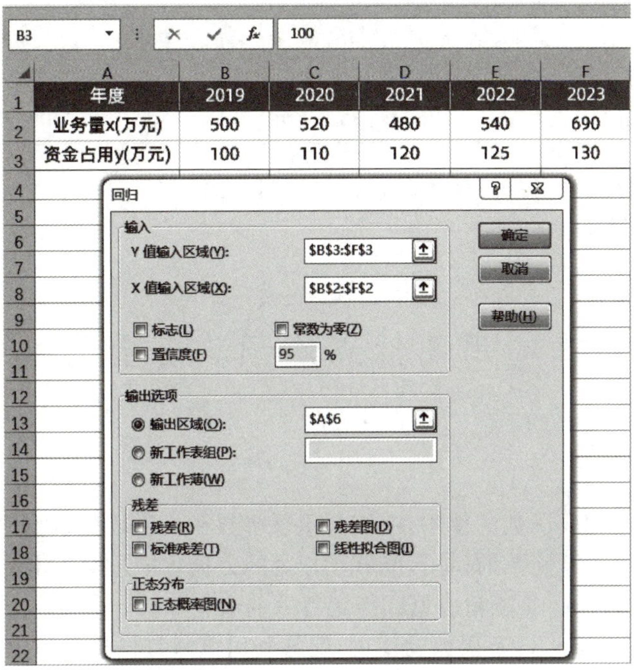

图 8-12　回归公式中自变量与因变量区域的选择输入

（5）编辑资金预测的线性回归公式。在系统计算的结果中，我们根据 B26、B27 单元格中的数据，可以写出资金预测的线性公式：$y = 66.350\ 3 + 0.092\ 8x$，如图 8-13 所示。

所以，假设 2024 年的预计销售收入为 700 万元时，2024 年的资金需求量 $= 66.350\ 3 + 0.092\ 8 \times 700 \approx 131.31$（万元）。

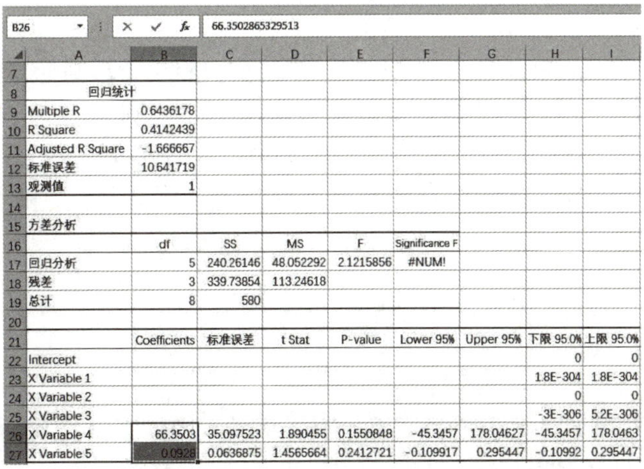

	A	B	C	D	E	F	G	H	I
7									
8	回归统计								
9	Multiple R	0.6436178							
10	R Square	0.4142439							
11	Adjusted R Square	-1.666667							
12	标准误差	10.641719							
13	观测值	1							
14									
15	方差分析								
16		df	SS	MS	F	Significance F			
17	回归分析	5	240.26146	48.052292	2.1215856	#NUM!			
18	残差	3	339.73854	113.24618					
19	总计	8	580						
20									
21		Coefficients	标准误差	t Stat	P-value	Lower 95%	Upper 95%	下限 95.0%	上限 95.0%
22	Intercept							0	0
23	X Variable 1							1.8E-304	1.8E-304
24	X Variable 2							0	0
25	X Variable 3							-3E-306	5.2E-306
26	X Variable 4	66.3503	35.097523	1.890455	0.1550848	-45.3457	178.04627	-45.3457	178.0463
27	X Variable 5	0.0928	0.0636875	1.4565664	0.2412721	-0.109917	0.295447	-0.10992	0.295447

图 8-13　根据输出结果编制混合资金需求公式

【同步训练 8-1】　回归分析方程式的确定

回归分析法不仅可以用来预测资金需求量,也可以用来分解混合成本。假设江东机械厂 1—5 月机器工作小时与维修成本的变动情况如表 8-5 所示。

表 8-5　　江东机械厂 1—5 月机器工作小时与维修成本的变动情况

月　份	1月	2月	3月	4月	5月
业务量 x/千机器小时	6	8	5	6	9
维修费 y/元	120	130	100	125	140

请利用回归分析法写出维修费的混合成本预测公式。

💡 提示:$y = 67.5929 + 8.1481x$。

任务三　用高低点法预测资金需求量

✎ 学习目的

● 掌握 MAX、MIN 函数的使用,能够利用该函数在一组数据中找到最大值与最小值。

● 理解 HLOOKUP 函数的使用,能够在指定的数据表中按照指定的查找条件,利用该函数在数据表的首行查找,并能精确返回指定行数的值。

● 掌握 CONCATENATE 函数的使用,能够利用该函数将多个单元格中的数字或文本合成一个简要的字符串。

📖 学习资料

中南公司 2019—2023 年度的资金占用情况与销售收入之间的关系如表 8-6 所示。假设 2024 年的预计销售收入为 700 万元。请用高低点法预测中南公司 2024 年的资金需求量。

🐺 操作向导

一、高低点法的含义

高低点法是利用代数式 $y = a + bx$,选用一定历史资料中的最高业务量与最低业务量所对应的资金需求之差,与两者业务量之差进行对比,求出单位业务量的变动资金需求,然后将其代入高点或低点的资金需求公式,求出固定资金需求的方法。

我们用 y 代表资金需求总额,x 代表业务量,a 代表固定资金需求,b 代表单位业务量的变动资金需求,即:

$$b = \frac{y_h - y_l}{x_h - x_l}$$

$$a = y_h - bx_h \text{ 或 } a = y_l - bx_l$$

然后再利用代数式 $y = a + bx$ 预测资金需求量。

在上述任务中,首先根据资金占用量的历史资料,找出最高业务量与最低业务量对应的实际发生的资金需求数据,业务量的高点低点可在表 8-6 中查找。

表 8-6　　中南公司 2019—2023 年度的资金占用情况与销售收入

年　度	2019	2020	2021(低点)	2022	2023(高点)
业务量 x/万元	500	520	480	540	690
资金占用 y/万元	100	110	120	125	130

所以：

$$b=\frac{y_h-y_l}{x_h-x_l}\approx\frac{130-120}{690-480}\approx 0.047\,6$$

将 b 值代入高点混合资金需求公式并移项，可得：

$a=y_h-bx_h=130-0.047\,6\times 690=97.156$(万元)

或：$a=y_l-bx_l=120-0.047\,6\times 480=97.152$(万元)

通过以上计算，得出资金需求预测公式为：

$y=97.156+0.047\,6x$

下一年的资金需求量 $=97.156+0.047\,6\times 700=130.476$(万元)

应当指出的是，采用高低点法选用的历史数据，应能代表该项业务活动的正常情况，不应含有任何异常状态下的业务量或资金量。此外，通过高低点分解而求得的资金需求公式，只适用于相关范围内的情况。本例中只适用于 480～690 万元业务量的相关范围，超出相关范围即不适用。

用高低点法确定资金需求，简便易算，只要有两个不同时期的业务量和资金占用情况，就可求解，因此，该方法使用较为广泛。但这种方法只根据最高、最低两组数据资料，而不考虑其他业务量和资金需求的变化，计算结果往往不够精确。

二、编制资金需求预测的线性公式

可以在 Excel 工作表中建立计算模型，将表 8-6 相应数据录入 Excel 中，然后将 C8:C11 单元格中的计算公式输入 B8:B11 单元格区域，得出相应混合资金的计算公式为：$y=97.156+0.047\,6x$，如图 8-14 所示。这说明固定的资金需求为 97.156 万元，单位变动资金需求为 0.047 6 万元。

8

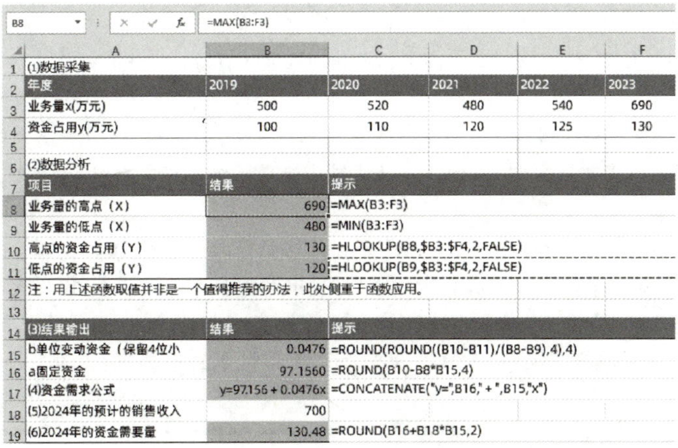

B8　=MAX(B3:F3)

	A	B	C	D	E	F
1	(1)数据采集					
2	年度	2019	2020	2021	2022	2023
3	业务量x(万元)	500	520	480	540	690
4	资金占用y(万元)	100	110	120	125	130
5						
6	(2)数据分析					
7	项目	结果	提示			
8	业务量的高点（X）	690	=MAX(B3:F3)			
9	业务量的低点（X）	480	=MIN(B3:F3)			
10	高点的资金占用（Y）	130	=HLOOKUP(B8,$B3:$F4,2,FALSE)			
11	低点的资金占用（Y）	120	=HLOOKUP(B9,$B3:$F4,2,FALSE)			
12	注：用上述函数取值并非是一个值得推荐的办法，此处侧重于函数应用。					
13						
14	(3)结果输出	结果	提示			
15	b单位变动资金（保留4位小	0.0476	=ROUND(ROUND((B10-B11)/(B8-B9),4),4)			
16	a固定资金	97.1560	=ROUND(B10-B8*B15,4)			
17	(4)资金需求公式	y=97.156 + 0.0476x	=CONCATENATE("y=",B16," + ",B15,"x")			
18	(5)2024年的预计的销售收入	700				
19	(6)2024年的资金需要量	130.48	=ROUND(B16+B18*B15,2)			

图 8-14　高低点法预测资金需求

图 8-14 中的计算公式说明如下：

（1）B8 单元格的"＝MAX(B3：F3)"表示从 B3：F3 单元格区域的数值中取最大值，从而在数据中确定业务量的高点数据。

（2）B9 单元格的"＝MIN(B3：F3)"表示从 B3：F3 单元格区域的数值中取最小值，从而在数据中确定业务量的低点数据。

（3）B10 单元格的"＝HLOOKUP(B8，$B3:$F4，2，FALSE)"表示在 B3：F4 单元格区域精确查找和引用 B8 单元格的数值，找到与 B8 单元格相一致的数据后，引用与之同列的第 2 行数据，FALSE 表示精确查找，从而确定了与业务量高点对应的资金占用额。

（4）B11 单元格的"＝HLOOKUP(B9，$B3:$F4，2，FALSE)"表示在 B3：F4 单元格区域精确查找和引用 B9 单元格的数值，找到与 B9 单元格相一致的数据后，引用与之同列的第 2 行数据，从而确定了与业务量低点对应的资金占用额。

（5）B15 单元格的"＝(B10－B11)/(B8－B9)"为根据 $b = \dfrac{y_h - y_l}{x_h - x_l}$ 这一计算原理计算的单位变动资金的数值。而 ROUND 函数则表示将计算结果保留指定的小数位，在本例中，计算结果保留 4 位小数。

（6）B16 单元格的"＝B10－B8 * B15"表示根据 $a = y_h - bx_h$ 的计算原理计算的固定资金的数值。

（7）B17 单元格的"＝CONCATENATE("y＝"，B16，"＋"，B15，"x")"表示根据事先定义好的文本或单元格引用数值合成一字符串，形成资金预测公式。

【知识链接 8-4】　MAX 与 MIN 函数

MAX 函数用于返回一组值中的最大值。其语法为：MAX(number1，number2，…)。

MIN 函数则是返回一组值中的最小值。其语法为：MIN(number1，number2，…)。

式中的 number1，number2，…是要根据指定条件找出最大值或最小值的 1 到 255 个数字参数。该参数可以是数字或者是包含数字的名称、数组或引用。

8

【知识链接 8-5】　HLOOKUP 函数

当比较值位于数据表的首行，并且要查找下面给定行中的数据时，请使用 HLOOKUP 函数。当比较值位于要查找的数据的左边的一列时，请使用 VLOOKUP 函数。

HLOOKUP 中的 H 代表"行"。其语法为：HLOOKUP(lookup_value，table_array，row_index_num，range_lookup)。

lookup_value 为需要在数据表第一行中进行查找的数值，可以为数值、引用或文本字符串。

table_array 为用于查找数据的数据表，可以使用区域或区域名称的引用，该数据表第一行的数值可以为文本、数字或逻辑值。

row_index_num 为 table_array 中待返回的匹配值的行序号。row_index_num 为 1 时，返回 table_array 第一行的数值，row_index_num 为 2 时，返回 table_array 第二行的数值，以此类推。

range_lookup 为一逻辑值，指明 HLOOKUP 函数查找时是精确匹配，还是近似匹配。如果为 TRUE 或省略，则返回近似匹配值；如果为 FALSE，将查找精确匹配值，如果找不到，则返回错误值 ＃N/A。

高低点法不仅可以用于预测资金需要，也可以用于分解混合成本。

【同步训练 8-2】　用高低点法分解混合成本

请根据江东机械厂 1—5 月机器工作小时和维修成本的变动情况,即表 8-5 的资料,将图 8-14 中的 A3:F4 单元格区域的数据修改成表 8-5 的数据,验证其混合成本预测公式是否为 $y = 50 + 10x$。

课 后 实 训

一、函数基础(判断正误)

1. 如果区域 A3:A12 包含数字,则公式"=AVERAGE(A3:A12)"将返回这些数字的平均值。　　　　　　　　　　　　　　　　　　　　　　　　　　　　　　　(　　)

2. 使用 AVERAGE 函数时,如果区域或单元格引用的参数包含文本、逻辑值或空单元格,这些值将被忽略,但包含零值的单元格将被计算在内。　　　　　　　　　(　　)

3. 若只对符合某些条件的值计算平均值,请使用 AVERAGEIF 函数或 AVERAGEIFS 函数。　　　　　　　　　　　　　　　　　　　　　　　　　　　　　　　　(　　)

4. 如果单元格区域 A3:A12 包含数字,则公式"=INT(AVERAGE(A3:A12))"将返回这些数字的平均值的整数。　　　　　　　　　　　　　　　　　　　　　　　　(　　)

5. INT 函数将数字向下舍入到最接近的整数。　　　　　　　　　　　　　(　　)

6. 表达式"=INT(8.9)"将 8.9 向下舍入到最接近的整数,其结果为 8。　　(　　)

7. 表达式"=INT(−8.9)"将 −8.9 向下舍入到最接近的整数,其结果为 −9。　(　　)

8. 表达式"=SUMIF(A1:A12,">5")"对数据区域中大于 5 的值进行求和。
　　　　　　　　　　　　　　　　　　　　　　　　　　　　　　　　　(　　)

9. 表达式"=(27/1)^(1/3)−1"=2。　　　　　　　　　　　　　　　　　(　　)

10. 表达式"=SUMIF(A:A,">5",C:C)"表示,若 A 列单元格的值为">5",则对相应的 C 列的数值进行累计求和。　　　　　　　　　　　　　　　　　　　(　　)

11. 表达式"=IF(5>9,"这是不可能的!","这是真的吗?")",其值将显示"这是真的吗?"。　　　　　　　　　　　　　　　　　　　　　　　　　　　　　　(　　)

12. 表达式"=A1",表示对 A1 单元格的引用,将该公式复制到 A3 单元格,则引用 A3 单元格的值。　　　　　　　　　　　　　　　　　　　　　　　　(　　)

13. 表达式"=A$1",表示对 A1 单元格的绝对行引用,将该公式复制到 A3 单元格,则引用 A1 单元格的值。　　　　　　　　　　　　　　　　　　　　　(　　)

14. 表达式"=$A1",表示对 A1 单元格的绝对列引用,将该公式复制到 B3 单元格,则引用 A3 单元格的值。　　　　　　　　　　　　　　　　　　　　　(　　)

15. 表达式"=$A$1",表示对 A1 单元格的绝对引用,将该公式复制到 A3 单元格,则仍引用 A1 单元格的值。　　　　　　　　　　　　　　　　　　　　　(　　)

二、函数应用

1. 东北公司拟采用销售百分比法预测该公司 2024 年资金需求量,相关项目敏感性分析如表 8-7、表 8-8 所示。

8

表 8-7   资产负债表   单位:万元

项　　目	2022	2023	敏感性分析
资产			
货币资金	1 000	5 169	是
交易性金融资产	0	9 000	是
应收票据及应收账款	7 000	18 954	是
存货	12 600	10 283	是
流动资产合计	20 600	43 406	否
固定资产净值	38 240	39 240	否
资产合计	58 840	82 646	否
负债及所有者权益			
短期借款	0	1 000	否
应付票据及应付账款	7 390	7 959	是
应交税费	0	4 659	是
应付职工薪酬	0	0	否
流动负债合计	7 390	13 618	否
长期负债合计	0	0	否
负债合计	7 390	13 618	否
实收资本	35 000	35 000	否
未分配利润	16 450	34 028	否
所有者权益合计	51 450	69 028	否
权益合计	58 840	82 646	否

表 8-8   利润表   单位:万元

项　　目	2022	2023
一、营业收入	180 000	216 000
减:营业成本	140 000	170 172
税金及附加	8 000	10 800
销售费用	3 000	5 000
管理费用	2 000	2 500
研发费用	0	500
财务费用	300	0
二、利润总额	26 700	27 028
减:所得税费用	6 675	6 659
三、净利润	20 025	20 369

其他资料如下：销售增长率为 20％，近年来平均销售净利率为 10％，近年来平均股利支付率为 40％。

请问：

（1）请结合数据有效性设置，采用销售百分比法预测该公司 2024 年需向外融资多少万元？

💡 提示：9 395 万元。

（2）如果存货项目、交易性金融资产是非敏感性项目，该公司 2024 年需向外融资多少万元？

💡 提示：13 251 万元。

将实训结果以"××××（学号）-8-1.xls"的命名格式保存到"E：\××（班级）\"文件夹中。

2. 南方公司是一家高负债企业，企业的收入与筹资存在密切的相关关系。公司近年来的营业额与筹资现金流入情况如表 8-9 所示，要求采用回归分析法预测其 2024 年的筹资额。

表 8-9　　　　　　　　　南方公司近年筹资现金流入与营业收入

年　份	历年筹资现金流入 y/元	历年营业收入 x/元
2020	310 229	638 006
2021	553 517	766 722
2022	256 042	1 055 885
2023	1 692 373	1 784 820

（1）根据近年来的销售历史数据，要求以营业收入三年平均增长率作为下一年度 2024年的营业收入增长率。

💡 提示：41.90％。

（2）请根据上述计算结果，预测该公司 2024 年的筹资额。

💡 提示：2 412 629 元，公式为 $y = -545\,296 + 1.176\,2x$。

将实训结果以"××××（学号）-8-2.xls"的命名格式保存到"E：\××（班级）\"文件夹中。

3. 假设江南公司的流动资产项目中，除了"一年内到期的非流动资产"与"其他流动资产"为非敏感资产外，其余均为敏感资产。长期资产项目中，除了"固定资产"为敏感资产外，其余的均为非敏感资产。要求在 D 列进行录入单元格"是，否"的有效性设置，如图 8-15 所示。请计算：

（1）在 C 列计算各项资产占总资产的比重，并在 C29 单元格中计算敏感资产占总资产的累计比重。

（2）利用 IF 函数在 C 列只计算各项敏感资产占总资产的比重，并在 C29 单元格中计算敏感资产占总资产的累计比重。

8

C29　=SUMIF(D7:D27,"是",C7:C27)

	A	B	C	D
3	江南公司资产百分比分析			
4	编制单位：江南公司	2023年12月31日		单位：万元
5	资产	期末余额	资产百分比	敏感项目
6	流动资产			
7	货币资金	5,100	17.54%	是
8	交易性金融资产	200	0.69%	是
9	应收票据及应收账款	4450	15.30%	是
10	预付款项	700	2.41%	是
11	其他应收款	420	1.44%	是
12	存货	5,000	17.19%	是
13	一年内到期的非流动资		0.00%	否
14	其他流动资产	20	0.07%	否
15			0.00%	否
16	流动资产合计	15,890	54.64%	
17	非流动资产		0.00%	否
18	长期股权投资	400	1.38%	否
19	投资性房地产		0.00%	否
20	固定资产	10,000	34.39%	是
21	在建工程	1,290	4.44%	否
22	无形资产	1,300	4.47%	否
23	商誉		0.00%	否
24	递延所得税资产	200	0.69%	否
25	其他非流动资产		0.00%	否
26	非流动资产合计	13,190	45.36%	否
27			0.00%	否
28	资产总计	29,080	100.00%	
29	敏感性资产占资产比重		88.96%	

图 8-15　江南公司的敏感资产比重分析

8

4. 江南公司销售部门有 A001、A002、A003、B001、B002 五位销售人员，主要经营铅笔、毛笔、圆珠笔、钢笔销售。季末，该销售部门的销售清单如图 8-16 所示。请利用 SUMIF，SUMIFS 函数以及数据有效性设置制作一个销售情况查询表，以实现以下功能：

(1) 按工号查询该工号累计销售量。

提示： SUMIF 函数与数据有效性设置。

(2) 按商品查询该商品累计销售量。

提示： SUMIF 函数与数据有效性设置。

(3) 对销售量大于或等于零的销售量进行累计汇总；对销售量大于或等于 100 的销售量进行累计汇总。

(4) 按工号和商品查询某工号、某商品的累计销售量。

提示： SUMIFS 函数与数据有效性设置。

提示： F14 单元格公式为"= SUMIFS(C:C, A:A, D14, B:B, E14)"，其他如图 8-16 所示。

图 8-16　该销售部门的销售清单

5. 江南公司生产部的人员情况如图 8-17 所示,其月基本工资标准如下:博士 9 000 元;硕士 8 000 元;本科 6 500 元;专科 5 000 元;高中 3 000 元;高中以下 2 000 元。请利用 IF 函数及嵌套公式编制在 C 列实现基本工资的录入。

姓　名	学　历	基本工资
IF函数应用及嵌套公式的编辑		
程炜凌	硕士	8 000
丁晓嵋	本科	6 500
胡雪嵋	博士	9 000
金毅	本科	6 500
吕叶露	本科	6 500
王波	大专	5 000
徐群杰	高中	3 000
赵冠安	高中	3 000
赵璐	大专	5 000
包鹏飞	硕士	8 000
陈静思	本科	6 500
范明华	高中	3 000
黄彬	博士	9 000
江妤	本科	6 500
金伟嵋	初中	2 000

图 8-17　江南公司生产部的人员情况

💡 提示:公式为"＝IF(B3＝"博士",9000,IF(B3＝"硕士",8000,IF(B3＝"本科",6500,IF(B3＝"专科",5000,IF(B3＝"高中",3000,2000)))))"。

方法论

8

项目九　财务报表的分析

　　财务分析是以企业财务报告及其他相关资料为主要依据,对企业的财务状况和经营成果进行评价和剖析,反映企业在运营过程中的利弊得失和发展趋势,从而为改进企业财务管理工作和优化经济决策提供重要的财务信息。

　　财务分析的目的是将财务报表数据转换成有用的信息,帮助报表使用人改善决策。本项目主要介绍如何利用 Excel 单元格名称定义编辑财务指标计算公式,以及采用数据引用方式建立一个财务报表分析模型。这涉及了条件格式与 IF 函数的应用。

任务一　单元格名称的定义与修改

学习目的

● 掌握单元格名称和单元格区域名称的定义、修改、删除等基本操作。
● 能利用单元格名称进行公式的设置。

学习资料

　　为了便于在计算财务比率时能直接识别相应的数据源,利于公式的理解与维护,要求对江南公司财务报表中的各期数据根据其对应的报表项目进行相应的名称定义,为制作财务报表分析模型做准备。其报表数据参见表 8-1、表 8-2。

操作向导

　　在工作中,很难理解单元格中的公式“＝E5/E6”的计算结果表达的含义,若以“＝流动资产／流动负债”来表示,就能理解该公司意指流动比率这一财务指标。在 Excel 中,可以定义和使用单元格名称,使公式更加容易被理解和维护。

一、定义单元格名称

可以通过以下方法定义单元格名称。

(1) 在编辑栏的"名称"框中定义单元格名称。选择单元格区域 B4:F4,然后在编辑栏的"名称"框中输入"货币资金",则 B4:F4 单元格区域的名称被命名为"货币资金",便于以后在公式中引用识别,如图 9-1 所示。

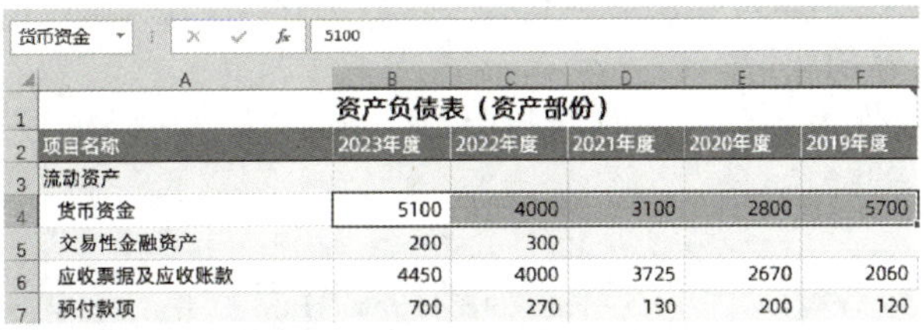

图 9-1 通过编辑栏的"名称"框定义单元格名称

当然,你也可以选择某一单元格进行相应的名称设置。

(2) 单击右键,选择"定义名称"菜单。选择单元格 B5:F5 区域,单击右键,然后选择"命名单元格区域"菜单栏,出现"新建名称"窗口,如图 9-2 所示。

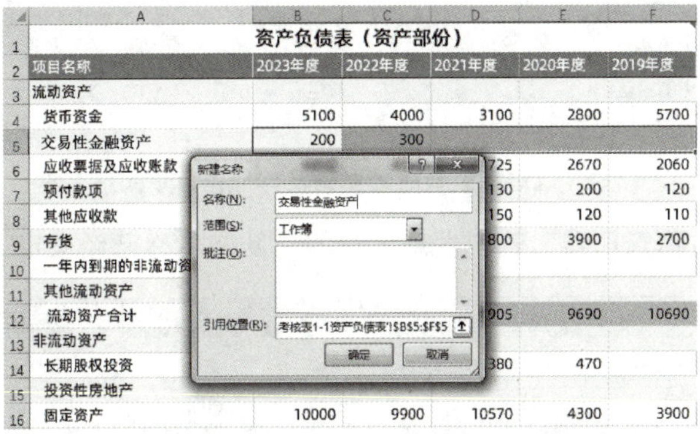

图 9-2 "新建名称"窗口

〖操作提示 9-1〗 单元格名称的使用范围

对话框名称中自动显示所选单元格左边的名称,如"交易性金融资产"。对话框中的范围有工作簿与工作表(Sheet1、Sheet2、Sheet3 等)可供选择。若选择工作簿,则该名称对于该工作簿中的所有工作表都是可识别的,但对于其他任何工作簿均是不可识别的。若选择工作表,则只能在当前工作表中使用该名称,其他工作表不能识别该名称。

系统默认对话框中的引用位置为绝对引用方式。在工作中,可以根据需要将之修改为混合引用方式,从而增加名称在公式设置方面的灵活性。

(3) 根据单元格现有行和列标签来创建名称。在实务中,如果按照上述方法进行名称的定义,显然费时费力。此时,执行"公式"选项卡中"定义的名称"组中的"根据所选内容创建"命令,能有效地基于工作表中单元格区域的现有行和列标签来创建名称,如图 9-3 所示。

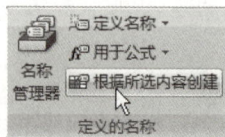

图 9-3　根据所选内容创建单元格名称

在江南公司报表中选择单元格"A2:F52"区域,选择"公式"选项卡,在"定义的名称"组中,单击"根据所选内容创建"命令。

在弹出的"根据所选内容创建名称"对话框中,选择"最左列"和"首行",单击"确定",如图 9-4 所示。

图 9-4　以选定区域的最左列及首行作为单元格名称

此时,再进入"名称管理器",就会发现大量的单元格名称已经被定义了,如图 9-5 所示。

图 9-5　已定义好的单元格名称

二、删除、修改单元格名称

上述操作中,是根据报表项目选定单元格区域的定义名称,但是有的报表格式中存在的项目并不参与计算,或是与日常使用的习惯不符,为了使今后编辑的财务分析模板更具有通用性,需要对已定义好的单元格名称进行删除、修改。

　　单击"公式"选项卡,选择"名称管理器",然后在弹出的"名称管理器"框中选择需要删除或修改的单元格名称,单击"删除"或"编辑"即可,如图 9-6 所示。

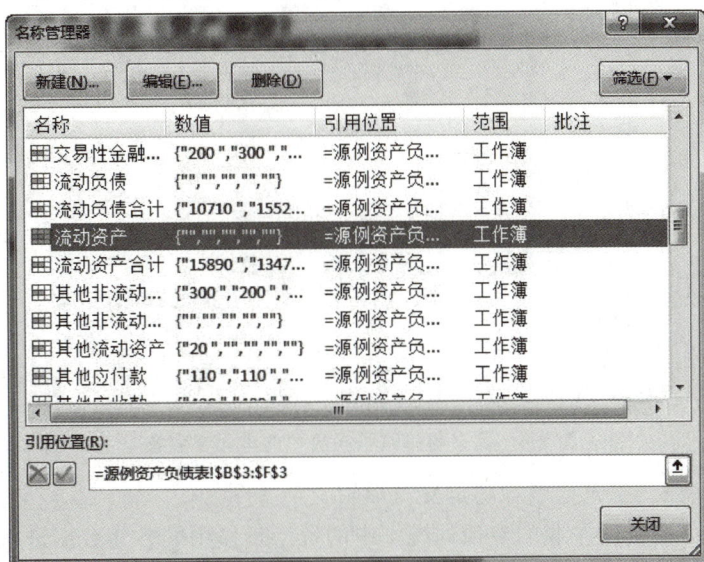

图 9-6　删除、修改不符合计算要求的单元格名称

　　图 9-6 中的"流动资产"项目数据引用了"=Sheet1！$B$4：$F$52"整张资产负债表的数据,不符合计算的需要,就可以单击"删除"按钮将之删除。同时,针对"流动资产合计"这个单元格名称,也可以通过单击"编辑"按钮将其修改为"流动资产"。类似的项目还有"所有者权益""所有者权益合计""流动负债""流动负债合计"等,因为与"所有者权益""流动负债"名称对应的单元格在报表中仅是一种分类名称,并没有实际数据,而又与约定俗成的财务指标计算要素同名,故可以将其删除。

　　图 9-7 中"流动负债"引用区域"=Sheet1！$B$28：$F$28"只是报表项目的一种分类,没有相应的数据,且与流动比率计算指标中的"流动负债"名称相同,故可以对其进行修改或删除。当然,不进行修改也是可以的,只是在设置流动比率等计算公式时我们不能选择"流动负债"单元格,而应选择"流动负债合计"单元格,这样便会降低模板的可读性。

　　在修改单元格名称时,要确保单元格名称的唯一性。

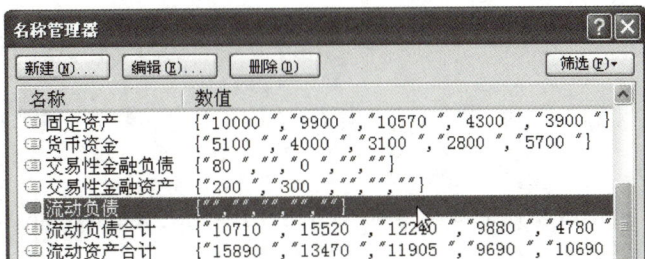

图 9-7　根据需要对单元格名称进行修改、删除

9

同理,对利润表的单元格数据进行同样的操作,定义与修改单元格名称,使之符合工作需要,如"减:营业成本"可以修改为"营业成本"等,如图9-8所示。

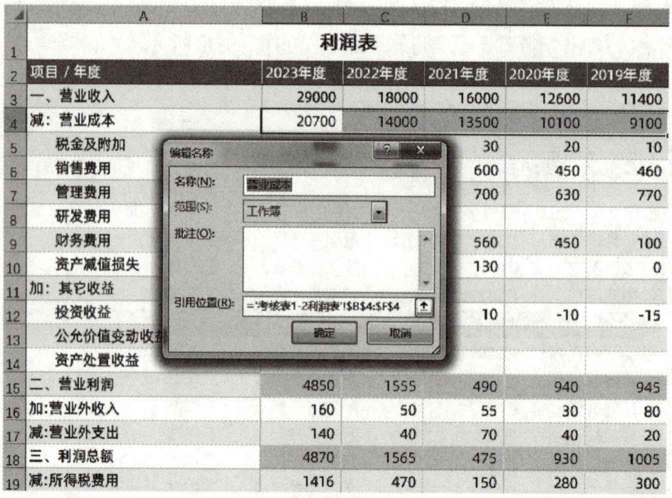

图 9-8　定义与修改利润表中的单元格名称

【同步训练 9-1】　单元格名称的定义与编辑

请对项目九课后实训作业的专项训练 1 中的资产负债中的各年数据进行如下操作:

（1）以"根据所选内容创建"命令创建单元格名称,并将"负债合计"修改为"负债",将"流动负债合计"修改为"流动负债",将"资产合计"修改为"资产"。

（2）只保留"存货""负债""流动负债""流动资产""资产"的单元格名称,将其他单元格名称全部删除。

（3）检查所建立的名称是否适用整个工作簿。

💡 提示:其结果如图9-9所示。

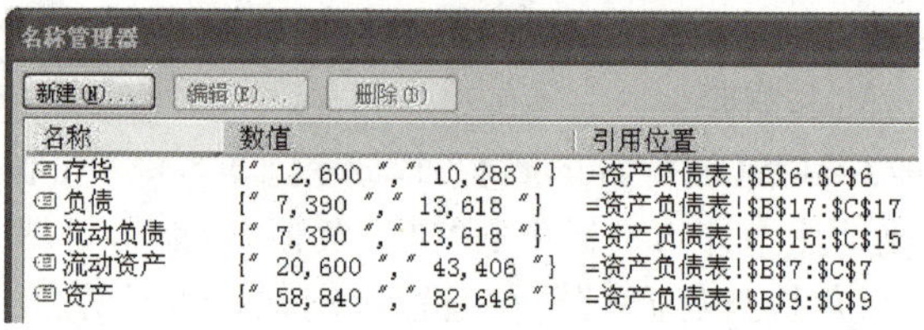

图 9-9　单元格名称的定义与编辑

任务二　基本财务比率的计算

✏️ 学习目的

● 理解财务分析模型设计的基本要求,能够引用事先定义好名称的单元格进行财务比率指标计算公式的编辑。

● 掌握 AVERAGE 函数的运用,能够利用该函数正确计算所选数据的平均值。

● 掌握三年营业收入平均增长率等同类计算公式的录入，能够对开多次方根的计算公式进行编辑。

学习资料

根据江南公司已定义好的报表项目名称编辑常用的财务比率指标计算公式，制作一张财务指标计算表。

操作向导

一、确定需要计算的财务指标

在财务管理或财务分析课程中已经对财务比率的计算与分析作了详细讲解，在此只关注如何构建一个财务指标计算模型，使之能适应不同报表的计算需要。限于篇幅，本例只列出基本财务指标计算模型的偿债能力分析的部分指标，如图 9-10 所示。

	A	B	C	D	E	F
1		基本财务指标计算模型				
2	(1)偿债能力分析					
3	年度	2023年度	2022年度	2021年度	2020年度	2019年度
4	流动比率(<2偏低)	1.48	0.87	0.97	0.98	2.24
5	速动比率(<1偏低)	1.02	0.58	0.58	0.59	1.67
6	资产负债率	54.37%	62.89%	64.92%	59.68%	52.47%
7	产权比率	1.19	1.69	1.85	1.48	1.10
8	利息保障倍数	5.43	2.96	1.85	3.07	11.05
9	平均资产负债率	58.42%	63.87%	62.53%	56.54%	
10	权益乘数=(资产/所有者权益)	2.40	2.77	2.67	2.30	

图 9-10　基本财务指标计算模型

二、编辑财务指标的计算公式

本例只讲述偿债能力指标公式的编辑，其余指标的设置自行完成。

之前已经对单元格进行了名称定义，因此，在计算公式定义时，可直接根据公式的内容输入。例如，在单元格 B4 中输入"=流动资产/流动负债"，单击回车键，即可得出流动比率的计算结果。

同理，在单元格 B8 中需要计算利息保障倍数，根据该指标的计算公式，可直接在 B8 单元格中输入"=（所得税费用＋净利润＋财务费用）/财务费用"，单击回车键，即可得出利息保障倍数的计算结果。

采用这样的方式，可以使得公式编辑更加方便，也便于公式的审核，如图 9-11 所示。

SUM	▼	:	× ✓ *fx*	=(所得税费用+净利润+财务费用)/财务			
		A	B	C	D	E	F
1			基本财务指标计算模型				
2		(1)偿债能力分析					
3		年度	2023年度	2022年度	2021年度	2020年度	2019年度
4		流动比率(<2偏低)	1.48	0.87	0.97	0.98	2.24
5		速动比率(<1偏低)	1.02	0.58	0.58	0.59	1.67
6		资产负债率	54.37%	62.89%	64.92%	59.68%	52.47%
7		产权比率	1.19	1.69	1.85	1.48	1.10
8		利息保障倍数	=(所得税费用+净利润+财务费用)/财务			3.07	11.05
9		平均资产负债率	58.42%	63.87%	财务费用	.54%	
10		权益乘数=(资产/所有者权益)	2.40	2.77	2.67	2.30	

图 9-11　引用已定义好的单元格名称编辑计算公式

9

然后,再将相应的公式复制到其他各列单元格中,即可得出各期指标的计算结果。

〖操作提示 9-2〗　以数组公式完成公式录入

在图 9-11 中,各年度的流动比率均等于各年的流动资产除以流动负债。在录入时,也可以采用数组公式录入方式完成。其操作的步骤如下:选择 B4:F4 单元格区域,输入"=流动资产/流动负债",然后按"Ctrl+Shift+Enter"组合键锁定数组公式,即可计算出各年度的流动比率。

Excel 将在公式两边自动加上花括号"{}"。注意:不要自己键入花括号,否则,Excel 认为输入的是一个正文标签。

当然,对于某些指标需要引用的数据,如果未曾定义或是不便定义名称的,则仍需按照通常的引用方式引用数据计算,例如,图 9-11 中的平均资产负债率的计算。

三、特殊的计算公式编辑

在设置基本财务指标过程中,还会遇到一些特殊的计算方式,它们是如何编辑的呢?下面举例予以说明。

(1) 涉及平均值的财务指标计算。在财务指标计算过程中,有大量的指标需要计算平均值,如"总资产周转率=营业收入/平均资产总额"。当然,也可以通过增加单元格事先计算出平均值,然后再引用这些数据。在这里,介绍另一种方法——嵌套方式来编辑这一类计算公式。

选择 B14 单元格,输入"=",然后选择"利润表"工作表中的 B3 单元格,表示引用营业收入的数据;再键入"/";然后调用 AVERAGE 函数,数据范围选择资产负债表中的 B23:C23 单元格区域数据,表示引用期初期末资产的数据计算平均值,通过这种复合的计算公式,实现了总资产周转率的计算。其次,再采用填充方式将公式复制到其他各列,如图 9-12 所示。

B14	▼ : ✕ ✓ fx	=考核表1-2利润表!B3/AVERAGE(考核表1-1资产负债表!B23:C23)			
▲	A	B	C	D	E	F
12	(2)经营效率分析					
13	年度	2023年度	2022年度	2021年度	2020年度	2019年度
14	总资产周转率(倍)	1.05	0.71	0.71	0.70	
15	总资产周转天数(天)	343.92	508.05	505.52	517.71	

图 9-12　总资产周转率计算公式的录入

【知识链接 9-1】　AVERAGE 函数

该函数可以对一个或多个值执行运算,并返回一个或多个值的平均值(算术平均值)。其语法为:AVERAGE(number1, number2, ...)。参数可以是数字、单元格引用或单元格区域,最多可包含 255 个。

对单元格中的数值求平均值时,应牢记空单元格与含零值单元格的区别,尤其是在清除了"Excel 选项"对话框中的"在具有零值的单元格中显示零"复选框时。选中此选项后,空单元格将不计算在内,但含零值单元格会计算在内。

(2) 涉及开根号的财务指标计算。比如,在计算三年营业收入平均增长率时,就会涉及立方根的计算。三年营业收入平均增长率的计算公式如下:

$$三年营业收入平均增长率=(\sqrt[3]{当年营业收入总额\div 三年前营业收入总额}-1)\times 100\%$$

三年前营业收入总额指企业三年前的营业收入总额数。假如评价企业 2023 年的绩效状况,则三年前营业收入总额是指 2020 年的营业收入总额。

营业收入是企业积累和发展的基础,该指标越高,表明企业积累的基础越稳固,可持续发展能力越强,发展的潜力越大。该指标可以帮助避免因少数年份业务波动而对企业发展潜力的误判。该指标越高,表明企业持续增长势头越好,市场扩张能力越强。

假设江南公司各年度的营业收入如表 9-1 所示。

表 9-1　江南公司各年度的营业收入

年　度	2023 年度	2022 年度	2021 年度	2020 年度
营业收入/元	29 000	18 000	16 000	12 600

则:三年营业收入平均增长率 $=(\sqrt[3]{29\,000\div 12\,600}-1)\times 100\%\approx 32.03\%$,数据表明,江南公司近三年的营业收入平均增长率为 32.03%。

在 Excel 中,上述开立方根的计算通过录入公式"=(29 000/12 600)^(1/3)-1"实现。若开 n 次方根,则在公式中录入"^(1/n)"方式。图 9-13 中的 B38 单元格就是采用这种方式实现计算的,式中的"利润表!B3"引用了 2023 年度的数据,"利润表!E3"则引用了 2020 年度的数据。

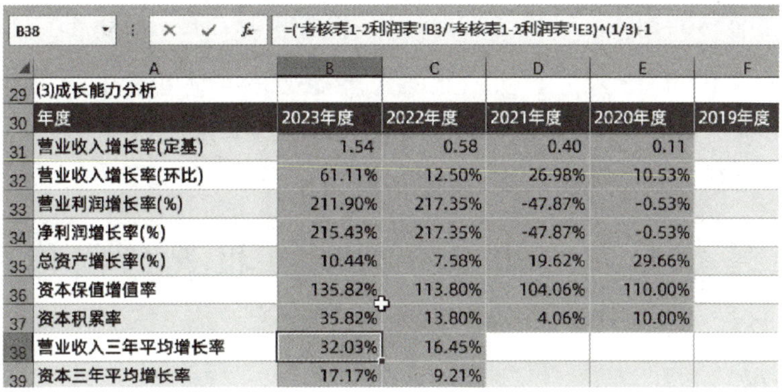

B38　=('考核表1-2利润表'!B3/'考核表1-2利润表'!E3)^(1/3)-1

	A	B	C	D	E	F
29	(3)成长能力分析					
30	年度	2023年度	2022年度	2021年度	2020年度	2019年度
31	营业收入增长率(定基)	1.54	0.58	0.40	0.11	
32	营业收入增长率(环比)	61.11%	12.50%	26.98%	10.53%	
33	营业利润增长率(%)	211.90%	217.35%	-47.87%	-0.53%	
34	净利润增长率(%)	215.43%	217.35%	-47.87%	-0.53%	
35	总资产增长率(%)	10.44%	7.58%	19.62%	29.66%	
36	资本保值增值率	135.82%	113.80%	104.06%	110.00%	
37	资本积累率	35.82%	13.80%	4.06%	10.00%	
38	营业收入三年平均增长率	32.03%	16.45%			
39	资本三年平均增长率	17.17%	9.21%			

图 9-13　Excel 立方根公式的编辑录入

【同步训练 9-2】　以引用单元格名称方式进行财务指标计算

请完成项目九课后实训作业的专项训练 1 资料中表 9-4 的各种财务指标计算。利润表、资产负债表中参与计算的各期数据一律通过引用单元格名称方式完成。我们可以按下列计算公式进行相应的单元格名称定义。结果如图 9-14 所示。

$$资产负债率=\frac{负债}{资产}$$

$$流动比率=\frac{流动资产}{流动负债}$$

$$资产周转率(按各期资产计算) = \frac{营业收入}{资产}$$

$$存货周转率(按存货平均值计算) = \frac{营业收入}{AVERAGE(期初存货,期末存货)}$$

$$资产增长率 = \frac{(期末资产总计 - 期初资产总计)}{期初资产总计}$$

$$净资产增长率 = \frac{(期末净资产 - 期初净资产)}{期初净资产}$$

$$营业净利率 = \frac{净利润}{营业收入}$$

$$营业成本率 = \frac{销售成本}{营业收入}$$

💡 **提示**：期初数与期末数需要一一进行单元格名称定义,公式录入能采用数组方式录入的,就尽量采用数组方式录入,以提高录入效率。

项目/年度	2022年度	2023年度	公式检查
资产负债率	12.56%	16.48%	=负债/资产
流动比率	2.79	3.19	=流动资产/流动负债
资产周转率（按期末资产计算）	3.06	2.61	=营业收入/资产
存货周转率（按存货平均值计算）	不计算	18.88	=当期营业收入/AVERAGE(期初存货,期末存货)
资产增长率	不计算	40.46%	=期末资产/期初资产-1
净资产增长率	不计算	34.17%	=期末净资产/期初净资产-1
营业净利率	11.13%	9.38%	=净利润/营业收入
营业成本率	77.78%	78.78%	=营业成本/营业收入

图 9-14　东北公司财务指标计算公式及其计算结果

任务三　结构百分比财务报表的制作

✏️ **学习目的**

● 掌握相对引用与绝对引用的区别与应用,能利用各种引用方式制作结构百分比报表和趋势百分比报表。

● 掌握条件格式的使用,能利用条件格式的设置突出显示需要的数据。

● 掌握 IF 函数的使用,能利用该函数设置简单智能化的计算公式。

● 掌握 Ctrl＋Shift＋％快捷键的应用。

📖 **学习资料**

请根据江南公司的财务数据,制作结构百分比财务报表,对大于 15％的比率能自动以"浅红色填充"方式显示。在利润表中,若项目分子为零,则计算机自动显示其为空格,不参与计算。

操作向导

一、结构百分比财务报表制作的基本原理

结构百分比分析是在会计报表比较的基础上发展而来的。它以会计报表中的某个总体指标作为基准100%,再计算其各组成项目占该总体指标的百分比,对各个项目百分比的增减变动进行分析比较,以此来判断有关财务活动的变化趋势。例如,分析利润表项目构成时,以营业收入作为基准100%;分析资产负债表项目构成时,以资产为基准100%。这种比较方法可以用于发现存在显著变化的项目,为进一步分析指明方向。

在采用比较分析法时,必须注意以下问题:

(1)用于进行对比的各个时期的指标,在计算口径上必须一致。

(2)需要剔除偶发性项目的影响,使分析的数据能反映正常的经营状况。

(3)应用例外原则,应对某项有显著变动的指标作重点分析,分析其产生的原因,以便采取对策,趋利避害。

但是,制作结构百分比财务报表的手工计算工作量过大,此时,可以借助Excel强大的计算功能来实现。

二、结构百分比财务报表的制作

根据实训资料要求,制作结构百分比利润表,操作步骤如下所示。

(1)复制财务报表格式。打开财务报表工作簿,选择"利润表"工作表,单击鼠标右键,执行"移动或复制工作表"命令,选择"建立副本",单击"确定",如图9-15所示。

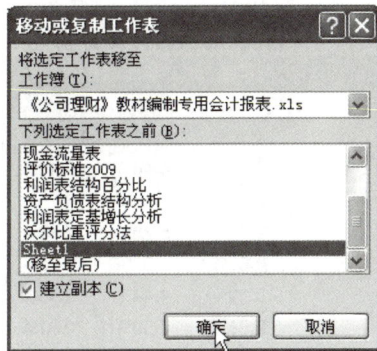

图 9-15　复制财务报表格式

选择新建立"利润表(2)"工作表标签,单击右键,将该标签名"重命名"为"利润表结构百分比分析",将其中的数据全部删除,对格式进行适当调整,如图9-16所示。

(2)编辑结构百分比计算公式。由于进行的是利润表结构百分比分析,故将营业收入作为100%,其他项目均除以营业收入计算销售收入比率。

首先,在B3单元格中输入"=利润表!B3/利润表!B$3",式中采用绝对行(B$3)引用方式,目的是将分母固定在第3行,始终以营业收入作为分母。然后采用向下填充方式将公式复制到B4:B20单元格区域。

B3 ='考核表1-1利润表'!B3/'考核表1-1利润表'!B$3

利润表					
项目 / 年度	2023年度	2022年度	2021年度	2020年度	2019年度
一、营业收入	100%				
减：营业成本					
税金及附加					
销售费用					
管理费用					
研发费用					
财务费用					
资产减值损失					
加：其他收益					
投资收益					
公允价值变动收益					
资产处置收益					
二、营业利润					
加:营业外收入					
减:营业外支出					
三、利润总额					
减:所得税费用					
四、净利润					

图 9-16 利润表结构百分比分析

然后，再选中 B3:B20 单元格，将公式再以填充方式复制到 C3:F20 单元格区域。这样结构百分比利润表就制作完成了，如果计算的结果没有以百分比显示，则可以选择数据区域，按“Ctrl+Shift+%”组合键，将所选的单元格数据转化为百分比形式，如图 9-17 所示。

利润表结构百分比分析					
项目 / 年度	2023年度	2022年度	2021年度	2020年度	2019年度
一、营业收入	100.00%	100.00%	100.00%	100.00%	100.00%
减：营业成本	71.38%	77.78%	84.38%	80.16%	79.82%
税金及附加	0.52%	0.44%	0.19%	0.16%	0.09%
销售费用	2.41%	3.33%	3.75%	3.57%	4.04%
管理费用	4.48%	5.28%	4.38%	5.00%	6.75%
研发费用	0.00%	0.00%	0.00%	0.00%	0.00%
财务费用	3.79%	4.44%	3.50%	3.57%	0.88%
资产减值损失	0.86%	0.50%	0.81%	0.00%	0.00%
加：其他收益	0.00%	0.00%	0.00%	0.00%	0.00%
投资收益	0.31%	0.42%	0.06%	-0.08%	-0.13%
公允价值变动收益	-0.14%	0.00%	0.00%	0.00%	0.00%
资产处置收益	0.00%	0.00%	0.00%	0.00%	0.00%
二、营业利润	16.72%	8.64%	3.06%	7.46%	8.29%
加:营业外收入	0.55%	0.28%	0.34%	0.24%	0.70%
减:营业外支出	0.48%	0.22%	0.44%	0.32%	0.18%
三、利润总额	16.79%	8.69%	2.97%	7.38%	8.82%
减:所得税费用	4.88%	2.61%	0.94%	2.22%	2.63%
四、净利润	11.91%	6.08%	2.03%	5.16%	6.18%

图 9-17 编辑结构百分比计算公式

9

【操作视频】条件格式应用

（3）采用条件格式设置单元格格式。在 Excel 中，可以采用条件格式设置方式，将符合条件的单元格数据自动以指定的格式予以显现，以提醒读者注意。例如，将销售比率大于15％的所有单元格数据自动以"浅红色填充"显示。

选择 B3:F20 单元格区域，执行"开始"→"条件格式"→"突出显示单元格规则"命令，打开"大于"对话框，进行相应设置，如图 9-18 所示。

图 9-18 条件格式的设置

若要取消单元格条件格式，则执行"开始"→"条件格式"→"清除规则"→"清除整个工作表的规则"命令即可，如图 9-19 所示。

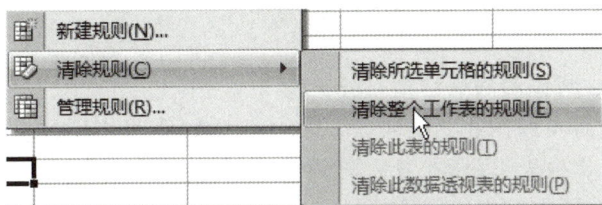

图 9-19 取消单元格条件格式

（4）采用 IF 函数，使得分子为零的项目不参与计算。注意到在计算完成的报表中，存在0％这样的数据，影响报表查看。需要让分子为零的单元格不参与计算，自动显示为空格。而 IF 函数可以实现这项功能，即，如果分子为零，则单元格显示为空。

【知识链接 9-2】 IF 函数

在指定条件下，该函数根据计算结果为 TRUE 或 FALSE，返回不同的结果。其语法为：IF(logical_test, value_if_true, value_if_false)。

式中的 logical_test 表示计算结果为 TRUE 或 FALSE 的任意值或表达式，value_if_true 是 logical_test 为 TRUE 时返回的值，value_if_false 是 logical_test 为 FALSE 时返回的值。

选中 B3 单元格，在公式编辑栏中，将公式修改为"=IF(利润表!B3＝0,"",利润表!B3/利润表!B$3)"，公式的含义是：如果分子为零，则计算结果显示为空，否则按"利润表!B3/利润表!B$3"的计算结果显示。然后，采用填充的方式将公式复制到其他单元格，结果如图 9-20 所示。

9

▲	A	B	C	D	E	F
1	利润表结构百分比分析					
2	项目/年度	2023年度	2022年度	2021年度	2020年度	2019年度
3	一、营业收入	100.00%	100.00%	100.00%	100.00%	100.00%
4	减：营业成本	71.38%	77.78%	84.38%	80.16%	79.82%
5	税金及附加	0.52%	0.44%	0.19%	0.16%	0.09%
6	销售费用	2.41%	3.33%	3.75%	3.57%	4.04%
7	管理费用	4.48%	5.28%	4.38%	5.00%	6.75%
8	研发费用					
9	财务费用	3.79%	4.44%	3.50%	3.57%	0.88%
10	资产减值损失	0.86%	0.50%	0.81%		
11	加：其他收益					
12	投资收益	0.31%	0.42%	0.06%	-0.08%	-0.13%
13	公允价值变动收益	-0.14%				
14	资产处置收益					
15	二、营业利润	16.72%	8.64%	3.06%	7.46%	8.29%
16	加：营业外收入	0.55%	0.28%	0.34%	0.24%	0.70%
17	减：营业外支出	0.48%	0.22%	0.44%	0.32%	0.18%
18	三、利润总额	16.79%	8.69%	2.97%	7.38%	8.82%
19	减：所得税费用	4.88%	2.61%	0.94%	2.22%	2.63%
20	四、净利润	11.91%	6.08%	2.03%	5.16%	6.18%

图 9-20 分子为零的单元格不参与计算

【同步训练 9-3】 制作利润表结构百分比表

根据项目九的课后实训作业专项训练 1 中的利润表(参见本项目专项训练中的表 9-3)，制作利润表结构百分比报表，以营业收入总额为 100%，对数据大于 10% 的报表项目，自动以"浅红色填充"显示，要求数据为零的项目不参与计算。

💡 提示：结果如图 9-21 所示。

▲	A	B	C
1	东北公司利润表结构百分比		
2			
3	项目/年度	2022年度	2023年度
4	营业收入	100.00%	100.00%
5	销售成本	77.78%	78.78%
6	管理及销售费用	2.78%	3.70%
7	税金及附加	4.44%	5.00%
8	财务费用	0.17%	0.00%
9	利润总额	14.83%	12.51%
10	所得税（25%）	3.71%	3.13%
11	净利润	11.13%	9.38%

图 9-21 东北公司利润表结构百分比分析

任务四 比较财务报表的制作

学习目的

● 掌握比较财务报表的制作方法,能制作比较资产负债表、比较利润表等报表。

● 掌握 ABS、IF 等函数的使用,掌握嵌套公式的编制方法,能利用各种函数来解决工作中的问题。

● 能利用 IF 函数实现比较报表的简单的智能化。

学习资料

根据江南公司的财务报表资料,制作江南公司 2022—2023 年的比较资产负债表,当增长率的绝对值 > 50% 时,在备注栏中自动显示"重点关注";当增长率的绝对值 > 20% 时,显示"关注",其他则为空。单元格中不能出现错误提示。

操作向导

一、比较财务报表的制作原理

会计报表的比较是将连续数期的会计报表的金额并列起来,比较其相同指标的增减变动金额和幅度,据以判断企业财务状况和经营成果发展变化的一种方法,具体包括资产负债表比较、利润表比较和现金流量表比较等。

二、比较资产负债表的制作

根据实训资料要求,制作比较资产负债表,操作步骤如下所示。

(1)复制财务报表格式。打开财务报表工作簿,选择"资产负债表"工作表,单击右键,执行"移动或复制工作表"命令,选择"建立副本",单击"确定",建立一张与原表格式一模一样的资产负债表,将其中的财务数据予以删除,如图 9-22 所示。

9

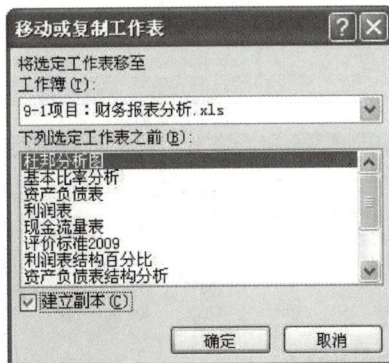

图 9-22 复制财务报表格式

(2)引用 2023 年与 2022 年的财务数据。选中 B4 单元格,选择输入"=资产负债表!

B4”，再选中 C4 单元格，选择输入“＝资产负债表！C4”，采用填充方式从“资产负债表”工作表中引入 2023 年与 2022 年的数据，如图 9-23 所示。

E4 =IFERROR(D4/C4,"")

	A	B	C	D	E	F
1	比较资产负债表					
2	项目名称	2023年度	2022年度	增长额	增长率	备注
3	流动资产					
4	货币资金	5100	4000	1100	27.50%	关注

图 9-23 引用数据

〖操作提示 9-3〗 引用数据的好处

采用引用方式引入数据，当原表数据发生改变时，其他工作表数据也会随之改变，相应的计算结果也随之改变。

(3) 设置计算公式。为了能清楚地反映比较年度各项目的增减变动情况，需要计算增长额、增长率等栏目。

在 D4 单元格中输入“= B4 − C4”，其含义是计算增长额；在 E4 单元格中输入“= D4/C4”，其含义是计算增长率；在 F4 单元格中输入“= IF(ABS(E4) > 50%, "重点关注", IF(ABS(E4) > 20%, "关注",""))”，其含义是如果增长率的绝对值大于 50%，则显示“重点关注”，如果增长率的绝对值大于 20%，小于等于 50%，则显示“关注”，否则，显示为空。

【知识链接 9-3】 ABS 函数

该函数返回数字的绝对值，绝对值没有符号。其语法为：ABS(number)，式中的 number 为需要计算其绝对值的实数。

(4) 复制计算公式。选择 D4、E4、F4 单元格，采用向下填充的方式将公式复制到比较资产负债表中的各列单元格中，如图 9-24 所示。

9

F4 =IF(ABS(E4)>50%,"重点关注",IF(ABS(E4)>20%,"关注",""))

	A	B	C	D	E	F
1	比较资产负债表					
2	项目名称	2023年度	2022年度	增长额	增长率	备注
3	流动资产					
4	货币资金	5100	4000	1100	27.50%	关注
5	以公允价值计量且其变动计入当期损益的金融资产	200	300	-100	-33.33%	关注
6	应收票据及应收账款	4450	4000	450	11.25%	
7	预付款项	700	270	430	159.26%	重点关注
8	其他应收款	420	400	20	5.00%	
9	存货	5000	4500	500	11.11%	
10	一年内到期的非流动资产			0	#DIV/0!	#DIV/0!
11	其他流动资产	20		20	#DIV/0!	#DIV/0!
12	流动资产合计	15890	13470	2420	17.97%	

图 9-24 比较资产负债表的格式与公式设置

（5）修改计算公式。从图 9-24 中可以看出，报表中有几个单元格出现了“＃DIV/0!、＃VALUE!”的信息。其中，＃DIV/0! 说明此单元格中的分母值为零，而＃VALUE!说明输入的公式中的单元格不是数字，而是文字，不能计算，需要将之消除。根据原因分析，可以设置分母为零、不是数值的单元格不参与计算，即可消除这种影响，因此，可以采用 IF 函数或 IFERROR 函数实现这一目标。公式修改如下：

在 E4 单元格中输入“=IF(C4=0, "", D4/C4)”，其含义是如果 2022 年的数值为零，则不计算，显示为空，否则应计算增长率。

在 F4 单元格中输入“= IF(E4 ="", "", IF(ABS(E4) > 50%, "重点关注", IF(ABS(E4) > 20%, "关注", "")))”，其含义是如果反映增长率的单元格中没有数据，则不计算，如果增长率的绝对值大于 50%，则显示“重点关注”，如果增长率的绝对值大于 20%，小于等于 50%，则显示“关注”，否则，显示为空。

然后将上述公式复制到其他单元格中，即完成比较财务报表的制作，如图 9-25 所示。

F4　=IFERROR(IF(ABS(E4)>50%,"重点关注",IF(ABS(E4)>20%,"关注","")),"")

	A	B	C	D	E	F
1	比较资产负债表					
2	项目名称	2023年度	2022年度	增长额	增长率	备注
3	流动资产					
4	货币资金	5100	4000	1100	27.50%	关注
5	以公允价值计量且其变动计入当期损益的金融资产	200	300	-100	-33.33%	关注
6	应收票据及应收账款	4450	4000	450	11.25%	
7	预付款项	700	270	430	159.26%	重点关注
8	其他应收款	420	400	20	5.00%	
9	存货	5000	4500	500	11.11%	
10	一年内到期的非流动资产			0		
11	其他流动资产	20		20		
12	流动资产合计	15890	13470	2420	17.97%	

图 9-25　不显示错误提示的比较资产负债表

〖操作提示 9-4〗　两个引号之间没有空格

在 F4 单元格中输入的“= IF(E4 ="", "", IF(ABS(E4) > 50%, "重点关注", IF(ABS(E4) > 20%, "关注", "")))”公式中，两个引号之间是没有空格的。

利用 IF 函数消除错误值的显示比较麻烦，可以采用 IFERROR 函数更方便地达到这一目的。在 F4 单元格中录入“=IFERROR(D4/C4,"")”，再将该公式复制到其他行，即可消除错误值。该公式的意思是：如果 D4/C4 的计算结果出错，则显示为空，否则显示其计算结果，其表达式如图 9-26 所示。

E4　=IFERROR(D4/C4,"")

	A	B	C	D	E	F
1	比较资产负债表					
2	项目名称	2023年度	2022年度	增长额	增长率	备注
3	流动资产					
4	货币资金	5100	4000	1100	27.50%	关注

图 9-26　IFERROR 函数的应用

【知识链接 9-4】　IFERROR 函数

如果公式计算出错,该函数将返回指定的值,否则返回公式结果。其语法为:IFERROR(value,value_if_error)。

式中,value 是需要检查是否存在错误的参数。value_if_error 是公式计算错误时要返回的值。计算得到的错误类型有:＃N/A、＃VALUE!、＃REF!、＃DIV/0!、＃NUM!、＃NAME? 或 ＃NULL!。

在计算增长额及增长率时,我们还可以引用列单元格名称进行相应的计算,其操作过程如下:选择 B2:E14 单元格区域,在"根据所选内容创建名称"对话框中进行列单元格的名称定义,选择"首行"。此处,选择的单元格区域必须包括列名称的区域,如图 9-27 所示。

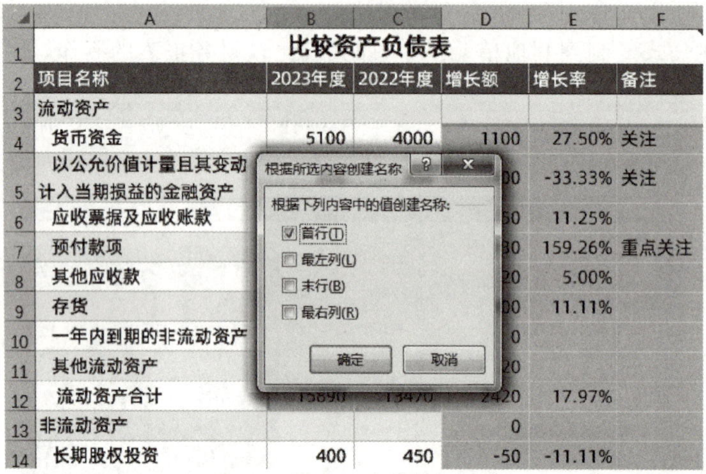

图 9-27　列单元格名称的定义

对江南公司的资产负债表中的 2023 年、2022 年的数据按首行单元格内容进行单元格名称定义后,选择 D3:D14 单元格区域,录入"=_2023年-_2022年",同时按下"Ctrl+Shift+Enter"组合键完成数组公式录入。

提示:以数字开头的单元格名称需要以"_"开头才能完成引用,其操作结果如图 9-28 所示。

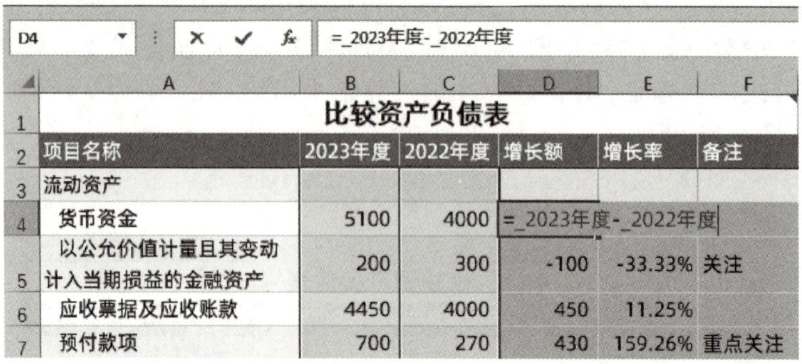

图 9-28　引用列单元名称用于各项指标的计算

【同步训练 9-4】　引用列单元格名称完成计算

根据项目九课后实训作业专项训练 1 中的资产负债表（表 9-2），制作东北公司 2022—2023 年的比较资产负债表。当增长率的绝对值＞20％时，在备注栏中自动显示"重点关注"；当增长率的绝对值＞100％时，显示"关注"；其他则为空。单元格中不能出现错误提示。要求以引用单元格名称和录入数组公式完成计算。

💡 提示：备注栏的表达式为"＝IFERROR(IF(ABS(增长率)＞100％,"重点关注",IF(ABS(增长率)＞20％,"关注","")),"")"。

任务五　雷达图的制作与阅读

✏️ 学习目的

● 掌握在 Excel 中制作图表、修饰图表等操作，能根据数据特征和管理的需要制作恰当的图表。

● 掌握雷达图的制作，能根据需要修改图表，并结合雷达图进行财务状况总体评价。

📖 学习资料

请根据图 9-29 中的江南公司沃尔比重评分法相关资料，制作雷达图。利用雷达图对江南公司 2023 年度的财务状况作出总体评价，并对雷达图进行恰当的修饰，使之更容易阅读与分析。

🐦 操作向导

财务报表综合指标分析的方法有很多，其中雷达图能简洁地将所有指标的实际值与标准值之间的差异用图形表达出来，便于分析者从整体上评价企业的经营状况。

一、分析雷达图的作用

雷达图是专门用来进行多指标体系比较分析的专业图表。从雷达图中，我们可以看出指标的实际值与参照值（或是标准值）的偏离程度，从而为分析者提供有益的信息。

二、确定绘制雷达图的数据源

以江南公司的基本财务比率为基础绘制雷达图，进行报表的综合分析。

（1）搜集整理数据。在准备数据时，根据雷达图的绘制要求，需要搜集以下数据，并将它输入工作表中：

① 企业实际数据。在本例中就是实际的财务指标值。

② 参照指标。在本例中就是相应财务指标的标准值或是计划值。

比较分析通常都需要将被分析企业与同类企业的标准水平或是平均水平进行比较，所以我们还需要在工作表中输入有关的参照指标。我国对不同行业、不同级别的企业都制定有相应的标准,因此,可以用同行业、同级企业标准作为参照。

拟以沃尔比重评分法为基础从财务效益、资产营运、偿债能力、发展能力四个方面八个指标来评价企业的经营状况,如图 9-29 所示。

G9			fx	=1/(F9/E9)				
	A	B	C	D	E	F	G	H
1	沃尔比重评分法							
2	评价内容	权数	基本指标	评价步骤				
3			指标	权数	标准值	实际值	关系比率	实际得分
4				(1)	(2)	(3)	(4)=(3)÷(2)	(5)=(4)×(1)
5	一、财务效益状况	38	净资产收益率	25	14.20%	29.98%	2.11	52.79
6			总资产报酬率	13	13.10%	21.55%	1.64	21.38
7	二、资产营运状况	18	总资产周转率	9	1.5	1.05	0.70	6.28
8			流动资产周转率	9	4.5	1.98	0.44	3.95
9	三、偿债能力状况	20	资产负债率	12	43.50%	54.17%	0.80	9.60
10			已获利息倍数	8	7.2	5.43	0.75	6.03
11	四、发展能力状况	24	销售增长率	12	26.70%	61.11%	2.29	27.47
12			资本积累率	12	23.10%	35.82%	1.55	18.61
13	合计	100		100				146.11

图 9-29   沃尔比重评分法

〖操作提示 9-5〗   尽可能地采用引用方式输入数据

在建立数据源时,为了使花费大量时间建立的报表体系具有通用性,建议对所有实际值均采用链接方式引用数据,这样,只要修改资产负债表、利润表、现金流量表三张报表的数据,其他工作表的内容就会随之动态变化,而不必重复进行各种操作。

(2) 计算指标对比值(关系比率)。对比值(关系比率)的计算公式为:对比值=实际值/标准值。它的含义就是将标准值作为标准,若对比值大于 1,则说明实际值高于标准值;反之,则低于标准值。

对比值(关系比率)是绘制雷达图的数据源。

〖操作提示 9-6〗   对异向指标的同向处理

在借助雷达图进行分析时,应注意有些指标为正向关系,即对比值越大,表示结果越好;有些指标为负向关系,即对比值越大,表示结果越差。在制图时,我们最好将所有指标转变为同向指标。比如,图 9-29 的指标体系中,除了资产负债率指标外,其余指标均是越高越好。因此,需要对该指标进行同向处理。在本例中,该指标的对比值通过"=1/(F9/E9)"公式计算得出,即用"标准值/实际值"公式进行同向处理。

三、根据对比值创建雷达图

在计算出选定评价指标的对比值之后,即可制作雷达图了。其操作过程如下:

(1) 选定绘制雷达图的数据源。选定 A5:A12 单元格区域,然后按住 Ctrl 键,再选定 G5:G12 单元格区域。前者用来标识坐标轴信息,后者是实际作图的数据源,如图 9-30 所示。

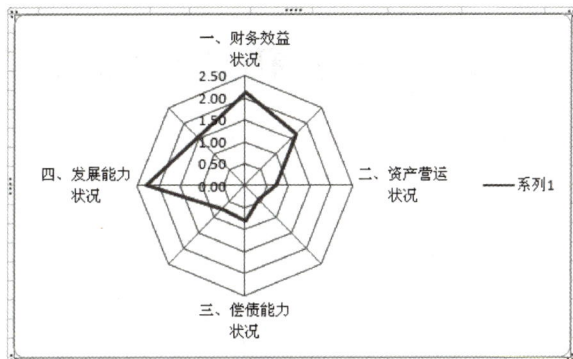

图 9-30 选定绘制雷达图的数据源

（2）执行"插入"→"其他图表"命令，在图表类型框中选择雷达图，并在子表图类型中选定左边第一个图形，单击确定，如图 9-31、图 9-32 所示。

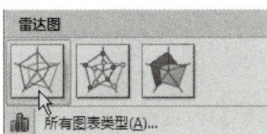

图 9-31 选择雷达图的类型

图 9-32 雷达图

四、修饰雷达图的格式

雷达图刚绘制出来时，通常还需要进行修饰，以便看起来更清晰、美观。修饰雷达图时，针对不同的图表对象，可根据需要进行"设置数据系列格式""添加数据标签"等操作。操作时，可以选择相应的图表对象，然后单击右键，在弹出的快捷菜单中选择有关的格式命令，之后选择相关操作即可。

具体要求如下：

（1）数据系列格式中，将数据标记选项设置为"内置"，类型为"圆形"，大小为 5，线型宽度为1.5磅。

（2）坐标轴格式中，将线条颜色设置为"渐变线"，预设颜色为"浪漫黄沙"，方向为"线性向下"。

（3）绘图区格式背景颜色选择纯色填充，颜色为蓝色，透明度为 80%。

（4）主要网格线格式的线条颜色为深红。

（5）分类标签格式为默认。

具体操作过程如下：

（1）设置数据系列格式。选择数据系列，单击右键，在弹出的快捷菜单中执行"设置数据系列格式"命令，如图 9-33 所示。

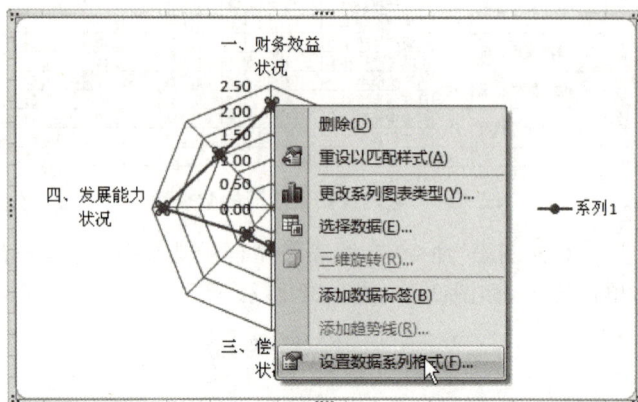

图 9-33   设置数据系列格式

在打开的"设置数据系列格式"窗口中，可以进行"数据标记选项""线型"等相关设置操作，如图 9-34 所示。

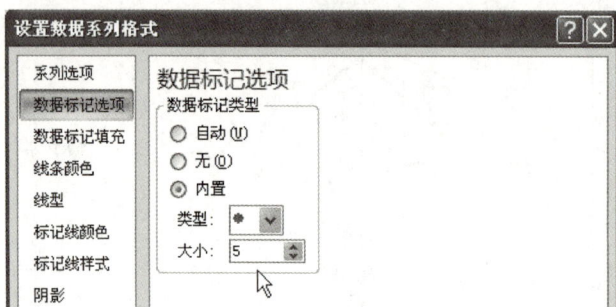

图 9-34   数据系列格式修饰

（2）设置坐标轴格式。选择坐标轴，单击右键，在弹出的快捷菜单中执行"设置坐标轴格式"命令，在打开的"设置坐标轴格式"窗口中可以进行相应的设置，如图 9-35、图 9-36 所示。

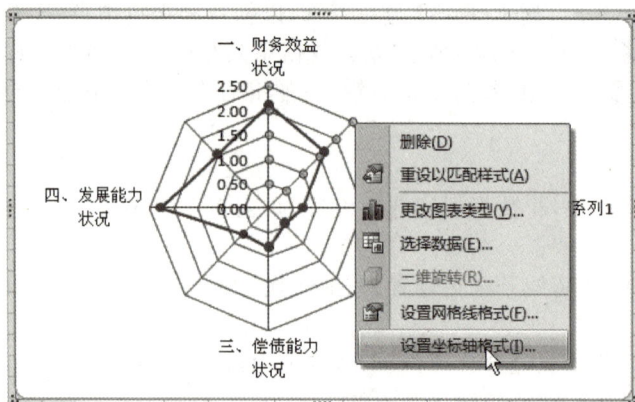

图 9-35   设置坐标轴格式 1

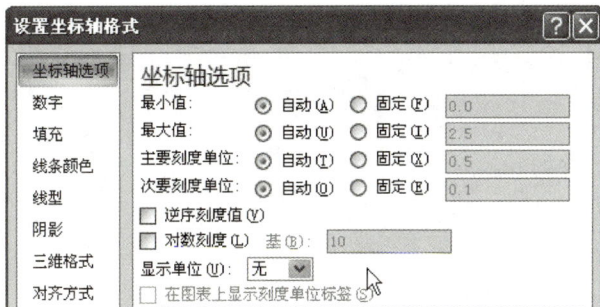

图 9-36　设置坐标轴格式 2

（3）设置网格线格式。选择坐标轴，点击右键，在弹出的快捷菜单中执行"设置网格线格式"命令，在打开的"设置网格线格式"窗口中可以进行相应的设置，如图 9-37 所示。

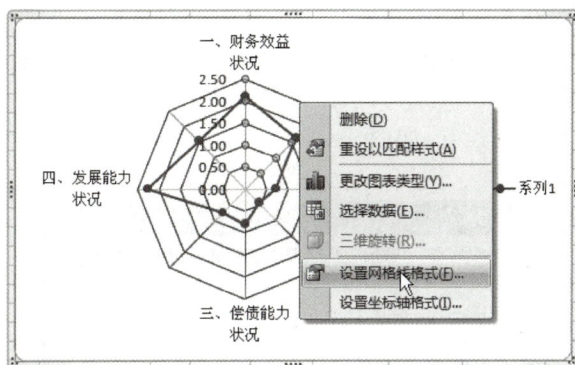

图 9-37　设置网格线格式

（4）设置绘图区格式。选择绘图区，点击右键，在弹出的快捷菜单中执行"设置绘图区格式"命令，在打开的"设置绘图区格式"窗口中可以进行相应的设置，如图 9-38 所示。

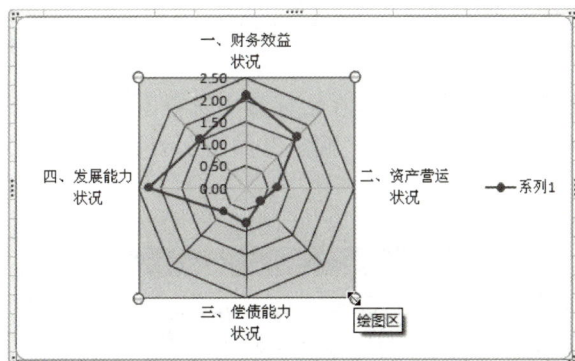

图 9-38　设置绘图区格式

（5）设置分类标签格式。选择分类标签，点击右键，在弹出的快捷菜单中执行"设置分类标签格式"命令，在打开的"设置分类标签格式"窗口中可以进行相应的设置，如图 9-39 所示。

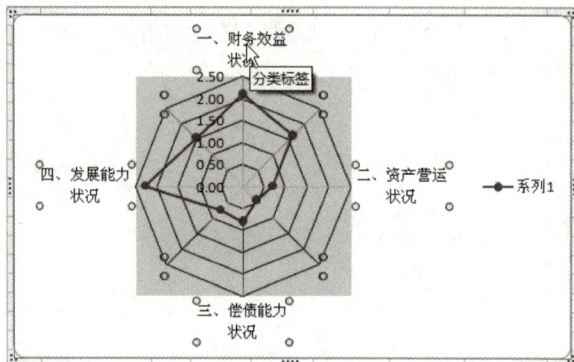

图 9-39　设置分类标签格式

五、修改分类标签

如果认为以财务效益、资产营运、偿债能力、发展能力这四个方面作为分类标签过于抽象，希望以更具体的八个指标作为分类标签，则可以修改分类标签以达到修改的目的。

选择分类标签，点击右键，在弹出的快捷菜单中执行"选择数据"命令，在打开的"选择数据源"窗口中可以进行相应的设置，如图 9-40 所示。

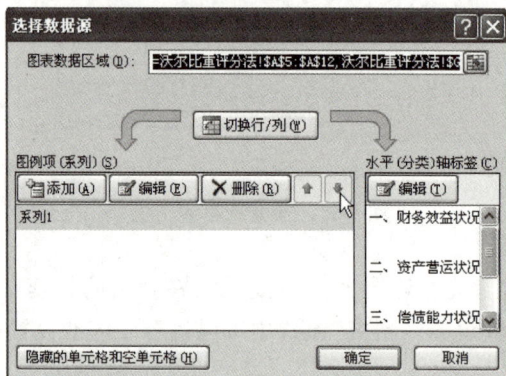

图 9-40　选择数据源修改分类标签

9

在水平分类轴标签中打开"编辑"栏，在轴标签中选择 C5：C12 单元格区域，该区域的单元格代表净资产收益率等八个指标，单击"确定"，如图 9-41、图 9-42 所示。

图 9-41　重新设定分类标签

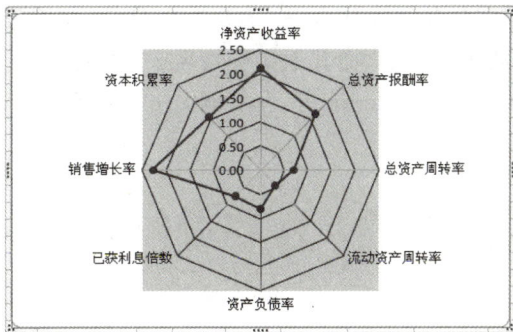

图 9-42　分类标签修改后的效果

六、阅读与分析雷达图

按照实际值与参考值计算的对比值来绘制雷达图,意味着达到标准的数值为 1。因此,只要对照对比值在雷达图中的数值分布,根据偏离 1 程度的大小,便可直观地进行综合分析。

图 9-42 中的主要刻度为每隔 0.5 递增,如分隔过细,不易阅读。可以执行"设置坐标轴格式"命令,重新设定坐标轴选项,将其中的主要刻度单位从"自动"改为"固定",将间距改为 1,如图 9-43 所示。

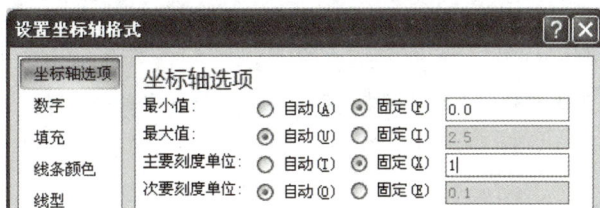

图 9-43　修改主要刻度单位

修改后,以 1 为主要刻度单位的雷达图更容易阅读与分析,如图 9-44 所示。

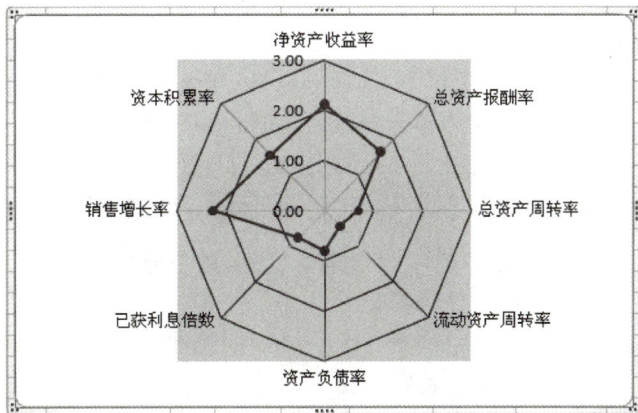

图 9-44　以 1 为主要刻度单位的雷达图

从图 9-44 中可以看出,总资产周转率、流动资产周转率、资产负债率、已获利息倍数都在主要刻度单位 1 以内,低于标准值,而其他指标均高于 1。这说明该企业在资产运营能力、偿债能力方面低于标准水平,而在营利能力、发展能力方面则高于标准水平。

任务六　迷你图的绘制

学习目的

● 掌握迷你图的绘制与修改。

学习资料

江南公司线下与线上门店 1—6 月的销售额如图 9-45 所示,请为两家门店的销售数据绘制迷你图。

门店	1月	2月	3月	4月	5月	6月	迷你图
		1-6月销售额数据					
线下门店	5465	6108	9070	8070	7868	2566	
线上门店	1621	7456	4385		6614	7936	

图 9-45　江南公司线下与线上门店 1—6 月的销售额

操作向导

迷你图是 Excel 中的一个新功能,与普通工作表的图表不同,迷你图不是对象,它实际上是作为单元格背景的一个微型图表。因此,迷你图可以与数据同时存放在一个单元格中。Excel 可以为多行或者多列的数据创建一组迷你图,一组迷你图具有相同的图表特征。

9

一、选择绘图区域

打开“迷你图——销售数据”工作簿,选择 H5:H6 单元格区域,作为迷你图的存放位置。选择“插入”选项卡,在“迷你图”组内单击“柱形”,如图 9-46 所示。

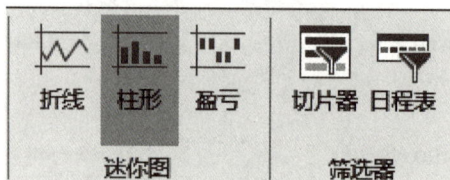

图 9-46　迷你图中的柱形图

在“创建迷你图”窗口中,数据范围选择 B5:G6 单元格区域,单击“确定”按钮,完成迷你图的绘制，如图 9-47 所示。

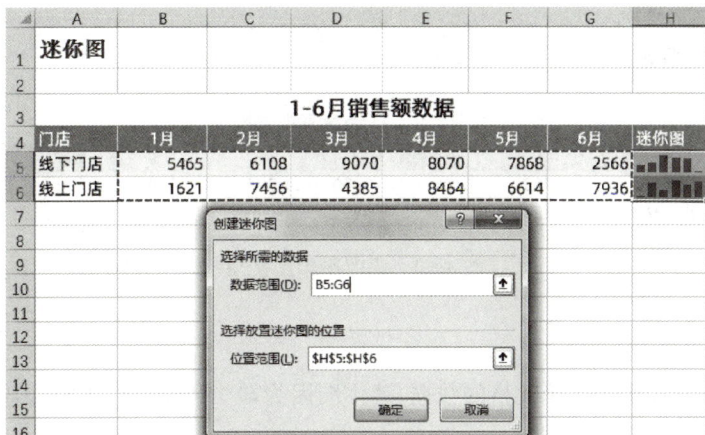

图 9-47　创建迷你图

二、标注高点与低点

在迷你图工具中，选择"设计"选项卡，在"显示"组内，勾选"高点"与"低点"，在迷你图中将会标出高点与低点的位置，如图 9-48 所示。

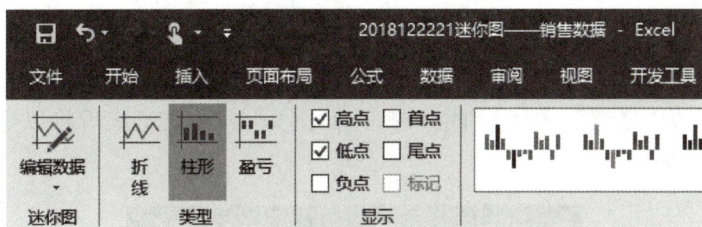

图 9-48　高点与低点的标注

若要取消或删除迷你图，则在"设计"选项卡中，在组合栏内选择"清除"，即可清除迷你图，如图 9-49 所示。

9

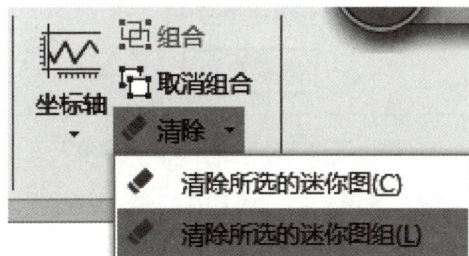

图 9-49　清除迷你图

三、改变迷你图类型

若要改变迷你图的类型，可选择绘图区域，单击"设计"选项卡，在类型中选择折线图，则迷你图将从柱状图变为折线图,如图 9-50 所示。

图 9-50　改变迷你图类型

四、修改单元格设置

单击 E6 单元格,删除该单元格的数据,迷你图因为缺少数据而产生空缺,如图 9-51 所示。

图 9-51　缺少数据的迷你图

缺少的数据可以用零值代替。单击"编辑数据",选择"隐藏和空单元格"按钮。将"空单元格显示为"设置为"零值",单击"确定"按钮,如图 9-52,设置完成后将以零值代替空单元格,如图 9-53 所示。

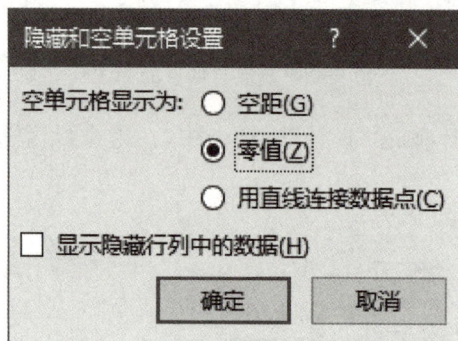

图 9-52　将空单元格设置为零值

图 9-53　设置零值后的迷你图

任务七　制作动态图表(一)

学习目的

- 理解动态图表的制作原理,能利用不同的函数组合实现动态图表的制作。
- 能运用 CELL、COLUMN、ADDRESS 等函数获取单元格的属性信息。
- 能运用 INDIRECT 等函数引用指定单元格的值。

学习资料

江南公司 10 个销售部门的各月销售数据如图 9-54 所示,请给各部门绘制动态的销售折线图。要求:只需要用鼠标点击该部门的单元格,即可显示该部门的销售图表。

部门	1月	2月	3月	4月	5月	6月
动态图表——INDIRECT与CELL函数						
各部门各月销售数据						
部门	1月	2月	3月	4月	5月	6月
部门01	195551.00	134101.00	177624.00	105514.00	198472.00	152352.00
部门02	150479.00	194426.00	178286.00	185832.00	159257.00	132962.00
部门03	104232.00	184412.00	136565.00	196005.00	133883.00	144667.00
部门04	118324.00	141181.00	199003.00	136665.00	137254.00	198368.00
部门05	186264.00	154968.00	152843.00	157786.00	172085.00	181582.00
部门06	169532.00	131759.00	192867.00	129145.00	106247.00	168015.00
部门07	175715.00	117868.00	187379.00	178208.00	188165.00	131756.00
部门08	189080.00	125404.00	140142.00	120242.00	149368.00	145686.00
部门09	113987.00	177451.00	151501.00	174932.00	137722.00	155756.00
部门10	171726.00	126219.00	128674.00	163605.00	102649.00	188279.00

图 9-54　江南公司 10 个销售部门的销售数据

操作向导

在企业的经营活动中,往往需要对每个部门建立大量的相似图表。如果在一张工作表上建立太多的图表,既费时,又显得凌乱不堪。这时,我们可以通过建立动态图表来解决这个问题。当需要了解某个部门的销售情况时,只需要将鼠标移到该部门的单元格,即可显示该部门的销售图表。

一、设计动态图表数据区域

打开"建立动态图表——销售折线图"工作簿,在 A17 单元格中输入"＝A4",单击回车键,引用 A4 单元格的数据,然后将公式向右填充至 G17 单元格,建立好动态图表数据区域的表头,如图 9-55 所示。

9

图 9-55　设计动态图表数据区域

二、引用指定单元格的数据

如果要引用某一单元格的数据,首先要确定该单元格所在的行次与列号,从而确定引用单元的地址。此时,我们将用到 ADDRESS、CELL 与 COLUMN 函数。

若在 A18 单元格中,录入"=CELL("ROW")",它将获取光标所在单元格的行次信息,即 18;若在 A18 单元格中,录入"=COLUMN(A4)",它将获取 A4 单元格所在的列号信息,即 1。

若将两者联合起来,在 A18 单元格中,录入"=ADDRESS(CELL("ROW"),COLUMN(A4))",它将获取光标所在单元格的行次信息和 A4 单元格的列号信息,即 $A$18。

【知识链接 9-5】　CELL、COLUMN、ADDRESS 函数

CELL 函数可以返回有关单元格的格式、位置或其他内容信息。例如,公式"CELL("ROW")"返回所选单元格行号的信息。

COLUMN 函数返回指定单元格引用的列号。例如,公式"=COLUMN(D10)"返回 4,因为列 D 为第四列。

ADDRESS 函数可以根据指定行号和列号获得工作表中的某个单元格的地址。其语法为:ADDRESS(row_num, column_num)。

式中,row_num 是指定要在单元格引用中使用的行号;column_num 是指定要在单元格引用中使用的列号。例如,ADDRESS(2,3)返回 $C$2。我们也可以使用其他函数(如 ROW 函数和 COLUMN 函数)为 ADDRESS 函数提供行号和列号参数。

由于需要引用光标所在行的值,上述公式还需嵌套进 INDIRECT 函数,表示引用指定地址的单元格值。公式为:"=INDIRECT(ADDRESS(CELL("ROW"),COLUMN(A4)))"。

将上述公式录入 A18 单元格中并向右填充至 G18 单元格,即可完成光标所在行的数值的引用。

【知识链接 9-6】　INDIRECT 函数

该函数返回由文本字符串指定的引用,立即对引用进行计算,并显示其内容。其语法结构为:INDIRECT(ref_text, [a1])。

式中的 ref_text 是指对单元格的引用,此单元格包含 A1 样式的引用、R1C1 样式的引用、定义为引用的名称或作为文本字符串的单元格的引用。[a1]是可选参数,用于指定包含在单元格 ref_text 中的引用的类型。如果[a1]为 TRUE 或省略,ref_text 被解释为 A1 样式的引用;如果[a1]为 FALSE,则 ref_text 被解释为 R1C1 样式的引用。

三、绘制折线图

选择 A17:G18 单元格区域,插入折线图,并进行相应的格式设置,就建立了动态图表,如图 9-56 所示。

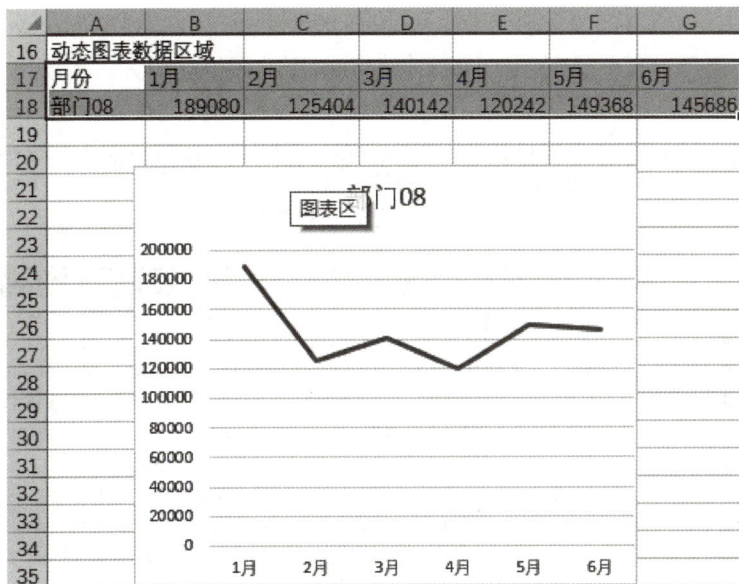

图 9-56　动态图

若光标单击 A10 单元格,再按 F9 键(即对工作表数据进行重新计算),就会显示部门 06 的销售图表;也可以采用双击方式,若双击 A5 单元格,就会显示部门 01 的销售图表。这样就可以很方便地观察和分析各销售部门的销售额。

为了避免引用 A18 单元格数据而产生循环引用,可以将编辑完成的公式再嵌套进 IFERROR 函数,以消除错误的影响。

录入"=IFERROR(INDIRECT(ADDRESS(CELL("ROW"),COLUMN(A4))),"")",当值为错误值时,显示为空。

【同步训练 9-5】　设置数据引用条件

重新编辑 A18 单元格公式,当光标超过有效范围外,即不在第 4 行与第 14 行之间,就不参与数据引用,数据为空,显示为"0"。

提示:公式为"=IF(AND(CELL("ROW")>4,CELL("ROW")<15),INDIRECT(ADDRESS(CELL("ROW"),COLUMN(A4))),"")"。

任务八　制作动态图表(二)

9

学习目的

● 理解动态图表的制作原理,能利用不同的函数组合实现动态图表的制作。

- 能运用 INDIRECT、VLOOKUP 等函数引用指定单元格的值。
- 能运用名称管理器进行单元格名称定义与引用，使公式更易于理解与阅读。

📖 **学习资料**

江南公司 10 个销售部门的各月销售数据如图 9-57 所示，请为各部门绘制动态的销售折线图，要求采用 VLOOKUP、INDIRECT 函数引用单元格名称方式完成。

	A	B	C	D	E	F	G
1	动态图表——INDIRECT与VLOOKUP函数						
2			各部门各月销售数据				
3	表一：各部门销售数据						
4	部门	1月	2月	3月	4月	5月	6月
5	部门01	195551.00	134101.00	177624.00	105514.00	198472.00	152352.00
6	部门02	150479.00	194426.00	178286.00	185832.00	159257.00	132962.00
7	部门03	104232.00	184412.00	136565.00	196005.00	133883.00	144667.00
8	部门04	118324.00	141181.00	199003.00	136665.00	137254.00	198368.00
9	部门05	186264.00	154968.00	152843.00	157786.00	172085.00	181582.00
10	部门06	169532.00	131759.00	192867.00	129145.00	106247.00	168015.00
11	部门07	175715.00	117868.00	187379.00	178208.00	188165.00	131756.00
12	部门08	189080.00	125404.00	140142.00	120242.00	149368.00	145686.00
13	部门09	113987.00	177451.00	151501.00	174932.00	137722.00	155756.00
14	部门10	171726.00	126219.00	128674.00	163605.00	102649.00	188279.00

图 9-57　江南公司 10 个销售部门的各月销售数据

🐦 **操作向导**

如果能动态引用某部门的数据，然后，再根据该数据显示相应的图表信息，也可以实现动态图表的制作。此时，我们需要使用数据校验功能。

一、设计动态图表数据区域

打开"建立动态图表——销售折线图（INDIRECT 与 VLOOKUP 名称定义）"工作簿，在 A17 单元格中输入"＝A4"，单击回车键，引用 A4 单元格的数据，然后将公式向右填充至 G17 单元格，建立动态图表数据区域的表头，如图 9-58 所示。

	A	B	C	D	E	F	G
16	动态图表数据区域						
17	月份	1月	2月	3月	4月	5月	6月
18	部门08	189080	125404	140142	120242	149368	145686

图 9-58　设计动态图表数据区域

二、引用数据区域的单元格名称定义

选择 A4：A14 单元格区域，选择"公式"选项卡，在"定义的名称"组中选择"定义名称"。

在弹出的"新建名称"窗口中,在"名称"框中录入"部门",在"范围"框中选择工作簿,单击"确定"按钮,完成"部门"的名称定义,如图9-59所示。

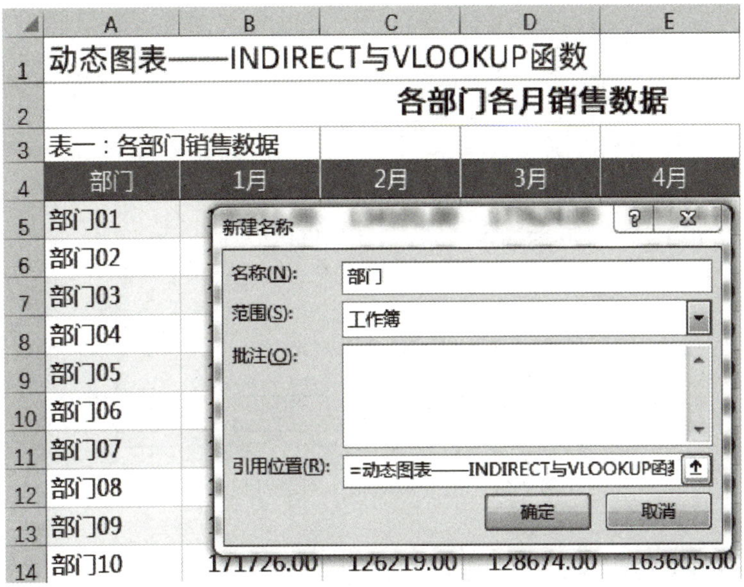

图9-59 "新建名称"窗口

选择A4:G14单元格区域,选择"公式"选项卡,在"定义的名称"组中选择"定义名称"。在弹出的"新建名称"窗口中,在"名称"框中录入"各部门各月销售额",在"范围"框中选择源例动态图表,单击"确定"按钮,完成"各部门各月销售额"的名称定义,如图9-60所示。

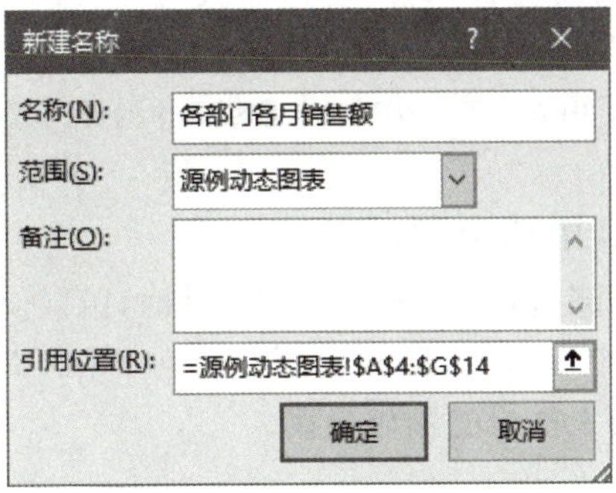

图9-60 引用数据区域名称的定义

9

三、用 INDIRECT 函数制作序列选项

选中A18单元格,选择"数据"选项卡,在"数据工具"组中选择"数据验证"。在弹出的"数据验证"窗口中,在"验证条件"框中选择"序列",在"来源"框中输入"＝INDIRECT("部门")",单击"确定"按钮,完成各部门数据的引用,如图9-61所示。

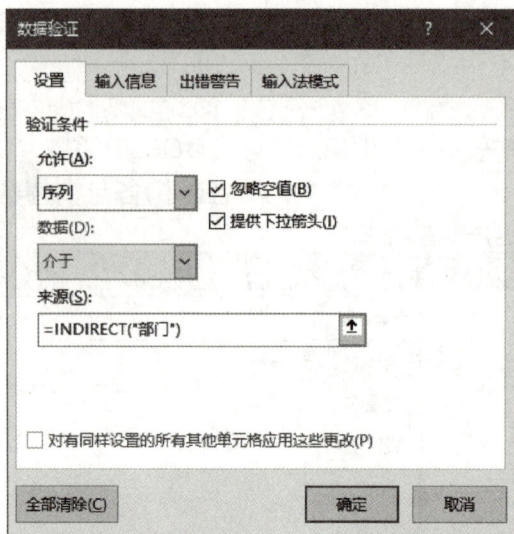

图 9-61　用 INDIRECT 函数引用数据

设置后部门引用效果如图 9-62 所示。

图 9-62　用 INDIRECT 函数制作的部门菜单

四、用 VLOOKUP 函数引用指定部门数据

下一步,就是要引用指定部门的各月销售数据。此时,可以使用 VLOOKUP 函数。在 B18 单元格中录入"＝VLOOKUP(A18,各部门各月销售额,COLUMN(B4),FALSE)",它将获取 A18 单元格中指定部门的 1 月份的销售数据。

〖操作提示 9-7〗　VLOOKUP 函数的各参数录入

VLOOKUP 函数的语法结构为:VLOOKUP(lookup_value, table_array, col_ index_num, [range_lookup])。式中的 table_array 参数,可以通过引用单元格名称方式录入,选择"公式"选项卡,在"定义的名称"组中选择"用于公式"。选择"各部门各月销售额",完成各部门各月销售数据的引用,如图 9-63 所示。

图 9-63 引用事先定义好的单元格名称

在 col_index_num 参数处,录入"COLUMN(B4)",它将获取 B4 单元格所在的列标信息,即 2。

在 lookup_value 参数处,录入"A18",按 F4 键(笔记本电脑可按"FN＋F4"组合键)进行绝对引用的切换,形成公式:"＝VLOOKUP(＄A＄18,各部门各月销售额,COLUMN(B4),FALSE)",如图 9-64 所示。然后,向右填充公式至 G18 单元格,完成对指定部门的数据引用。

图 9-64 按 F4 键进行引用方式的切换

五、绘制折线图

选择 A17:G18 单元格区域,插入折线图,并进行相应的格式设置,就建立了动态图表,如图 9-65 所示。

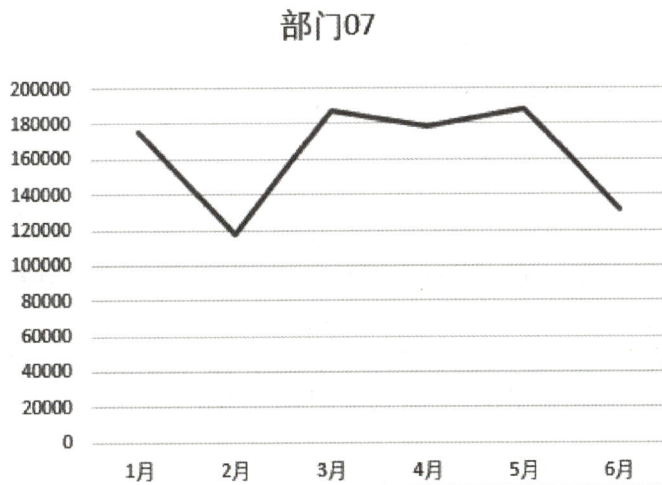

图 9-65 通过 VLOOKUP 函数绘制的折线图

若在 A18 单元格，选择不同的部门，如部门 07，就会显示部门 07 的销售图表。这样，我们就可以很方便地观察和分析各销售部门的销售额，如图 9-66 所示。

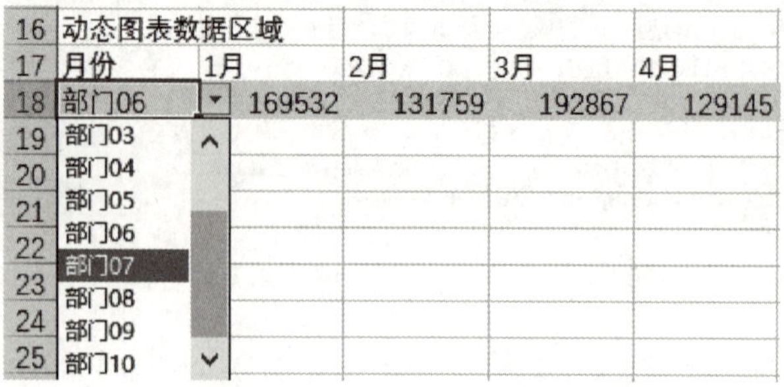

图 9-66 通过 INDIRECT 函数制作的选择菜单

【同步训练 9-6】 查看名称管理器

选择"公式"选项卡，在"定义的名称"组中选择"名称管理器"。在跳出的"名称管理器"窗口中，查看已建立的名称，分析相同名称的作用范围，如图 9-67 所示。

提示：有的单元格名称虽然相同，但它作用的范围不同。

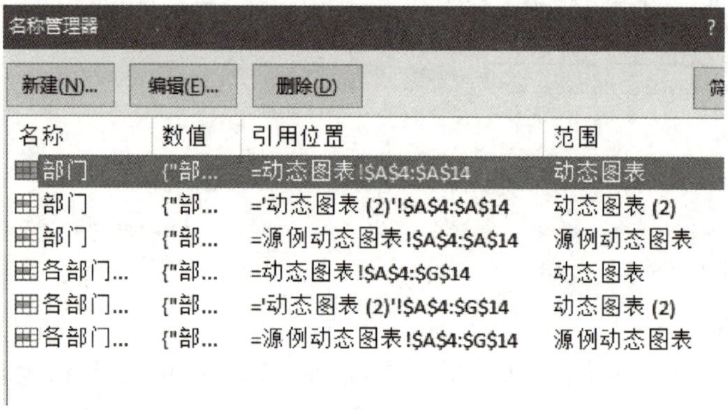

图 9-67 单元格名称的查询

任务九 制作动态图表(三)

学习目的

- 理解动态图表的制作原理，能利用不同的函数组合完成动态图表的制作。
- 能运用 MATCH、VLOOKUP 等函数引用指定单元格的值。
- 能运用名称管理器进行单元格名称的定义与引用，使公式更易于理解与阅读。
- 能运用数据校验功能制作下拉式选项，使图表具有交互性。

学习资料

江南公司各销售区域的各月销售数据如图 9-68 所示，请为各销售区域绘制动态的销售折线图。要求采用 VLOOKUP、MATCH 函数引用单元格名称方式完成。

	A	B	C	D	E	F	G	H	I	J
1	MATCH函数——动态图表的制作									
2	实训资:VLOOKUP MATCH函数的基本应用——动态图表的绘制.xlsm									
3										
4	月份	华北	西北	东北	西南	华东	华中	华南	合计	
5	1月	690	1093	970	764	550	787	358	5212	
6	2月	620	464	966	683	374	335	623	4065	
7	3月	864	263	625	841	234	398	395	3620	
8	4月	966	1000	273	1161	1110	663	893	6066	
9	5月	508	781	253	882	291	240	770	3725	
10	6月	255	514	239	877	887	374	775	3921	
11	7月	1072	833	339	851	908	309	1010	5322	
12	8月	997	278	900	414	1198	773	884	5444	
13	9月	683	425	879	414	209	821	458	3889	
14	10月	1117	1176	944	233	678	525	975	5648	
15	11月	1159	947	816	1139	662	1095	1118	6936	
16	12月	897	639	936	706	323	378	286	4165	
17	合计	9828	8413	8140	8965	7424	6698	8545	58013	

图 9-68 江南公司各销售区域的各月销售数据

操作向导

一、设计动态图表数据区域

打开“动态图表的绘制——MATCH 函数的应用”工作簿,设计一个以月份为行标签,以销售区域为查询条件的图表数据源,如图 9-69 所示。

【操作视频】MATCH 与 INDEX 函数

	L	M	N
4	查询地区:	西南	
5	月份	金额	
6	1月		
7	2月		
8	3月		
9	4月		
10	5月		
11	6月		
12	7月		
13	8月		
14	9月		
15	10月		
16	11月		
17	12月		
18			

图 9-69 设计动态图表数据区域

二、引用数据区域的单元格名称定义

选择 A4:I16 单元格区域,选择“公式”选项卡,在“定义的名称”组中选择“定义名称”。

在弹出的"新建名称"窗口中,在"名称"框中录入"销售数据",在"范围"框中选择工作簿,单击"确定"按钮,完成"销售数据"的名称定义,如图 9-70 所示。

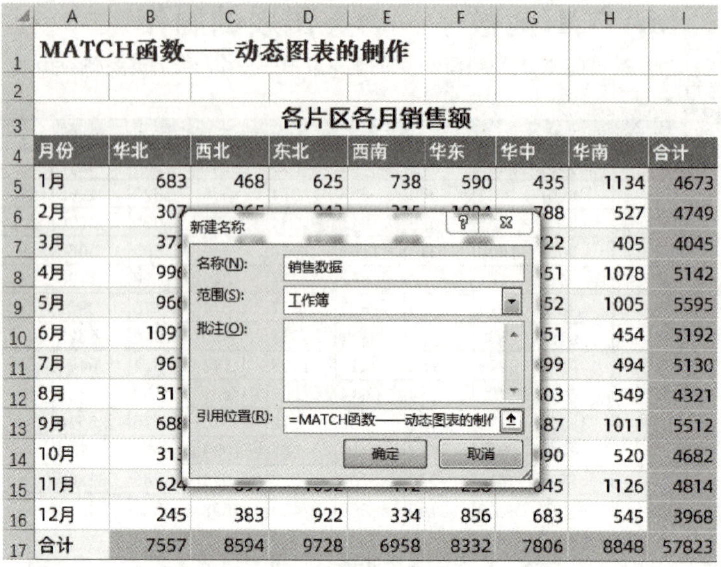

图 9-70　销售数据区域名称定义

三、用数据校验功能制作销售区域序列选项

选择 M4 单元格,选择"数据"选项卡,在"数据工具"组中选择"数据验证"。在弹出的"数据验证"窗口中,在"验证条件"的"允许"框中选择"序列",在"来源"框中输入"＝＄B＄4：＄H＄4",单击"确定"按钮,完成各销售区域名称的引用,如图 9-71 所示。

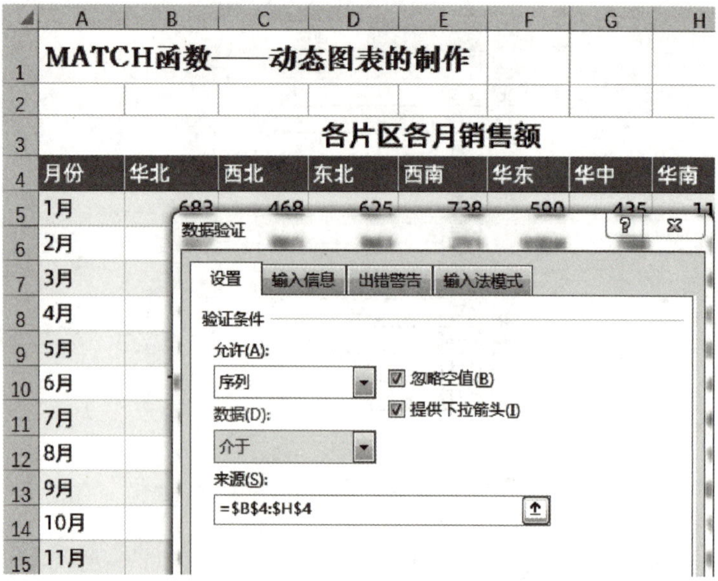

图 9-71　以引用单元格方式制作序列

设置后,销售区域引用效果如图 9-72 所示。该菜单也可以通过 INDIRECT 函数完成对销售区域名称的引用。

图 9-72 销售区域
引用效果

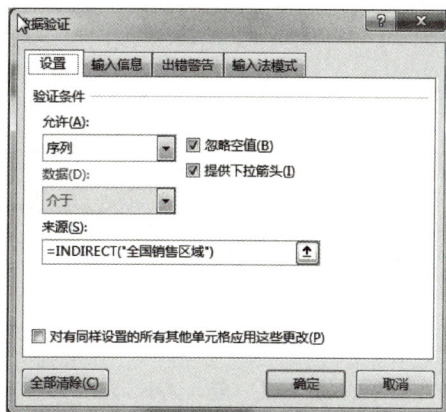

图 9-73 用 INDIRECT 函数引用
已定义的单元格名称

选择 M4 单元格,在"名称"框中录入"销售区域",按 Enter 键,完成对 M4 单元格名称的定义,如图 9-73 所示。

选择 A4:I4 单元格区域,在"名称"框中录入"全国销售区",按 Enter 键,完成对 A4:I4 单元格名称的定义。

四、用 VLOOKUP 函数引用指定销售区域数据

下一步,要引用指定区域的各月销售数据,此时,可以使用 VLOOKUP、MATCH 函数。

在 M6 单元格中,录入"= VLOOKUP(L6,销售数据,MATCH(销售区域,全国销售区,0),FALSE)",它将获取指定销售区域的 1 月份的销售数据,然后,向下填充公式到其他各月。

【操作提示 9-8】 用 MATCH 函数匹配数据位置

公式中的"MATCH(销售区域,全国销售区,0)",它将获取 M4 单元格所指定的销售区域在"全国销售区"中的相对位置,即其在 A4:I4 单元格区域中的相对位置。参数 0,表示精确匹配,如图 9-74 所示。

图 9-74 用 MACTH 函数匹配数据位置

五、绘制折线图

选择 L6:M17 单元格区域,插入折线图,并进行相应的格式设置,则动态图表就完成了,如图 9-75 所示。

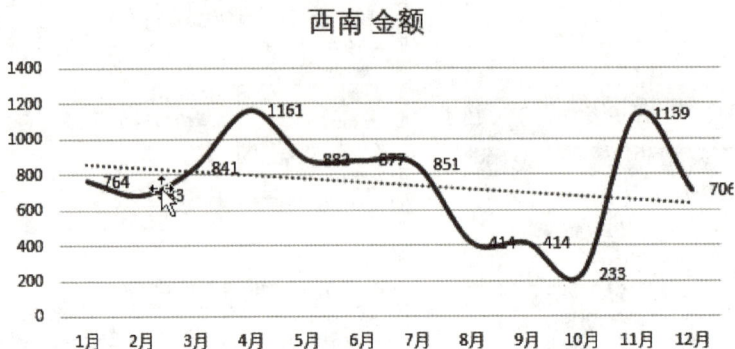

图 9-75　通过 VLOOKUP 函数与 MACTH 函数制作的动态图表

若在 M4 单元格选择不同的销售区域,如西南,Excel 就会显示西南的销售图表。这样我们就可以很方便地对各销售区域的销售量进行直观地观察和分析,如图 9-76 所示。

图 9-76　对各销售区域的销售量进行观察和分析

课 后 实 训

一、函数基础(正误判断)

1. 表达式"={_2023－_2022}"表明在该单元格区域的名称中,有一个为"_2023"。
　　　　　　　　　　　　　　　　　　　　　　　　　　　　　　　　　　　　　(　　)

2. 表达式"={_2023－_2022}"表明在该单元格区域的名称中,有一个为"2023"。
　　　　　　　　　　　　　　　　　　　　　　　　　　　　　　　　　　　　　(　　)

3. "={_2023－_2022}"是数组公式录入的表现方式。　　　　　　　　　　(　　)

4. 必须同时按下"Ctrl＋Shift＋Enter"组合键才能实现数组公式的录入。　　(　　)

5. 当 E5:E25 单元格区域的首行为"2023 年度",以首行单元格内容作为该列单元格名称时,该列数据必须在等号后面录入"_"才能被引用。　　　　　　　　　(　　)

6. 表达式"=IF(利润表!C3＝"","",利润表!C3/利润表!C$3)"的意思是:如果利润表的 C3 单元格不为空值,则其计算结果为 1。　　　　　　　　　　　　　　　(　　)

7. 表达式"＝IFERROR(D4/F4,"")"表示：若 D4/F4 的计算结果为错误值，则显示为空，否则将显示 D4/F4 的计算结果。　　　　　　　　　　　　　　　　（　　）

8. 表达式"＝IF（ABS(增长率)＞20％,"关注","")）"表示：如果增长率大于 20％ 或 －20％，则在单元格中显示"关注"，否则显示为空。　　　　　　　　　　（　　）

9. 表达式"＝AVERAGE(期初存货,期末存货)"表示："(期初存货＋期末存货)/2"。

（　　）

10. 表达式"＝ABS(增长率)"的计算结果是返回增长率的绝对值。　　　　（　　）

11. 表达式"＝ABS(－20％)"的计算结果为 20％。　　　　　　　　　　　（　　）

12. 表达式"＝8^(1/3)"表示对 8 开立方根，其计算结果为 2。　　　　　　（　　）

13. 可以使用"^(1/n)"实现对指定值开 n 次方根。　　　　　　　　　　　（　　）

14. 表达式"＝IF(2＜3,"你错了","你真棒")"的计算结果是"你真棒"。　　（　　）

15. ♯DIV/0! 说明在此单元格中的分母的值为零，而 ♯VALUE 说明在此单元格中输入的公式不是数字，而是文字，不能计算。　　　　　　　　　　　　　　　　（　　）

二、专项训练

1. 根据东北公司的财务报表资料，建立一个财务报表分析模型，进行财务报表分析，其资料如表 9-2、表 9-3 所示。

表 9-2　　　　　　　　　　　　资产负债表　　　　　　　　　　金额单位：万元

项　　目	2022 年	2023 年
资产		
货币资金	1 000	5 169
交易性金融资产	0	9 000
应收票据及应收账款	7 000	18 954
存货	12 600	10 283
流动资产合计	20 600	43 406
固定资产净值	38 240	39 240
资产合计	58 840	82 646
负债和所有者权益		
短期借款	0	1 000
应付票据及应付账款	7 390	7 959
应交税费	0	4 659
应付职工薪酬	0	
流动负债合计	7 390	13 618
长期负债合计	0	0

9

续　表

项　目	2022 年	2023 年
负债合计	7 390	13 618
实收资本	35 000	35 000
未分配利润	16 450	34 028
所有者权益合计	51 450	69 028
权益合计	58 840	82 646

表 9-3　　　　　　　　　　**利润表**　　　　　　　　　金额单位:万元

项　目	2022 年	2023 年
营业收入	180 000	216 000
销售成本	140 000	170 172
税金及附加	8 000	10 800
销售费用	4 000	5 000
管理费用	600	2 000
研发费用	400	1 000
财务费用	300	0
利润总额	26 700	27 028
所得税(25%)	6 675	6 757
净利润	20 025	20 271

操作要求:

(1) 对资产负债表、利润表按报表项目进行单元格名称定义。

(2) 根据单元格名称定义及其他引用方式完成财务分析指标公式的编辑,计算指标值,填入表 9-4 中。

表 9-4　　　　　　　　　　**需要计算的财务指标**

项　目	2022 年	2023 年
资产负债率		
流动比率		
资产周转率(按期末资产计算)		
存货周转率(按存货平均值计算)		
资产增长率		
净资产增长率		
营业净利率(采用数组公式录入)		
营业成本率(采用数组公式录入)		

（3）制作利润表结构百分比报表，对利润表结构中比率高于 10% 的项目要求用"浅红色填充"，突出显示，分子为零的项目自动不参与计算。

（4）制作资产比较财务报表，对前后增长 > 100% 的项目在备注栏中自动显示"重点关注"，对 > 20% 的项目则自动显示"关注"，否则为空。

（5）不能有"♯DIV/0!、♯VALUE!"的错误值提示。

提示：结果如表 9-5、表 9-6、表 9-7 所示。

表 9-5　　　　　　　　基本财务比率分析

项　　目	2022 年	2023 年
资产负债率	13%	16%
流动比率	2.79	3.19
资产周转率（按期末资产计算）	3.06	2.61
存货周转率（按存货平均值计算）	14.29	18.88
资产增长率	—	40%
净资产增长率	—	34%
营业净利率（采用数组公式录入）	11%	9%
营业成本率（采用数组公式录入）	78%	79%

表 9-6　　　　　　　　利润表结构百分比分析

项　　目	2022 年	2023 年
营业收入	100.00%	100.00%
销售成本	77.78%	78.78%
税金及附加	4.44%	5.00%
销售费用	2.22%	2.31%
管理费用	0.33%	0.93%
研发费用	0.22%	0.46%
财务费用	0.17%	0.00%
利润总额	14.83%	12.51%
所得税（25%）	3.71%	3.08%
净利润	11.13%	9.43%

9

表 9-7　　　　　　　　　　　　比较资产负债表　　　　　　　　　　　金额单位:万元

资　　产	2022 年	2023 年	增长额	增长率	备　注
现金	1 000	5 169	4 169	416.90%	重点关注
交易性金融资产		9 000	9 000		
应收票据及应收账款	7 000	18 954	11 954	170.77%	重点关注
存货	12 600	10 283	−2 317	−18.39%	
流动资产合计	20 600	43 406	22 806	110.71%	重点关注
固定资产净值	38 240	39 240	1 000	2.62%	
资产合计	58 840	82 646	23 806	40.46%	关　注
负债和所有者权益	—				
短期借款		1 000	1 000		
应付票据及应付账款	7 390	7 959	569	7.70%	
应交税费		4 659	4 659		
应付职工薪酬	0	0	0	0%	
流动负债合计	7 390	13 618	6 228	84.28%	关　注
长期负债合计	—		—		
负债合计	7 390	13 618	6 228	84.28%	关　注
实收资本	35 000	35 000	0	0.00%	
未分配利润	16 450	34 029	17 579	106.86%	重点关注
所有者权益合计	51 450	69 028	17 578	34.17%	关　注
权益合计	58 840	82 646	23 806	40.46%	关　注

将实训结果以"××××(学号)-9-1.xls"的命名格式保存到"E:\××(班级)\"文件夹中。

2. 已知东南公司的相关财务比率指标如表 9-8 所示。

表 9-8　　　　　　　　　东南公司相关财务比率指标

需考察的方面	指标名称	实际值	行业平均值	对比值
流动性	流动比率	2.40	2.00	1.20
	速动比率	0.70	0.50	1.40
	应收账款周转率	12.00	8.00	1.50
	存货周转率	0.50	1.00	0.50
收益性	销售利润率	0.15	0.20	0.75
	资产经营利润率	0.08	0.10	0.80
	净资产收益率	0.11	0.15	0.73

需考察的方面	指标名称	实际值	行业平均值	对比值
成长性	主营业务收入增长率	0.20	0.40	0.50
	净利润增长率	0.60	0.60	1.00
	权益资本增长率	0.30	0.40	0.75
财务风险	资产负债率	0.50	0.60	1.20
	经营净现金流量与总资产比率	2.40	4.00	0.60
	利息保障倍数	13.00	8.00	1.63

要求：请根据表 9-8，绘制雷达图并予以修饰美化（主要刻度单位设置为 0.5），并通过雷达图对该公司的财务状况作出简要评价。具体要求如下：

（1）数据系列格式中将数据标记选项设置为"内置"，类型为"三角形"，大小为 5，线型宽度为 1.5 磅。

（2）坐标轴格式中将线条颜色设置为"渐变线"，预设颜色为"浪漫黄沙"，方向为"线性向上"。

（3）绘图区格式背景颜色选择填充，蓝色，透明度为 80%。

（4）主要网格线格式的线条颜色为"深红"。

（5）分类标签格式为默认。

（6）修改坐标轴主要刻度单位为"固定"，数值为"1"。

提示：表中已对资产负债率进行同化处理。

将实训结果以"××××（学号）-9-2.xls"的命名格式保存到"E:\××（班级）\"文件夹中。

经济数据图表分析

9

项目十 财务预算的编制

预算是企业合理配置资源的一种方法,也是各部门明确目标、沟通协调、评价绩效的工具。

本项目介绍运用 Excel 编制财务预算的方法,重点讲解利用 VLOOKUP 函数从不同的工作表中引用数据建立财务预算编制的模型。同时,介绍了如何利用散点图法分解制造费用中的混合成本,从而确定维修费用预算公式,为制造费用预算提供数据资料。

任务一 编制日常业务预算

学习目的

● 理解财务预算编制的内容,能够为编制财务预算搜集整理各种数据,并利用 Excel 的强大计算功能、数据引用方式编制财务预算。

● 掌握 VLOOKUP 函数的使用,理解其作用,能够熟练地运用该函数查找、引用在其他工作表中的数据。

学习资料

中部公司 2023 年年末资产负债表如表 10-1 所示。

表 10-1　　　　　　中部公司 2023 年年末资产负债表　　　　　　单位:元

资　　产	金　　额	负债和所有者权益	金　　额
货币资金	20 000.00	短期借款	0
交易性金融资产	0	应收票据及应付账款	80 000.00
应收票据及应收账款	30 000.00	应交税费	0
存　　货	65 648.00	应付职工薪酬	0

续　表

资　产	金　额	负债和所有者权益	金　额
		负债合计	80 000.00
		实收资本	100 000.00
固定资产净值	100 000.00	未分配利润	35 648.00
		所有者权益合计	135 648.00
资产合计	215 648.00	负债和所有者权益合计	215 648.00

根据历史资料统计分析,该公司 2024 年的有关预算指标计划如表 10-2 所示。

表 10-2　　　　　　　2024 年的预算指标

项　目　指　标	指标值
产品销售收入当季收现率	70%
产品销售收入次季收现率	30%
税金及附加率	5%
预计变动销售及管理费用率	1%
每季度末存货量均为下季度销售量的 10%	10%
材料采购支出当季支付率	60%
材料采购支出次季支付率	40%
所得税税率	25%

该企业主要生产 10 种产品,耗用 A、B 两种材料,A、B 材料的计划采购单价分别为 5 元/千克、8 元/千克,企业的人工工资标准为 12 元/小时,各种材料的消耗定额如表 10-3 所示。

表 10-3　　　　　　　单位产品材料及人工消耗定额

产品名称	A 材料/千克	B 材料/千克	单位产品工时/小时
♯101	1	2	1
♯102	2	1	1
♯103	2	2	2
♯104	1	1	1
♯105	1	2	1
♯206	2	1	1
♯207	3	2	2
♯208	3	2	1
♯209	3	1	2
♯210	2	1	2

为了简化编制,本例不考虑增值税,产品生产成本按完全成本法核算,存货发出采用先

进先出法计价。另假设：企业生产用的原材料无期初库存也无期末库存；企业要求各季度的期末现金余额不低于 15 000 元，资金不足时，可以向银行申请短期借款，按 10%计息，借款额为 1 000 的倍数，采用“期初借款，期末付息”方式；各季度预缴所得税 500 元，预分股利 600 元。要求：编制 2024 年度第 1 季度、第 2 季度的财务预算。

操作向导

日常业务预算是指与企业日常经营活动直接相关的经营业务的各种预算，主要包括：销售预算、生产预算、直接材料耗用及采购预算、应交增值税预算、销售税金及附加预算、直接人工预算、制造费用预算、产品成本预算、期末存货预算、销售费用预算、管理费用预算等内容，它是编制财务预算的基础。

先将资产负债表、产品消耗定额、财务预算参数等相关资料输入同一工作簿中的不同工作表中，以便数据引用的需要，如图 10-1 所示。

	A	B	C
1		期初资产负债表	
2			
3	项目/年度	2023年度	2024年度
4	货币资金	20,000.00	
5	交易性金融资产		
6	应收票据和应收账款	30,000.00	
7	存货:	65,648.00	

考核表10.1期初资产负债表　考核表10.2数据字典　考核表10.3产品

图 10-1　建立预算工作簿

一、编制销售预算

销售预算是指反映预算期内（通常为 1 年）各种商品或劳务的销售单价、销售数量和销售收入的预算。它是整个预算的编制起点，其他预算的编制大多以销售预算的数据为基础。

编制销售预算时，一般分两部分进行：一是需要预计企业各种产品的销售量、销售单价及其销售收入，即进行销售预算；二是预计销售现金回笼情况，其目的是为编制现金预算提供必要的资料。

（1）搜集销售量数据。销售部门根据历史数据及市场环境，编制了产品销售量预测交给财务部，财务部将该预测表复制到 Excel 工作表中，重命名为“销售量预测”，如图 10-2 所示。

财务预算编制.xls [兼容模式]

	A	B	C	D	E	F
1	销售部门的销售量预测					
2	产品名称	销售单价	1季度	2季度	本期销售量	公式说明
3	#102	55	170	85	255	=SUM(C3:D3)
4	#208	80	130	105	235	=SUM(C4:D4)
5	#209	120	140	100	240	=SUM(C5:D5)
6	#210	130	150	95	245	=SUM(C6:D6)
7	#105	60	100	120	220	=SUM(C7:D7)
8	#206	78	110	115	225	=SUM(C8:D8)
9	#101	79	160	100	260	=SUM(C9:D9)
10	#207	140	120	110	230	=SUM(C10:D10)
11	#103	100	180	80	260	=SUM(C11:D11)
12	#104	80	190	75	265	=SUM(C12:D12)
13						

销售量预测　资产负债表　基础参数表　产品生产定额资料　存

图 10-2　销售部门 1 季度、2 季度的销售量预测表

〖操作提示 10-1〗　为什么要采用 VLOOKUP 函数？

我们注意到，该工作表中产品名称排列并没有一定的次序，这在实务工作中是普遍存在的。因为，这些报表是由不同部门、不同人员编制的，而这些报表中往往有各部门需要共享的信息资料，因而，它们往往排序不一致。为了解决这个问题，我们将大量地采用 VLOOKUP 函数来编制预算表，而不是采用直接引用方式。

（2）编制销售预算表。在工作簿中新建一张工作表，命名为"销售预算"，格式如图 10-3 所示。

	A	B	C	D	E
1					
2	销售预算表				
3	产品名称	销售单价	1季度	2季度	合计
4	#101	79	12,640	7,900	20,540
5	#102	55	9,350	4,675	14,025
6	#103	100	18,000	8,000	26,000
7	#104	80	15,200	6,000	21,200
8	#105	60	6,000	7,200	13,200
9	#206	78	8,580	8,970	17,550
10	#207	140	16,800	15,400	32,200
11	#208	80	10,400	8,400	18,800
12	#209	120	16,800	12,000	28,800
13	#210	130	19,500	12,350	31,850
14	销售收入合计		133,270	90,895	224,165
15	现销收入合计		93,289	63,627	156,916
16	回收前期款		30,000	39,981	69,981
17	现金收入合计		123,289	103,608	226,897
18	期末应收账款			27,269	

图 10-3　销售预算表

在产品名称中输入各种产品，我们会注意到，产品排列的次序与销售部门提交的资料是不一样的。现在要做的是从"销售量预测"工作表中获得销售量、销售单价信息，其操作步骤如下：

① 获得产品单价信息。在 B4 单元格中输入"＝VLOOKUP（＄A4，销售量预测！＄A＄3：＄E＄12，2，FALSE）"，该公式的含义是在"销售量预测"工作表中的 A3：E12 单元格区域（即产品信息区域）中精确查找等于 A4（即产品名称）的数值，找到后引用该单元格所在行的第 2 列数据（即产品售价），其中，FALSE 表示需要精确匹配。

式中，对查找范围采用绝对引用（销售量预测！＄A＄3：＄E＄12）方式，是为了便于采用填充方式将相应公式复制到其他单元格中。因为查找的范围是固定不变的，变化的仅是产品的名称。

② 计算 1 季度的销售收入。"1 季度的销售收入＝1 季度销售量×销售单价"，所以在 C4 单元格中输入"＝VLOOKUP（＄A4，销售量预测！＄A＄3：＄E＄12，3，FALSE）＊销售预算！＄B4"，该公式的含义为在销售预测表中的 A3：E12 单元格区域（即产品信息区域）中查找与 A4（即产品名称）相同的产品，找到后引用这一行左边第 3 列的数值（即 1 季度的销售量），然后乘以销售预算表中 B4 单元格的数值（即单价），从而计算出 1 季度的销售收入。

10

【知识链接 10-1】　VLOOKUP 函数

该函数可在表格数组的首列查找指定的值,并由此返回表格数组当前行中其他列的值。

VLOOKUP 函数中的 V 参数表示垂直方向。当比较值位于需要查找的数据的左边一列时,可以使用 VLOOKUP 函数而不是 HLOOKUP 函数。其语法为:VLOOKUP(lookup_value,table_array,col_index_num,range_lookup)。

式中的 lookup_value 为需要在表格数组第一列中查找的数值,lookup_value 可以为数值或引用;table_array 为数据的查找区域;col_index_num 为 table_array 中待返回的匹配值的列序号,当 col_index_num 为 1 时,返回 table_array 第一列中的数值;col_index_num 为 2,返回 table_array 第二列中的数值,以此类推;range_lookup 为逻辑值,指定希望 VLOOKUP 函数查找的精确的匹配值或近似匹配值。

如果 range_lookup 参数为 FALSE,VLOOKUP 函数将只查找精确匹配值。如果 table_array 的第一列中有两个或更多值与 lookup_value 匹配,则使用第一个找到的值。

如果 range_lookup 参数为 FALSE,VLOOKUP 函数将只查找精确匹配值。如果找不到精确匹配值,则返回错误值 #N/A。

如果 range_lookup 为 FALSE,则不需要对 table_array 第一列中的值进行排序。

如果 range_lookup 为 TRUE 或被省略,则返回精确匹配值或近似匹配值。如果找不到精确匹配值,则返回小于 lookup_value 的最大值。

如果 range_lookup 为 TRUE 或被省略,则必须按升序排列 table_array 第一列中的值;否则,VLOOKUP 函数可能无法返回正确的值。

【操作视频】
VLOOKUP 与 HLOOKUP 函数

③ 计算 2 季度的销售收入。在 D4 单元格中输入"=VLOOKUP($A4,销售量预测!$A$3:$E$12,4,FALSE)*销售预算!$B4"。

④ 计算 1、2 季度的销售收入之和。在 E4 单元格中输入"=SUM(C4:D4)"即可。

⑤ 复制公式。计算出其他各种产品的销售单价和销售收入信息。选中 B4:E4 单元格区域,然后将公式采用填充方式复制到 B5:E13 单元格区域中。

⑥ 计算各季度的销售收入合计。在 C14 单元格中输入"=SUM(C4:C13)",然后将公式复制到 D14、E14 单元格中。

⑦ 计算各季度的现销收入。现销收入=当季销售收入×销售收现率,本模型将销售收现率等相关信息统一填列在"基础参数表"中,采用链接方式引用相关数据,以便今后的预算调整,如图 10-4 所示。

10

【操作视频】
LOOKUP 函数

	A	B
1	**财务预算基本参数**	
2	产品销售收入当季收现率	70%
3	产品销售收入次季收现率	30%
4	税金及附加率	5%
5	预计变动销售及管理费用率	1%
6	每季度末存货量均为下季度销售量的10%	10%
7	材料采购支出当季支付率	60%
8	材料采购支出次季支付率	40%
9	所得税税率	25%
10		

基础参数表　销售、管理费用和销售税金预算

图 10-4　基本参数表

在 C15 单元格中输入"=C14*基础参数表!$B$2",然后将之复制到 D15 单元格中。

计算当季的现销收入,为编制现金预算表作数据准备。

⑧ 回收前期款。在 C16 单元格中输入"＝资产负债表！B6",表明第 1 季度收回上年未收回的应收账款。在 D16 单元格中输入"＝C14－C15",表明在第 2 季度收回第 1 季度尚未收回的应收账款。

⑨ 计算现金收入合计。在单元格 C17 中输入"＝C15＋C16",计算出第 1 季度的现金收入合计,然后将公式复制到 D17 单元格中,计算出第 2 季度的现金收入合计。

⑩ 计算期末应收账款。为了给预计资产负债表中的应收账款提供编制数据,还需要计算期末应收账款。在单元格 D18 中,输入"＝D14－D15"即可。

〖操作提示 10-2〗 单元格区域名称的定义与应用

在 B4 单元格中输入"＝VLOOKUP($A4,销售量预测！$A$3:$E$12,2,FALSE)",这样的表达式难以清晰地反映数据引用的区域。此时,我们可以采用单元格区域名称的定义,使得公式便于阅读与理解。它需要事先对需要引用的单元格及其区域进行名称的定义。其操作步骤如下:

(1) 对需要引用的单元格及其区域进行名称定义。进入"销售量预测"工作表,选择 A2:E12 单元格区域,执行"公式"→"定义名称",在跳出的"新建名称"窗口中,将该区域的名称定义为"产品销售量预测数据区"。同理,将"销售单价"定义为各产品单价数据区域的名称,如图 10-5 所示。

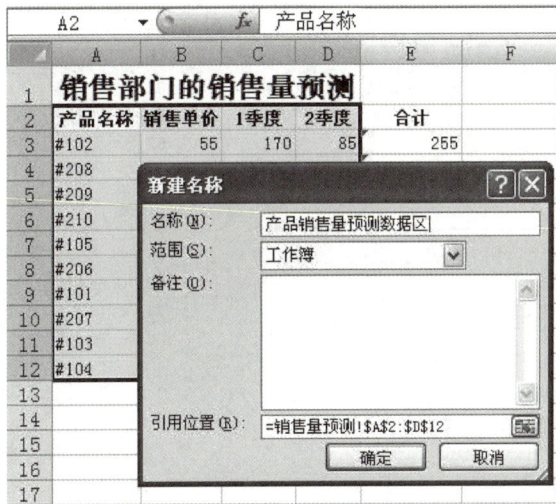

图 10-5 定义单元格区域名称

(2) 编辑嵌套公式,实现数据的正确引用与计算。返回"销售预算"工作表,在 D3 单元格中录入"＝VLOOKUP($A3,产品销售量预测数据区,4,FALSE)＊销售单价",即可计算出各产品第 2 季度销售收入的预算。

还可以将 A3 单元格所在的列定义为"产品名称"加以引用,显然,这样的公式更容易理解。

【同步训练 10-1】　VLOOKUP 函数中 TRUE 参数的应用

请在销售预测表中将"销售单价"的引用公式"＝VLOOKUP（＄A3，产品销售量预测数据区，2，FALSE)"中的 FALSE 修改为 TRUE，并将其复制到其他列中，查看其结果，引用结果将出现错误值。这是因为销售部门提供的各产品的销售预测表没有按照产品名称进行升序排序所致。

二、编制生产预算

生产预算是为规划一定预算期内预计生产量水平而编制的一种日常业务预算。

编制生产预算时，需要预计企业生产产品的品种、期末及期初各种产品数量，然后根据"预计生产量＝预计销售量＋预计期末库存量－预计期初库存量"公式来预计本期某种产品的生产量。它是日常业务预算中唯一只使用实物量计量的预算，可以为进一步编制有关成本和费用的预算提供实物量数据。

生产预算需要根据不同产品的预计销售量编制。期末库存量通常是按下期销售量的一定百分比确定的。年初存货量可以根据期初实际库存数量或在编制预算时预计，年末存货数量可根据长期销售预算来确定。

因为生产预算需要产品的期初及期末库存数量，所以用库存部门填报的存货期初、期末预算数单独建立一张"存货库存数预计"工作表，以便其他工作表数据引用，如图 10-6 所示。

F3		fx	=MID(A3,2,1)			
	A	B	C	D	E	F
1	存货期初期末库存数预计表					
2	产品名称	期初库存数	期末预计数	期初单位成本	期初总成本	产品系列号
3	#105	80	60	31	2,480	1
4	#206	88	66	34	2,992	2
5	#207	96	72	62	5,952	2
6	#208	104	78	31	3,224	2
7	#209	112	84	31	3,472	2
8	#210	120	90	34	4,080	2
9	#101	128	96	65	8,320	1
10	#102	136	102	40	5,440	1
11	#103	144	108	70	10,080	1
12	#104	152	114	129	19,608	1
13	A材料				0	材料
14	B材料				0	材料
15	C材料				0	材料
16	D材料				0	材料
17	1系列期初金额				45,928	
18	2系列期初金额				19,720	
19	材料期初金额				-	

图 10-6　存货库存数预计表

增加"产品系列"专栏，这需要根据产品名称的第 2 位字符确定各产品所属的系列，即根据"＃105""＃104"确定为"1"系列产品，根据"＃206""＃207"等名称确定为"2"系列产品。根据预算编制要求，图 10-6 中的公式设置如下：

（1）根据产品名称确定产品系列。在 F3 单元格中输入"＝MID（A3，2，1)"，目的是从 A3 单元格产品名称的第 2 个字符开始，截取 1 个字符，即"1"，作为该产品的系列名称。然后将该公式复制到 F2:F12 区域中,得出各种产品的所属系列。

【知识链接 10-2】 MID 函数

MID 函数返回文本字符串中从指定位置开始的特定数目的字符。其语法为:MID(text, start_num, num_chars)。

式中的 text 是包含要提取字符的文本字符串。start_num 是文本中要提取的第一个字符的位置。num_chars 是指定希望 MID 函数从文本中返回字符的个数。

---

(2)根据材料名称截取"材料"二字,作为存货类别。在 F13 单元格中输入"=RIGHT (A13,2)",从该单元格的右边开始,截取两位字符,即"材料"两字,作为材料的类别名称。

【知识链接 10-3】 RIGHT 函数与 LEFT 函数

RIGHT 函数是根据所指定的字符数返回文本字符串中最后一个或多个字符。其语法为:RIGHT (text,num_chars)。

式中,text 是包含要提取字符的文本字符串;num_chars 是指定要由 RIGHT 函数提取的字符的数量。

与 RIGHT 函数相对应,LEFT 函数返回文本字符串中第一个字符或前几个字符。其语法为:LEFT (text,num_chars)。

---

(3)根据存货类别分别统计各类存货的期初库存金额。在 E17 单元格中输入"=SUMIF(F3:F16,"1",E3:E16)",即可统计出"1"系列的期初存货成本之和。其含义是:如果 F3:F16 单元格区域内单元格的值为"1",则对 E3:E16 单元格区域中对应的单元格数据进行求和。同理,在 E18 单元格中输入"=SUMIF(F3:F16,"2",E3:E16)",可求和"2"系列的产品期初库存成本。

然后,在工作簿中新建一张"生产预算"工作表,在产品名称中输入预算期内的各种产品名称,然后采用 VLOOKUP 函数引用其他工作表中的数据,实现工作表之间的数据动态链接,如图 10-7 所示。

| K5 | | | | × ✓ ƒx | =MID(A5,2,1) | | | | | |

产品生产量预算

	A	B	C	D	E	F	G	H	I	J	K
2			1季度				2季度			生产总量	产品系列
3	产品名称	本期销售	期末库存	期初库存	本期生产	本期销售	期末库存	期初库存	本期生产		
4	(1)	(2)	(3)	(4)	(5)	(6)	(7)	(8)	(9)	(10)	(12)
5	#101	160	10	128	42	100	96	10	186	228	1
6	#102	170	8	136	42	85	102	8	179	221	1
7	#103	180	8	144	44	80	108	8	180	224	1
8	#104	190	7	152	45	75	114	7	182	227	1
9	#105	100	12	80	32	120	60	12	168	200	1
10	#206	110	11	88	33	115	66	11	170	203	2
11	#207	120	11	96	35	110	72	11	171	206	2
12	#208	130	10	104	36	105	78	10	173	209	2
13	#209	140	10	112	38	100	84	10	174	212	2
14	#210	150	9	120	39	95	90	9	176	215	2
15	产品系列产量小计(请用引用A16,A17单元格数据完成)										
16	1									1100	
17	2									1045	

图 10-7 生产预算表

10

图 10-7 中,各单元格公式设置如下:

(1) 引用♯101 产品的 1 季度的本期销售数量。在 B5 单元格中输入"＝VLOOKUP($A5,销售量预测表,3,FALSE)",目的是在销售量预测表的 A3:E12 单元格区域中查找♯101产品,引用与该产品同行的第 3 列数据,即 1 季度的销售量数据,FALSE 要求为精确匹配。

〖操作提示 10-3〗　事先进行单元格区域名称定义

　　表达式"＝VLOOKUP($A5,销售量预测表,3,FALSE)"与"＝VLOOKUP($A5,销售量预测!$A$3:$E$12,3,FALSE)"的计算结果是一样的,但前者更容易让人理解。在使用前一表达式时,应事先将销售量预测工作表中的 A3:E12单元格名称定义为"销售量预测表",即可实现便捷引用。下文涉及单元格区域的引用将不再单独注明。

(2) 引用♯101 产品的 1 季度的期末库存数量。在 C5 单元格中输入"＝INT(VLOOKUP($A5,销售量预测表,4,FALSE)＊基础参数表!$B$7)"。根据相关资料,期末产品的库存数量为下季度预计销售量的 10%,故 1 季度的期末库存数量＝2 季度的预计销售数量×10%。上述公式就是从销售量预测表的 A3:E12 单元格区域中引用第 4 列♯101 产品的第 2 季度销售量的数据,然后再乘以基础参数表 B5 单元格中的 10%。其中INT 函数是对计算结果进行向下取整,因为假定产品是按整数生产的。

(3) 引用♯101 产品的 1 季度的期初库存数量。在 D5 单元格中输入"＝VLOOKUP($A5,存货期初期末库存表,2,FALSE)"。2 季度的期初库存数量根据 1 季度的期末库存取数。

(4) 计算♯101 产品的 1 季度的生产数量。在 E5 单元格中输入"＝B5＋C5－D5"。

(5) 复制单元格公式。选择 B5:E5 单元格区域,将公式采用填充方式复制到 B6:E14单元格区域中。

同理,完成第 2 季度的相应单元格公式的设置。其中"期末库存数"通过引用"存货库存数预计"中的 2 季度期末数完成。另外,通过 MID 函数截取产品的系列属性,通过 SUMIF函数统计出 1 系列与 2 系列产品的产量数。

本期生产总量通过"1 季度生产量＋2 季度生产量"公式计算得出。

三、编制直接材料消耗及采购预算

直接材料消耗及采购预算,是指反映预算期内各种直接材料的消耗数量及采购金额的预算。它是以生产预算为基础编制的,包括材料需求量预算和采购预算两个部分。

编制该预算时,我们需要确定各种产品的材料消耗定额、预计材料采购单价、期初和期末材料存货水平以及采购资金支付情况。其预算包括的基本计算公式主要有:

某材料当期需求量＝当期生产量×该材料消耗定额

某材料预计采购量＝该材料当期需求量＋计划期末预计存货量－计划期初存货量

某材料预计采购额＝某材料预计采购量×该材料单价

本例为了简化编制,假设生产所需的材料无期初和期末库存,不考虑增值税税金等因素。在工作簿中新建一张"直接材料消耗及采购预算"工作表,在"产品名称"中输入预算期内各种产品及耗用材料的名称,然后采用 VLOOKUP 函数引用其他工作表中的数据,实现工作表之间的数据动态链接,如图 10-8 所示。

直接材料消耗及采购预算表

产品名称	耗用材料	1季度	2季度	消耗合计	金额合计
(1)	(2)	(3)	(4)	(5)	(6)
#101	A材料	42	186	228	1,140
#102	A材料	84	358	442	2,210
#103	A材料	88	360	448	2,240
#104	A材料	45	182	227	1,135
#105	A材料	32	168	200	1,000
#206	A材料	66	340	406	2,030
#207	A材料	105	513	618	3,090
#208	A材料	108	519	627	3,135
#209	A材料	114	522	636	3,180
#210	A材料	78	352	430	2,150
#101	B材料	84	372	456	3,648
#102	B材料	42	179	221	1,768
#103	B材料	88	360	448	3,584
#104	B材料	45	182	227	1,816
#105	B材料	64	336	400	3,200
#206	B材料	33	170	203	1,624
#207	B材料	70	342	412	3,296
#208	B材料	72	346	418	3,344
#209	B材料	38	174	212	1,696
#210	B材料	39	176	215	1,720
A材料消耗合计	A材料	762	3,500	4,262	
B材料消耗合计	B材料	575	2,637	3,212	
A采购金额合计	A材料	3,810	17,500		21,310
B采购金额合计	B材料	4,600	21,096		25,696
现付采购金额		5,046	23,158		28,204
支付前欠货款		80,000	3,364		80,000
本期支付现金		85,046	26,522		111,568
期末应付货款			15,438		15,438

图 10-8 直接材料消耗及采购预算

图 10-8 中,各单元格的公式设置如下:

(1) 计算♯101 产品的 1 季度的 A 材料消耗量。根据"某材料当期需要量=当期生产量×该材料消耗定额"计算公式,在 C4 单元格中输入"=VLOOKUP($A4,生产量预算表,5,FALSE)*VLOOKUP($A4,产品生产定额表,2,FALSE)"。

其中,"VLOOKUP($A4,生产量预算表,5,FALSE)"表示在"生产预算"表中查找 A4 单元格的数值,在精确匹配后取同行的右边第 5 列数据,即产品预计生产量。

"VLOOKUP($A4,产品生产定额表,2,FALSE)"表示在"产品生产定额资料"工作表中查找 A4 单元格的数值,在精确匹配后取同行的右边第 2 列数据,即材料消耗定额。

两者相乘,即得出 A 材料消耗量的计算结果。

(2) 计算♯101 产品的 2 季度的 A 材料消耗量。在 D4 单元格中输入"=VLOOKUP($A4,生产量预算表,9,FALSE)*VLOOKUP($A4,产品生产定额表,2,FALSE)"。

(3) 计算♯101 产品的本期 A 材料消耗量。在 E4 单元格中输入"=SUM(C4:D4)"。

(4) 计算♯101 产品的本期 A 材料采购金额。在 F4 单元格中输入"=E4*VLOOKUP(B4,材料单位定额成本,2,FALSE)"。

(5) 然后选择 B4:F4 单元格区域,将公式复制到 B5:F23 单元格区域中,完成各种产品

10

材料的消耗量及采购金额的预算。

（6）A 材料的消耗量合计可以采用 SUMIF 函数来完成。在 C24 单元格区域中输入"＝SUMIF（＄B＄4：＄B＄23，B24，＄C＄4：＄C＄23）"，实现对 A 材料 1 季度消耗量的合计。

材料采购金额根据"材料消耗量×该材料单价"计算公式，引用相应的数据计算完成。

在 C26 单元格区域中输入"＝SUMIF（B4：B23，B26，C4：C23）＊VLOOKUP（B26，材料单位定额成本，2，FALSE）"，完成对 A 材料 1 季度采购金额的计算。

同理，根据上述步骤完成 B 材料的消耗量、采购金额及其 2 季度的各种预算。

（7）"支付前欠货款"引用资产负债表中应付账款的期初数据，其公式为："＝资产负债表！B24"。

（8）"期末应付货款"根据 2 季度当期采购金额减去现付金额后的余额填列，该数据将为编制期末资产负债表中的应付账款一栏提供数据资料。

四、编制直接人工预算

直接人工预算是指为规划预算期内人工工时的消耗水平和人工成本水平而编制的一种日常业务预算。

直接人工预算也是以生产预算为基础编制的。编制直接人工预算的主要依据是标准工资率和标准单位直接人工工时。因此，在编制时需要先根据单位实际情况收集整理人工消耗定额等数据。其主要计算公式如下：

某产品耗用总工时＝预计生产量×单位产品工时耗用量
某产品直接人工成本＝该产品耗用总工时×小时工资率

由于各期直接人工成本中的直接工资一般由现金开支。所以，通常我们不需另外编制现金支出预算。但是，若相关费用没有形成实际的现金支出，则应当进行适当的调整，如已计提而以后支付的福利费等。

在工作簿中新建一张"直接人工成本预算"工作表，在"产品名称"中输入预算期内各种产品的名称，然后使用 VLOOKUP 函数引用其他工作表中的数据，实现工作表之间的数据动态链接，如图 10-9 所示。

产品名称	1季度工时	2季度工时	工时合计	人工成本	产品系列
(1)	(2)	(3)	(4)	(5)	(6)
#101	42	186	228	2,736	1
#102	42	179	221	2,652	1
#103	88	360	448	5,376	1
#104	45	182	227	2,724	1
#105	32	168	200	2,400	1
#206	33	170	203	2,436	2
#207	70	342	412	4,944	2
#208	36	173	209	2,508	2
#209	76	348	424	5,088	2
#210	78	352	430	5,160	2
预计生产工时	542	2,460	3,002		
直接人工成本总额	6,504	29,520	36,024	36,024	
1系列产品人工成本总额					15,888
2系列产品人工成本总额					20,136

直接人工成本预算

图 10-9　直接人工成本预算

图 10-9 中,各单元格的公式设置如下:

(1) 计算♯101 产品的 1 季度的生产工时。根据"某产品耗用总工时＝预计生产量×单位产品工时耗用量"的计算原理,在 B4 单元格中输入:"＝VLOOKUP(A4,生产量预算表,5, FALSE)＊VLOOKUP(A4,产品生产定额表,4, FALSE)"。

💡 提示:引用的单元格区域,事先已进行相应的名称定义。

(2) 计算♯101 产品的 2 季度的生产工时。在 C4 单元格中输入:"＝VLOOKUP(A4,生产量预算表,9, FALSE)＊VLOOKUP(A4,产品生产定额表,4, FALSE)"。

【操作提示 10-4】　注意引用的列数不同

在 VLOOKUP 函数引用其他表中的数据时,一定要确保引用列的列数正确,否则计算结果将出错。如"＝VLOOKUP(A4,生产量预算表,5, FALSE)"公式中的 5,表示♯101 产品 1 季度的生产量,若为 9,则引用的是♯101 产品 2 季度的生产量。

(3) 计算♯101 产品的 1、2 季度的生产工时合计。在 D4 单元格中输入:"＝SUM(B4:C4)"。

(4) 计算♯101 产品的直接人工总成本。在 E4 单元格中输入:"＝D4＊产品生产定额资料!＄B＄20"。

完成上述单元格公式的设置后,选中 B4:E4 单元格区域,将其公式复制到 B5:E13 单元格区域中,完成其他产品的直接人工成本预算。

(5) 计算 1 季度的直接人工成本总额。在 B15 单元格中输入:"＝B14＊产品生产定额资料!＄B20"。

各产品的预计生产工时可以采用 SUM 函数完成,MID 函数可以用以确定产品所属的系列,用 SUMIF 函数可以统计各系列的产品人工成本。

五、编制制造费用预算

制造费用预算是指反映预算期内为生产产品和提供劳务而发生的各项间接费用的预算,通常分为变动制造费用和固定制造费用两部分。变动制造费用是以生产预算为基础编制的。如果有完善的标准成本资料,将单位产品标准制造费用与计划产量相乘,即可得到相应的预算金额。如果没有标准成本资料,就需要逐项预计计划产量需要的各项制造费用。固定制造费用,通常与本期产量无关,需要逐项进行预计。

在工作簿中新建一张"制造费用预算"工作表,在产品名称中输入预算期内各种费用明细项目,其中包括预计生产工时,然后引用其他工作表中的数据,如生产工时与标准数据等,以实现工作表之间的数据动态链接,如图 10-10 所示。

图 10-10 中各单元格的公式设置如下:

(1) 引用各季度的预计生产工时。该数据来源于直接人工成本预算。在 C4 单元格中输入"＝直接人工!B14"。然后向右填充,完成 2 季度的预计生产工时的取数。

(2) 图中的"标准数据",我们可以在该预算表中根据预算资料直接输入。

10

	A	B	C	D	E	F	G
1	一车间制造费用预算（公式法）						
2			预计生产能力利用率				
3	生产工时（小时）/利用率	标准数据	1季度	2季度	3季度	4季度	本年合计
4	预计生产工时		542	2,460			3,002
5	1.变动成本项目						
6	(1)间接人工	8.00	4,336	19,680			24,016
7	(2)间接材料	1.00	542	2,460			3,002
8	(3)维修费用	8.15	4,416	20,044			24,461
9	(4)折旧费用		-	-			-
10	(5)其他费用	0.50	271	1,230			1,501
11	Σ变动成本合计	18	9,565	43,414			52,980
12	2.固定成本项目						
13	(1)间接人工	4,000	4,000	4,000			8,000
14	(2)间接材料	500	500	500			1,000
15	(3)维修费用	68	68	68			135
16	(4)折旧费用	400	400	400			800
17	(5)其他费用	50	50	50			100
18	Σ固定成本合计	5,018	5,018	5,018			10,035
19	**3.制造费用合计**		14,583	48,432	-	-	63,015
20	固定性制造费用分配率		3.3428				
21	付现制造费用合计		14,183	48,032	-	-	62,215

图 10-10 制造费用预算

（3）计算各季度各变动制造费用的预算数据。在 C6 单元格中输入“＝$B6＊C$4”，然后将该公式复制到其他季度的单元格中。

〖操作提示 10-5〗 正确使用引用方式

之所以采用绝对列引用方式（$B6），是为了在复制公式时，能始终引用标准数据而保持不变。采用绝对行引用方式（C$4），是为了在复制公式时，能始终引用第 4 行的预计生产工时数据。

（4）计算各项目的合计数。图中的各项目合计数，可以采用 SUM 函数计算。

（5）引用固定性制造费用项目，由于固定性制造费用不会随着生产工时的变化而变化，因此，各季度可以直接引用 B 列的相应单元格数据。

（6）计算制造费用合计数。制造费用合计数根据“制造费用合计＝变动成本合计＋固定成本合计”公式计算填列。

（7）计算固定性制造费用分配率。为了今后编制产品成本预算的需要，我们还需要计算制造费用分配率。它是根据“固定性制造费用分配率＝固定性制造费用÷产品生产总工时”公式计算的，其计算公式为“＝G18/G4”。

（8）计算付现的制造费用。付现的制造费用是根据“制造费用合计－折旧等非付现制造费用”公式计算得出的。

为了便于以后编制现金预算，需要预计现金支出。制造费用中，除折旧费等非付现成本外，都须支付现金。所以，每个季度制造费用数额扣除折旧等非付现支出后，即可得出“付现的制造费用”。

六、编制产品成本预算

产品成本预算是指反映预算期内各种产品生产成本水平的预算。它通常分为变动制造成本和固定制造成本两部分。它是以生产、直接材料、直接人工、制造费用为基础编制的。通过该预算,可以得出企业产品的单位成本和总成本。同时,该预算能为编制预计利润表和预计资产负债表提供数据。

〖操作提示 10-6〗 按年编制产品成本预算的原因

产品的生产成本中包括变动成本和固定成本,而单位产品中的固定成本会受到产品产量的影响。因此,建议按年编制产品的成本预算,不编制分季度预算。

在工作簿中新建一张"生产成本预算"工作表,在"产品名称"中输入预算期内的各种产品名称、列出成本项目,然后采用 VLOOKUP 函数或是直接引用方式引用其他工作表的数据,以实现工作表之间的数据动态链接,如图 10-11 所示。

生产成本预算

产品名称	预计产量	直接材料		直接人工	制造费用		总成本	单位成本
		A材料	B材料		变动制造费用	固定制造费用		
#101	228	1,140	3,648	2,736	4,024	762	12,310	53.99
#102	221	2,210	1,768	2,652	3,900	739	11,269	50.99
#103	224	2,240	3,584	5,376	7,906	1,498	20,604	91.98
#104	227	1,135	1,816	2,724	4,006	759	10,440	45.99
#105	200	1,000	3,200	2,400	3,530	669	10,798	53.99
#206	203	2,030	1,624	2,436	3,583	679	10,351	50.99
#207	206	3,090	3,296	4,944	7,271	1,377	19,978	96.98
#208	209	3,135	3,344	2,508	3,688	699	13,374	63.99
#209	212	3,180	1,696	5,088	7,483	1,417	18,864	88.98
#210	215	2,150	1,720	5,160	7,589	1,437	18,056	83.98

图 10-11 生产成本预算

图 10-11 中,各单元格的公式设置如下:

(1) 引用#101 产品的全年预计生产量数据。在 B4 单元格中输入"＝VLOOKUP(A4,生产量预算表,10,FALSE)"。

(2) 引用#101 产品的全年耗用的 A 材料数据。该预算表引用"直接材料消耗与采购预算"中的数据需要具备两个条件:一是产品名称要一致;二是所消耗的材料名称要一致。因此,可以利用 SUMIFS 函数进行多条件求和来实现数据的引用。

💡 提示:SUMIFS 函数需要在 Excel 高版本中运行。

在 C4 单元格中输入"＝SUMIFS(直接材料消耗与采购预算！＄F＄4:＄F＄23,直接材料消耗与采购预算！＄A＄4:＄A＄23,操作题 1！＄A4,直接材料消耗与采购预算！＄B＄4:＄B＄23,操作题 1！＄C＄3)"。

式中,"直接材料消耗与采购预算！＄F＄4:＄F＄23"为求和区域,即为 sum_range;"直接材料消耗与采购预算！＄A＄4:＄A＄23"为第一个条件区域,即为 criteria_range1,此处为

10

产品区域;"操作题 1! ＄A4"为第一个条件,即为♯101 产品;"直接材料消耗与采购预算! ＄B
＄4:＄B＄23"为第二个条件区域,此处为材料区域,"操作题 1! ＄C＄3"为第二个条件,即为
A 材料。即当产品为♯101 产品,所耗的材料为 A 材料时,就在该单元格中显示其汇总值,
这是一种变通的处理方法。

【知识链接 10-4】　SUMIFS 函数

SUMIFS 函数对区域中满足多个条件的单元格求和。其语法为:SUMIFS(sum_range, criteria_
range1, criteria1, [criteria_range2, criteria2], …)。

式中,sum_range 为需要求和的单元格区域,criteria_range1 为第一个条件区域,criteria1 为第一个条
件。条件的形式为数字、表达式、单元格引用或文本,可用来定义对 criteria_range1 参数中的哪些单元格
求和。例如,条件可以表示为 32、">32"、B4、"苹果"或"32"。

"criteria_range2, criteria2"为第二个条件区域及其关联条件,它最多允许有 127 个区域与条件。

---

(3) 引用♯101 产品的全年耗用的 B 材料数据。在 D4 单元格中输入"＝SUMIFS(直接
材料消耗与采购预算! ＄F＄4:＄F＄23,直接材料消耗与采购预算! ＄A＄4:＄A＄23,操
作题 1! ＄A4,直接材料消耗与采购预算! ＄B＄4:＄B＄23,操作题 1! ＄D＄3)"。

(4) 引用♯101 产品的全年直接人工成本数据。在 E4 单元格中输入"＝VLOOKUP
(A4,直接人工预算表,5, FALSE)"。

(5) 引用♯101 产品的全年变动性制造费用数据。根据"某产品应承担的变动性制造费
用＝该产品的预计生产工时 × 变动性制造费用分配率"计算公式,在 F4 单元格中输入
"＝VLOOKUP(＄A4,直接人工预算表,4, FALSE)＊制造费用预算! ＄B＄11"。

(6) 引用♯101 产品的全年固定性制造费用数据。根据"某产品应承担的固定性制造费
用＝该产品的预计生产工时 × 固定性制造费用分配率"计算公式,在 F5 单元格中输入
"＝VLOOKUP(＄A4,直接人工预算表,4, FALSE)＊制造费用预算! ＄C＄20"。

(7) 计算♯101 产品的全年总成本数据。在 H4 单元格中输入"＝SUM(C4:G4)"。

(8) 计算♯101 产品的单位产品成本。在 I4 单元格中输入"＝H4/B4"。

(9) 完成♯101 产品成本预算公式的设置后,再采用填充方式将公式复制到其他产品的
单元格中。

七、编制期末存货预算

期末存货预算是指为规划预算期末的在产品、产成品和原材料预计成本水平而编制的
一种日常业务预算。它可以为预计资产负债表中的存货项目提供相关数据。

〖操作提示 10-7〗　期末存货预算表的作用

通常该预算只编制期末预算,不编制分季度预算。它可以为编制预计资产负债
表、预计利润表提供数据。

在工作簿中新建一张"期末存货预算"工作表,在"产品名称"中输入预算期内的各种存
货名称、列出成本项目,然后采用 VLOOKUP 函数或是直接引用方式引用其他工作表的数
据,以实现工作表之间的数据动态链接,如图 10-12 所示。

	A	B	C	D	E
1	**期末存货预算**				
2	产品名称	期初库存成本	本期生产成本	期末库存成本	本期销售成本
3	#101	8,320	12,310	5,183	15,447
4	#102	5,440	11,269	5,201	11,508
5	#103	10,080	20,604	9,934	20,750
6	#104	19,608	10,440	5,243	24,805
7	#105	2,480	10,798	3,239	10,039
8	#206	2,992	10,351	3,365	9,978
9	#207	5,952	19,978	6,983	18,948
10	#208	3,224	13,374	4,991	11,607
11	#209	3,472	18,864	7,474	14,862
12	#210	4,080	18,056	7,558	14,578
13	A材料	-			
14	B材料	-			
15	合计	65,648	146,045	59,173	152,520

图 10-12　期末存货预算

图 10-12 中,各单元格的公式设置如下:

(1) 引用♯101 产品的全年期初库存成本数据。在 B3 单元格中输入"＝VLOOKUP(A3,存货期初期末库存表,5,FALSE)"。

(2) 引用♯101 产品的全年生产成本数据。在 C3 单元格中输入"＝VLOOKUP(A3,生产成本预算表,8,FALSE)"。

(3) 计算♯101 产品的全年期末库存成本数据。根据"某存货期末库存成本＝期末该存货数量×该存货的单位生产成本"计算公式,在 D3 单元格中输入"＝VLOOKUP(A3,存货期初期末库存表,3,FALSE)＊VLOOKUP(A3,生产成本预算表,9,FALSE)"。

(4) 计算♯101 产品的全年销售成本数据。在 E3 单元格中输入"＝B3＋C3－D3"。

(5) 在完成♯101 产品期末成本预算公式的设置后,再采用填充方式将公式复制到其他产品的单元格中。

【知识链接 10-5】　COLUMN 函数与 ROW 函数

利用 VLOOKUP、HLOOKUP 函数引用数据时,我们需要确定引用数据所在的列序号、行序号。当引用的数据区域有许多列时,采用人工计数的方法容易出错。此时我们可以直接用 COLUMN 函数进行列序号的取数,该函数是返回指定单元格的列号。例如,表达式"＝COLUMN(D10)"返回 4,因为列 D 为第四列。

与 COLUMN 函数对应,利用 ROW 函数可以返回引用数值所在的行号。例如表达式"＝ROW(C10)"的运行结果是返回 C10 单元格所在的行号 10。

10

八、编制销售费用预算

销售费用预算是指为规划预算期内企业销售产品预计发生的各项费用水平而编制的一种日常业务预算。

销售费用预算的编制既要对过去的销售费用进行分析,考察过去销售费用支出的必要性和有效性,又要结合销售预算分析销售收入、销售利润和销售费用的关系,力求实现资金的最有效使用。销售费用的预算,也可以划分为变动性销售费用和固定性销售费用两部分分别进行编制。

在本任务中，为了简化财务预算的编制，我们将销售税金及附加一并在此编制。

在工作簿中新建一张"销售、管理费用和销售税金预算"工作表，列出预算费用项目，根据已知条件输入或是引用计算相应的数值，如图 10-13 所示。

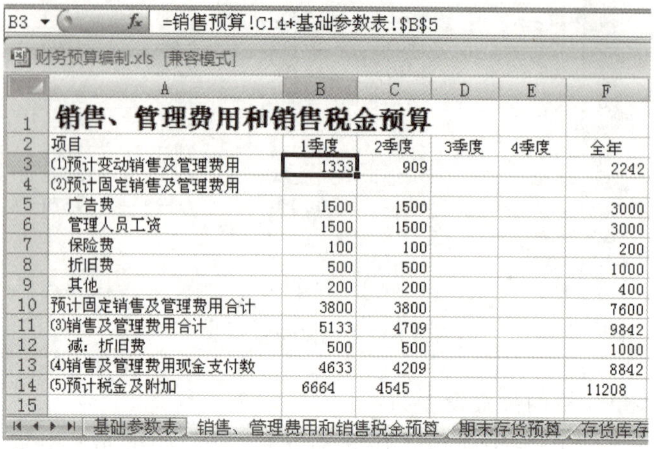

图 10-13   销售、管理费用和销售税金预算

图 10-13 中，各单元格的公式设置如下：

（1）计算预计变动销售及管理费用。根据已知条件，变动销售及管理费用为预计销售收入的 1%。因此，在 B3 单元格中输入"=销售预算！C13 * 基础参数表！＄B＄6"，计算出 1 季度的变动销售及管理费用，然后将它复制到其他季度的单元格中。

（2）根据已知条件，引用固定销售及管理费用相关数据。在本例中直接输入相应的预算数，相应的合计数可以采用 SUM 函数或是单元格直接引用以相加方式完成。

（3）计算销售及管理费用现金支付数。在编制销售和管理费用预算的同时，还需要分季度编制现金支出预算。因此，我们需要将折旧费、无形资产摊销等非现金支出在费用总额中扣除。

（4）计算税金及附加。根据已知条件，税金及附加为销售收入的 5%。因此，在 B14 单元格中输入"=销售预算！C13 * 基础参数表！＄B5"，计算出 1 季度的税金及附加，然后再将它复制到其他季度的单元格中。注意公式中对税率的引用是采用绝对引用列方式进行的。

10

任务二   编制财务预算

✎ 学习目的

● 掌握 Excel 中工作表之间的数据引用，能正确引用各种工作表中的不同数据。

● 能利用 Excel 的强大的计算功能和实时计算更新功能，编制现金预算、预计利润表、预计资产负债表，能及时发现、纠正错误。

📖 学习资料

根据江南公司已经编制好的有关日常业务预算资料,编制现金预算、预计利润表、预计资产负债表,并检验预计资产负债表是否保持平衡。

🦆 操作向导

财务预算是指一系列专门反映企业未来一定期限内预计财务状况、经营成果和现金收支等价值指标的各种预算的总称。它具体包括现金预算、预计利润表、预计资产负债表等内容。

其中,现金预算亦称现金收支预算,它是以日常业务预算和特种决策预算为基础编制的反映现金收支情况的预算。它包括现金收入、现金支出、现金多余或不足的计算,以及不足部分的筹措和多余部分的利用方案。

企业应当在保证各项支出所需资金供应的前提下,注意保持期末现金余额在合理的范围内波动。当企业的现金收支差额超过合理的现金储备量时,应安排部分资金偿还债务,或是将部分资金用于有价证券投资;若现金收支差额低于合理的现金储备量时,就应变现部分有价证券来补足现金短缺;如果现金收支差额为负值,应采取出售有价证券、暂缓还本付息或向银行借款等措施来解决现金不足的问题。

一、现金预算的编制

现金预算需要根据销售、直接材料、税金及附加、直接人工、制造费用、销售费用、管理费用等预算中的现金收支相关数据进行编制。

在工作簿中新建一张“现金预算”工作表,根据预算需要设计相应的项目,引用其他工作表的数据,实现工作表之间的数据动态链接,如图 10-14 所示。

	A	B	C	F
1	**现金预算**			
2	项目	**1季度**	**2季度**	**全年**
3	①期初现金余额	20,000.00	15,159.94	20,000.00
4	②经营现金收入	123,289.00	103,607.50	226,896.50
5	③可运用现金收入	143,289.00	118,767.44	246,896.50
6	④经营现金支出			
7	采购直接材料	85,046.00	26,521.60	111,567.60
8	支付直接人工	6,504.00	29,520.00	36,024.00
9	支付制造费用	14,182.86	48,031.92	62,214.78
10	支付销售及管理费用	4,632.70	4,208.95	8,841.65
11	支付税金及附加	6,663.50	4,544.75	11,208.25
12	预交所得税	500.00	500.00	1,000.00
13	预分股利	600.00	600.00	1,200.00
14	资本性支出			
15	⑤现金支出合计	118,129.06	113,927.22	232,056.28
16	⑥现金余缺	25,159.94	4,840.22	14,840.22
17	⑦资金筹措与运用			
18	加:短期借款		11,000.00	11,000.00
19	加:出售短期投资			–
20	减:归还借借款			–
21	减:借款利息		275.00	275.00
22	减:购短期债券	10,000.00		10,000.00
23	⑧期末现金余额	15,159.94	15,565.22	15,565.22

图 10-14　现金预算

10

图 10-14 中,相关项目的主要计算公式的设置说明如下:

(1) 设置期初现金余额公式。1 季度的期初现金余额根据资产负债表中的货币资金的期初数填列,如"＝资产负债表！B3"。其他各季度则引用前一季度的期末现金余额填列,如2 季度为"＝B23"。

(2) 设置可运用现金收入公式。该公式按照"可运用现金收入＝期初现金余额＋经营现金收入"公式设置。

(3) 直接填列预交所得税、预分股利等项目数据。这两个项目可以根据已知条件在现金预算表中直接填列。

需要注意的是,现金预算表中的"预交所得税""预分股利"项目是在利润规划时估计的。它通常不是根据预计利润和所得税税率计算出来的。因为,从预算编制程序上看,如果根据预计利润和税率重新计算所得税,将会引起各季度现金余额改变,从而导致信贷计划修订,进而改变各季度的利息支出,最终又要修改本年利润的数据,从而陷入数据的循环修改中。因此,"预交所得税""预分股利"项目均采用估计数来确定。

(4) 设置资本性支出公式。该数据可以直接引用特种决策预算表中的相关数据填列。本例为零。

(5) 设置现金支出合计公式。该数据可以使用 SUM 函数完成。

(6) 设置现金余缺公式。该数据根据"可运用现金收入－现金支出合计"的计算原理设置。

根据决策需要直接填列资金筹措与运用相关数据。当资金不够时,通过增加短期借款、出售短期投资来筹措资金;当资金充裕时,通过归还借款、购买短期债券来提高资金使用效率。

(7) 设置期末现金余额公式。根据"期初余额＋本期增加－本期减少＝期末余额"的计算原理设置。

当完成第 1 季度数据栏的公式的填列时,再将相应的公式采用填充方式复制到其他各季度的单元格中,至于全年的合计数,可以通过 SUM 函数来完成。在完成所有数据取数的公式设置后,我们再对个别项目进行调整。如全年的期初现金余额等于 1 季度期初的现金余额;全年的期末现金余额等于 4 季度期末的现金余额。

二、预计利润表的编制

财务预算中的预计财务报表编制包括预计利润表和预计资产负债表。

预计财务报表可以从总体上反映企业按照预算执行后的财务状况、经营状况、现金流量。企业的管理当局可以通过预算报表分析评价预算方案的合理性,以及预算执行过程中的关键控制点。

预计利润表与实际利润表的内容、格式相同,只不过数据是面向预算期的。它是根据销售、生产成本、税金及附加、销售费用、管理费用和财务费用等预算编制的。通过预计利润表,我们可以了解企业预期的盈利水平。如果预算利润与最初编制方案中的目标利润有较大的差异,就需要调整部门预算,设法达到目标利润,或者经企业管理当局同意后修改目标利润。

在工作簿中新建一张"预计利润表"工作表,根据预算需要设计相应的项目,引用其他工作表的数据,实现工作表之间的数据动态链接,如图 10-15 所示。

预计利润表	
项目	2024年度
营业收入	224,165.00
销售成本	152,519.88
管理及销售费用	9,841.65
营业税金及附加	11,208.25
财务费用	275.00
利润总额	50,320.22
所得税（25%）	12,580.06
净利润	37,740.17

图 10-15　预计利润表

其报表中相关引用的公式设置如图 10-15 所示。

三、预计资产负债表的编制

预计资产负债表是总括地反映企业预算期期末财务状况的一种报表。该表中除期初数已知外，其余项目均应在前述经营预算、专门决策预算、现金预算、预计利润分配表等基础上分析填列。

在工作簿中新建一张“预计资产负债表”工作表，根据预算需要设计相应的项目，引用其他工作表的数据，实现工作表之间的数据动态链接，如图 10-16 所示。

预计资产负债表		
项目/年度	2023年度	2024年度
现金	20,000.00	15,565.22
交易性金融资产		10,000.00
应收票据和应收账款	30,000.00	27,268.50
存货:	65,648.00	59,172.90
A材料(单价同定额)		
B材料(单价同定额)		
C材料(单价同定额)		
#101	*8,320.00*	5,183.13
#102	*5,440.00*	5,201.08
#103	*10,080.00*	9,934.04
#104	*19,608.00*	5,242.97
#105	*2,480.00*	3,239.46
#206	*2,992.00*	3,365.40
#207	*5,952.00*	6,982.69
#208	*3,224.00*	4,991.29
#209	*3,472.00*	7,474.48
#210	*4,080.00*	7,558.37
固定资产净值	100,000.00	98,200.00
资产合计	215,648.00	210,206.62
负债及所有者权益		
短期借款		11,000.00
应付票据和应付账款	80,000.00	15,438.40
应交税金		11,580.06
应付职工薪酬		-
负债合计	80,000.00	38,018.46
实收资本	100,000.00	100,000.00
未分配利润	35,648.00	72,188.17
所有者权益合计	135,648.00	172,188.17
权益合计	215,648.00	210,206.62
平衡校验	0	0

图 10-16　预计资产负债表

其报表中相关引用的公式设置如图 10-16 所示。

任务三　采用散点图法分解混合成本

学习目的

● 掌握日常业务预算编制中所需资料的搜集、整理方式,能为编制财务预算提供较科学的数据资料。

● 掌握 Excel 绘制图形的基本操作步骤,能设定正确的数据源绘制基本图表,理解图形表达的经济意义。

● 掌握散点图的绘制,能理解散点图的适用范围及其趋势线的添加、公式设置等操作。

学习资料

江东机械厂 1—5 月机器工作小时与维修成本的变动情况如表 10-4 所示。

表 10-4　　　　江东机械厂 1—5 月机器工作小时与维修成本

月　　份	1 月	2 月	3 月	4 月	5 月
业务量 x/千机器小时	6	8	5	6	9
维修费 y/元	120	130	100	125	140

假定维修费与业务量之间呈线性关系。请绘制维修费与业务量的散点图,根据散点图确定维修费的成本公式,为编制日常业务预算的制造费用预算中的维修费提供数据资料。

操作向导

一、散点图绘制的基本原理

散点图法是把过去某一期间混合成本的历史数据逐一标明在坐标图上,一般以横轴代表业务量 x,纵轴代表混合成本金额 y。这样,各个历史成本数据就形成若干个成本点散布在坐标图上,然后通过目测,在各个成本点之间画一条最能反映成本变动的平均趋势直线,并据以确定混合成本中的固定成本和变动成本各为多少。

本例中以业务量为横坐标、维修费为纵坐标绘制维修费的散点图,如图 10-17 所示。

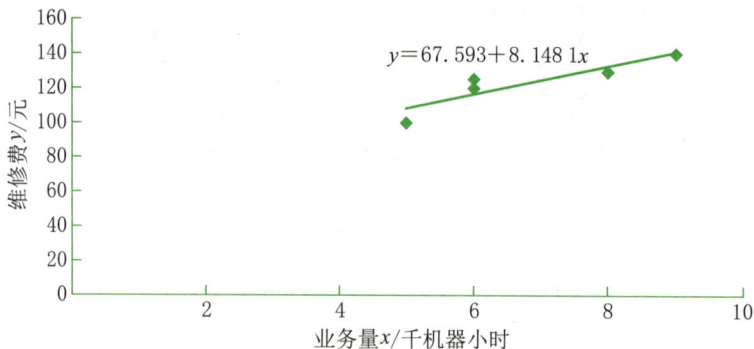

图 10-17　维修费的散点图

在图中的五个成本点之间画一条最能反映混合成本平均变动趋势的直线,延长该直线与纵坐标相交之处,就是维修费的固定成本总额,上图显示,固定成本为 67.593 元。

然后根据各期总成本之和减去各期固定成本,再除以各期总产量,即得出单位变动成本。单位变动成本的计算公式如下:

$$b = \frac{\sum y - na}{\sum x}$$

单位变动成本的计算如下:

$$b = \frac{\sum y - na}{\sum x} = \frac{615 - 67.593 \times 5}{34} = 8.148\ 1(元 / 千机器小时)$$

从而得出混合成本分解公式为:

$$y = 67.593 + 8.148\ 1x$$

用散点图法分解混合成本时,应注意尽可能使所画的直线具有代表性,对于个别异常的成本点可以不予考虑。散点图法由于考虑了多个业务量的成本点,因此比高低点法精确。但由于仅凭目测画线,不同的人就会画出不同的直线,因而只适用于对混合成本分解要求不是很高的情况。

二、Excel 中散点图的绘制与应用

Excel 提供了丰富的绘图功能,使得使用散点图确定成本计算公式变得十分轻松与简单,其操作步骤如下:

(1) 选择正确的数据源。选择 B2:F3 单元格区域,将之作为绘制图形的数据源。这样,系统将自动地以首行数据作为横坐标、第二行数据作为纵坐标来绘制图形。

(2) 绘制散点图。执行"插入"→"散点图",选择合适的图形,如图 10-18 所示。

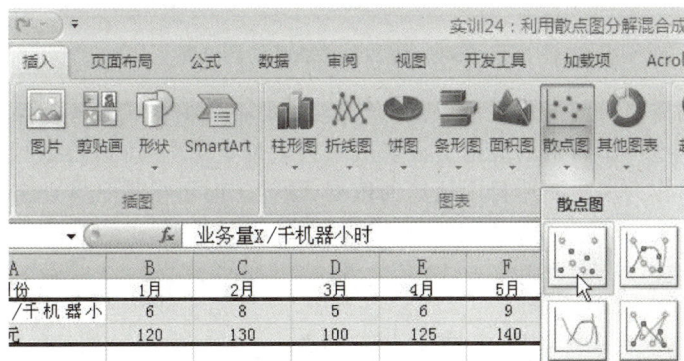

图 10-18　设定正确的数据源及图形类型

10

(3) 添加趋势线。在系统绘制的图形中,选择任一散点,单击右键,在快捷菜单栏中选择"添加趋势线",如图 10-19 所示。

(4) 设置趋势线选项,在跳出来的趋势线选项中,选择"线性",这是因为假设业务量与

维修费用之间呈线性关系,同时,在"是否显示公式"的复选框前打钩。此时,散点图如图 10-20 所示,在图中已经显示了成本预算公式。

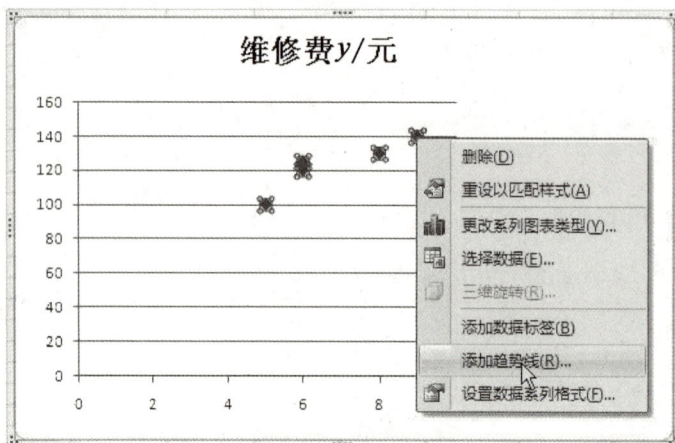

图 10-19 添加趋势线

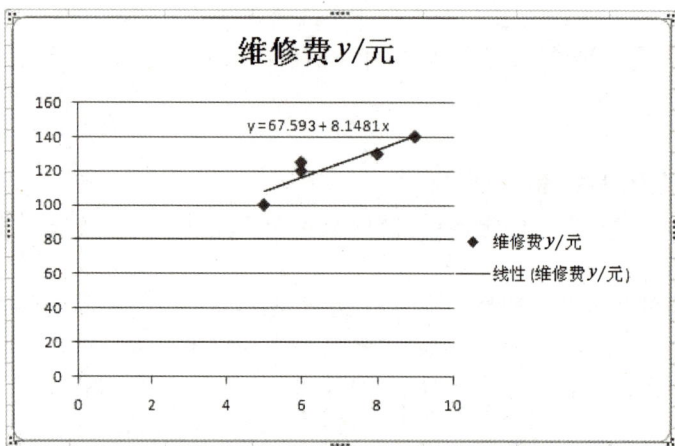

图 10-20 添加趋势线后的散点图

然后,再根据需要对图形格式予以修饰与美化,如将数据格式设置为保留四位小数等。

至此,该企业生产车间中的维修费混合成本公式确定完毕,可以根据预计的生产工时计算预计维修费用,作为编制制造费用预算的依据,预计工时可参见日常业务预算中的制造费用预算。

课 后 实 训

一、函数基础(判断正误)

1. "=MID("中国杭州",3,2)",其值为"杭州"。 ( )

2. VLOOKUP 函数中的 *col_index_num* 为 table_array 中待返回的匹配值的行序号。

( )

3. HLOOKUP 函数中的 row_index_num 为 table_array 中待返回的匹配值的列序号。

（　　）

4. 当查找的数值位于需要查找的数据左边的第一列时，可以使用 VLOOKUP 函数而不是 HLOOKUP 函数。 （　　）

5. 当查找的数值位于需要查找的数据区域首行时，可以使用 HLOOKUP 函数而不是 VLOOKUP 函数。 （　　）

6. 表达式"＝HLOOKUP(B8，＄B3：＄F4，2，FALSE)"表示在 B3：F4 单元格区域精确查找和引用 B8 单元格的数值，找到与 B8 单元格相一致的数据后，引用与之同列的第 2 行数据，FALSE 表示精确查找。 （　　）

7. 表达式"＝HLOOKUP(B9，＄B3：＄F4，2，FALSE)"表示在 B3：F4 单元格区域精确查找和引用 B9 单元格的数值，找到与 B9 单元格相一致的数据后，引用与之同列的第 2 行数据。 （　　）

8. 采用绝对行引用方式(如，B＄3)将公式复制到其他列的单元格区域时，引用的数据始终保持不变。 （　　）

9. 表达式"＝COLUMN(C10)"返回 3，因为列 C 为第三列。 （　　）

10. 表达式"＝ROW(C8)"的运行结果是返回 C8 单元格所在的行号 8。 （　　）

11. 表达式"＝RIGHT("中国丽水"，2)"，其值为"丽水"。 （　　）

12. 表达式"＝VLOOKUP(A3，存货期初期末库存表，3，FALSE)"中的"存货期初期末库存表"必须事先进行单元格区域定义。 （　　）

13. SUMIFS 函数可以实现多条件求和。 （　　）

14. INT 函数是将数字向下舍入到最接近的整数，INT(9.8)＝10。 （　　）

15. 表达式"＝SUMIF(F3:F16，"A 产品"，E3:E16)"，含义是如果 F3:F16 单元格区域内单元格的值为"A 产品"，则对 E3:E16 单元格区域内对应的单元格数据进行求和。 （　　）

二、专项训练

1. 西北公司各年制造费用中的维修费如表 10-5 所示。

表 10-5　　　　　　　西北公司维修费

年　度	2019 年	2020 年	2021 年	2022 年	2023 年
业务量 x/千机器小时	500	390	450	670	899
维修费 y/元	1 200	1 350	1 500	1 550	1 800

请根据散点图法、回归分析法确定维修费用总成本的线性公式，作为财务预算编制的维修费用预算的依据。

提示：$y=0.903\ 3+954.456\ 0x$，散点图法与回归分析法结果一致。

将实训结果以"×××(学号)-10-1.xls"的命名格式保存到"E:\××(班级)\"文件夹中。

2. 西南公司拟编制 2024 年的财务预算，相关资料如表 10-6 至表 10-11 所示，请根据相关资料编制该公司的财务预算。

10

表 10-6　　　　　　　　　　　　预算有关数据

有关预算参数	数值
产品销售收入当季收现率	60%
产品销售收入次季收现率	40%
税金及附加率	5%
预计变动销售及管理费用率	2%
每季度末存货量均为下季度销售量的20%	20%
材料采购支出当季支付率	70%
材料采购支出次季支付率	30%
所得税税率	25%

期末库存现金余额最佳现金持有量为 10 000 元～20 000 元,若低于 10 000 元,则按照 1 000 元的整数倍向银行借款,按 10% 计息,采用"期初借款,期末付息"方式。

表 10-7　　　　　　　　　　　产品销售数量预算

产品名称	销售单价/元	1 季度/件	2 季度/件
♯102	55	170	85
♯108	80	130	105
♯109	120	140	100
♯110	130	150	95
♯105	60	100	120
♯106	78	110	115
♯101	79	160	100
♯107	140	120	110
♯103	100	180	80
♯104	80	190	75

表 10-8　　　　　　　　　　　固定销售及管理费用

预计固定销售及管理费用	各季度/元
广告费	1 500
管理人员工资	1 500
保险费	100
折旧费	500
其他	200

10

表 10-9   各产品期初期末库存数及成本

产品名称	期初库存数/件	期末预计数/件	期初单位成本/元	期初总成本/元
♯105	80	60	31	2 480
♯106	88	66	34	2 992
♯107	96	72	62	5 952
♯108	104	78	31	3 224
♯109	112	84	31	3 472
♯110	120	90	34	4 080
♯101	128	96	65	8 320
♯102	136	102	40	5 440
♯103	144	108	70	10 080
♯104	152	114	129	19 608
A 材料	0	0	5	0
B 材料	0	0	8	0
C 材料	0	0	3	0
D 材料	0	0	4	0

表 10-10   期初的资产负债表   金额单位:元

项 目	2023
资产	
货币资金	20 000
交易性金融资产	
应收票据及应收账款	30 000
存货	65 648
固定资产净值	100 000
资产合计	215 648
负债及所有者权益	
短期借款	
应收票据及应付账款	80 000
应交税费	
应付职工薪酬	
负债合计	80 000
实收资本	100 000
未分配利润	35 648
所有者权益合计	135 648
权益合计	215 648

10

表 10-11   直接材料及人工消耗定额等资料

产品名称	A 材料/千克	B 材料/千克	工时/件
♯101	1	2	1
♯102	2	1	1
♯103	2	2	2
♯104	1	1	1
♯105	1	2	1
♯106	2	1	1
♯107	3	2	2
♯108	3	2	1
♯109	3	1	2
♯110	2	1	2
人工工资率标准/(元/小时)	12		
A 材料计划采购单价	5 元/千克		
B 材料计划采购单价	8 元/千克		

   要求:能采用 VLOOKUP 函数引用数据,能引用数据的单元格尽可能采用引用方式引用数据,最后需要检查预计资产报表是否平衡。

   💡 提示:期末资产合计数为 201 367.43 元。

   只要求编制第 1 季度、第 2 季度的数据,如果需要编制全年的数据,请任课老师补充第 3 季度、第 4 季度各产品的销售量即可。(资料包作业 10-2 西南公司财务预算的编制)

   将实训结果以"××××(学号)-10-2.xls"的命名格式保存到"E:\××(班级)\"文件夹中。

没有调查就没有发言权

项目十一 Excel 的基础应用

任务一 快速清除单元格格式

学习目的

- 能运用 Alt＋E＋A＋F 快捷键方式,快速地清除单元格格式。
- 能运用 Ctrl＋A、Ctrl＋1 等快捷键,快速地选择、设置单元格格式。
- 能运用快捷键快速地调整行高、列宽。

学习资料

江南公司的财务人员在网络上复制了一份个人所得税税率表,会计人员计划清除表格当中的数据格式,然后将字体设置为"华文中宋",字号 12,加粗,颜色为默认;B 列设置为自动调整,A 列、C 列、D 列的列宽设置为 10。

操作向导

在使用电子表格处理数据的过程中,用户绝大部分的时间是在使用键盘和鼠标操作电脑,已经习惯了双手打字录入内容和右手持鼠标进行对象的选择与功能的操作。但是,这种操作模式在一定程度上降低了工作效率。学会快捷键的操作方式,可以在一定程度上弥补这种缺陷。

一、用 Ctrl＋A 键选择单元格数据区域

打开工作报表,将光标停留在数据区域中的任一个单元格,按住 Ctrl＋A 键,即选中了整个数据区域,如图 11-1 所示。

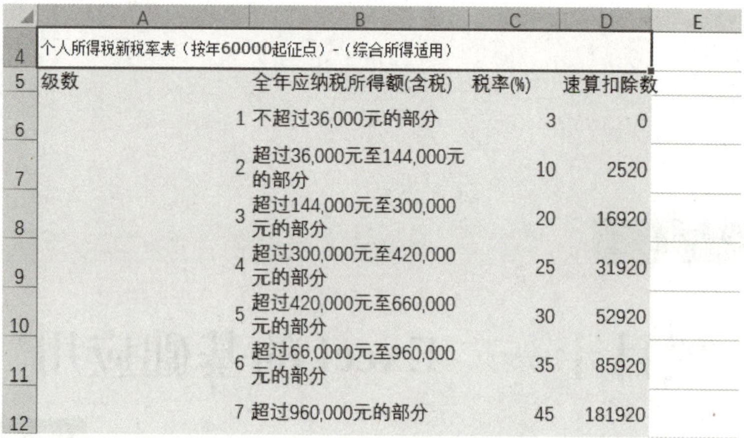

图 11-1　选中调整前的数据区域

二、用 Alt＋E＋A＋F 键清除格式

按住 Alt＋E＋A＋F 快捷键，实现了所选单元格区域格式的清除，如图 11-2 所示。

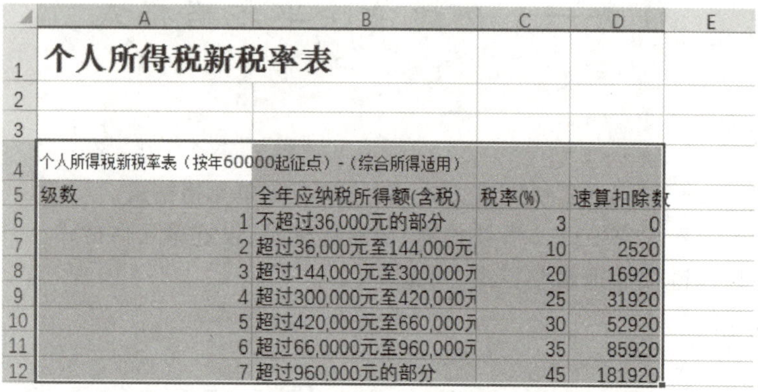

【操作视频】
快捷键的
应用

图 11-2　用 Alt＋E＋A＋F 快捷键清除单元格格式

〖操作提示 11-1〗　清除格式的快捷键操作

Alt＋E＋A＋F 快捷键的操作，需要用左手的大拇指按住 Alt 的同时，左手食指按住 E 键，然后松开 Alt 键，继续按 A 键、F 键，即可清除所选单元格区域的数据格式。只要稍加练习，就能够有效提高工作效率。

三、用 Ctrl＋1 键设置单元格格式

11

将光标停留在数据区域中任一单元格中，按 Ctrl＋A 键全选数据区域，再按 Ctrl＋1 键打开"设置单元格格式"窗口，选择"字体"标签，将字体设置成"华文中宋"，12 号字，加粗，如图 11-3 所示。

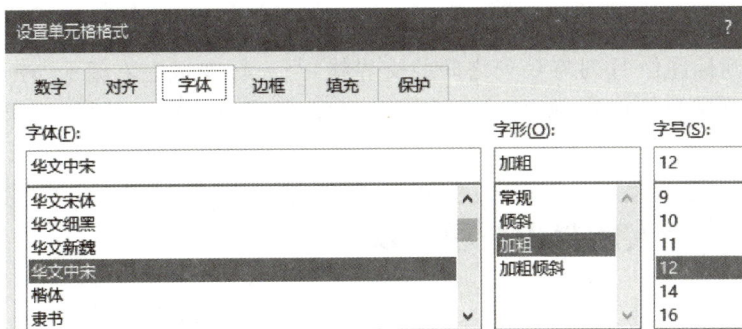

图 11-3　用 Ctrl+1 快捷键设置单元格格式

四、用 Ctrl 键连选不连续的单元格区域

选择 A5:A12 单元格区域,按住 Ctrl 键,再用光标选择 C5:D12 单元区域。按住 Ctrl 键选择了 A 列、C 列、D 列数据。选择"开始"选项卡,点击"格式",在跳出的菜单中选择"列宽",如图 11-4 所示。

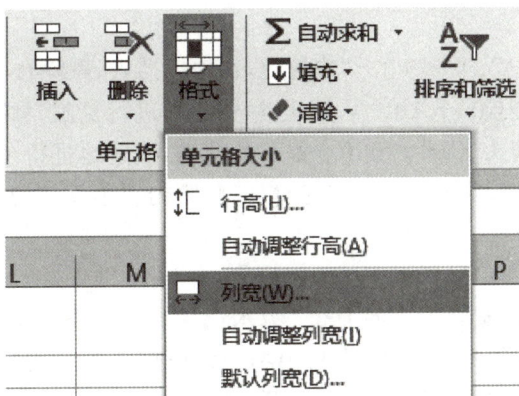

图 11-4　设置列宽(1)

在列宽中输入"10"。单击确定按钮将 A 列、C 列、D 列的宽度统一设置为 10,如图 11-5 所示。

图 11-5　设置列宽(2)

五、快速调整行高与列宽

将光标移到标题栏 B 列与 C 列之间的交界线，当光标变成左右箭头"➕"时，双击标题栏实现 B 列的列宽自动调整，如图 11-6 所示。同理，也可以实现行高的自动调整。

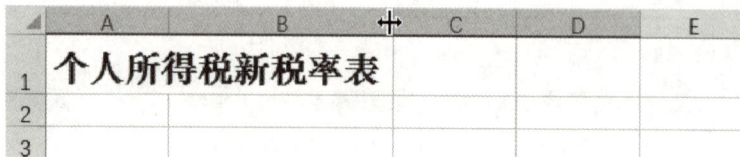

图 11-6   B 列列宽的调整

任务二   快速定位指定单元格

学习目的

- 能运用 Ctrl＋"＋"、Ctrl＋"－"快捷键，快速地插入、删除行与列。
- 能运用 Ctrl＋C、Ctrl＋Alt＋V 快捷键，快速地进行复制、粘贴操作。
- 能运用 Shift＋箭头、Ctrl＋Shift＋箭头快捷键，快速地进行单元格行与列的选择。
- 能运用 F5 定位键，快速地进行指定样式、指定内容单元格的选择。

学习资料

请对江南公司的建筑安装支出的 Excel 流水记录表进行格式优化。要求用快捷键删除无关的行与列，清除原有的数据格式，表格中不允许出现空单元格，日期采用"年、月、日"格式，金额要求显示两位小数，凭证号不足 3 位数的，用"0"补足。

操作向导

一、用 Ctrl＋"－"键删除行或列

打开工作表，选择 61—72 行，按 Ctrl＋"－"键将所选的行删除；选择 H：S 列，按 Ctrl＋"－"键，将所选的列删除。

【知识链接 11-1】　Ctrl＋"＋"键
按 Ctrl＋"＋"键，则在所选的行（或列）之上（前）插入一行或一列。

11

二、用 Alt＋E＋A＋F 键清除格式

将光标定位在单元格数据区域中的任何一个单元格，按住 Ctrl＋A 键全选数据区域，按 Alt＋E＋A＋F 快捷键清除格式。

三、用 F5 键打开定位窗口,填充单元格

选择 A4 单元格,按 Ctrl+Shift+↓ 键向下选择 A 列单元格区域。按住定位功能键 F5,打开"定位"窗口,按住 Alt+S 键,打开"定位条件",按 Alt+K 键选择"空值",按 Enter 键确认,如图 11-7 所示。

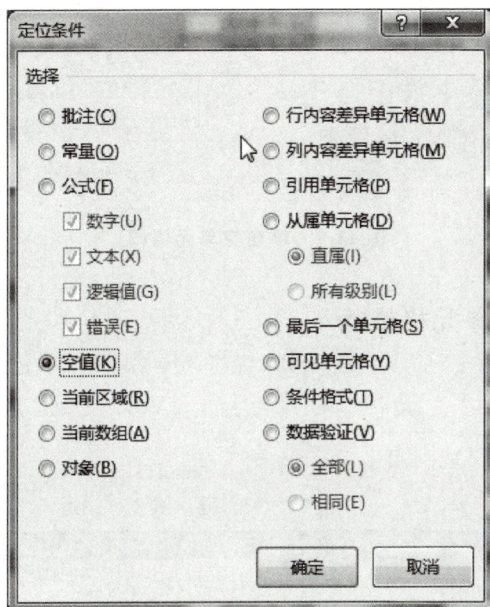

图 11-7　用快捷键选择定位条件

定位所有的空单元格后,在 A6 单元格中录入"＝A5",按 Ctrl+Enter 键批量填充空单元格,如图 11-8 所示。

图 11-8　填充空单元格(1)

批量填充后的效果,如图 11-9 所示。

11

图 11-9   填充空单元格(2)

四、用 Ctrl＋1 键设置单元格格式

选择 B5 单元格，按 Ctrl＋Shift＋↓组合键，快速选择 B5：B60 单元格区域，如图 11-10 所示。

图 11-10   设置日期格式

按 Ctrl＋1 键，打开"设置单元格格式"窗口，选择"数字"标签，在"分类"中选择"日期"，在"类型"中选择"2012 年 3 月 14 日"格式，单击"确定"，则日期转换为"年、月、日"格式，如图 11-11 所示。

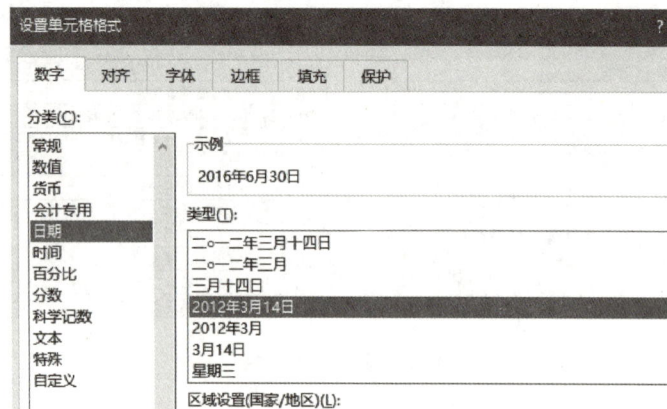

图 11-11   年、月、日的日期格式

日期格式转换后的效果如图 11-12 所示。

图 11-12　日期格式转换后的效果

选择 C5 单元格，按 Ctrl＋Shift＋↓键，快速选择"凭证号"的所有行次，按 Ctrl＋1 键，打开"设置单元格格式"窗口，选择"自定义"，在"类型"中录入"000"，单击"确定"，使凭证号补足 3 位，如图 11-13 所示。

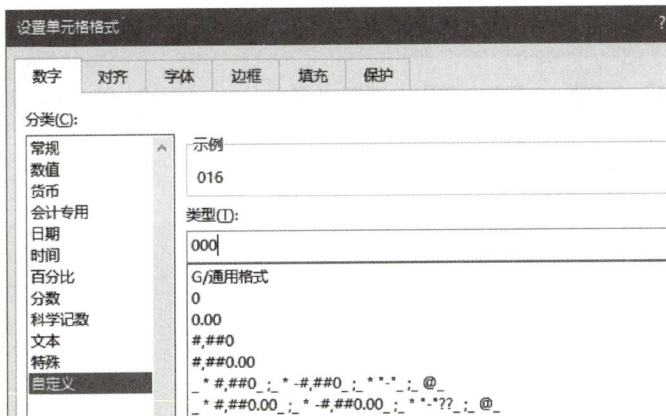

图 11-13　凭证号的长度设置

凭证号格式设置后的效果如图 11-14 所示。

图 11-14　凭证号格式设置后的效果

选择 F5 单元格，按住 Shift＋→组合键，选中 F5:G5 单元格区域，然后，按Ctrl＋Shift＋↓

11

组合键,快速选中各金额数字,如图 11-15 所示。

	D	E	F	G
摘要		借（收入）	贷（付出）	小计
育苗产业化基地新建项目工程预算编制			6500	6500
玻璃温室			1447200	1447200
购加气砖（品种展示）			62400	62400
莲都区蔬菜穴盘育苗产业化项目工程款			80000	80000
展示栽培			190000	190000
购西班牙砖			55970	55970

图 11-15   用 Shift＋→组合键快速选择单元格

按 Ctrl＋1 键,打开"设置单元格格式"窗口,在"分类"中选择"数值","小数位数"设置 2 位,单击"确定",将表中的数据设置为保留两位小数,如图 11-16 所示。

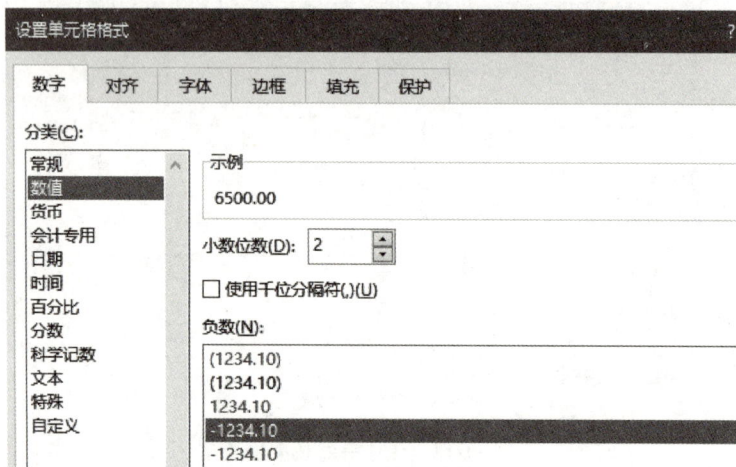

图 11-16   小数位的位数设置

数值设置后的效果如图 11-17 所示。

摘要	借（收入）	贷（付出）	小计
育苗产业化基地新建项目工程预算编制		6500.00	6500.00
玻璃温室		1447200.00	1447200.00
购加气砖（品种展示）		62400.00	62400.00
莲都区蔬菜穴盘育苗产业化项目工程款		80000.00	80000.00
展示栽培		190000.00	190000.00
购西班牙砖		55970.00	55970.00
广场砖		41496.00	41496.00
防护网		3466.00	3466.00
棚内保温设备货款		4200.00	4200.00
购松下空调与电脑等		8340.00	8340.00
大棚保温系统		130000.00	130000.00

图 11-17   数值设置后的效果

11

【同步训练 11-1】　完成定位、粘贴的快捷操作

要求对 A 列中含有公式的单元格进行快速地选择定位，并完成选择性粘贴的快捷操作。

选择 A5 单元格，按住 Ctrl＋Shift＋↓组合键，快速地选择 A 列数据，按 F5 键，在弹出的"定位"窗口中，根据提示，按 Alt＋S 键进入定位条件设置，按 Alt＋F 键，选择"公式"，如图 11-18 所示。

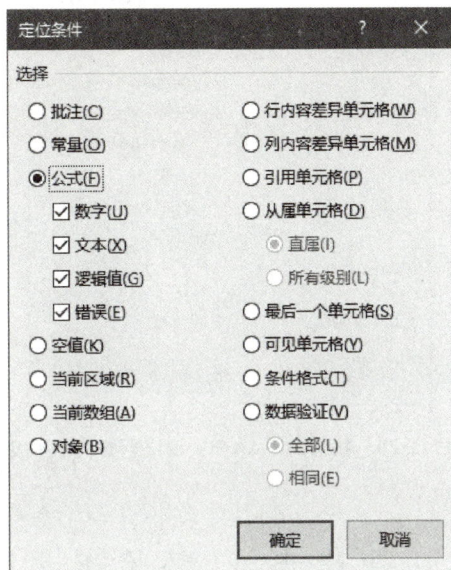

图 11-18　快速地选择含有公式的单元格

单击"确定"后，系统将自动选择该列中含有公式的所有单元格，如图 11-19 所示。

图 11-19　选择含有公式的单元格

选择 A5 单元格，按 Ctrl＋Shift＋↓组合键，选择 A5：A60 单元格区域，按 Ctrl＋C 键，

11

复制该区域的数值,按 Ctrl＋Alt＋V 键,快速打开"选择性粘贴"窗口,按 Alt＋V 键,选择"数值",按回车键,将公式转换(选择粘贴)为数值,如图 11-20 所示。

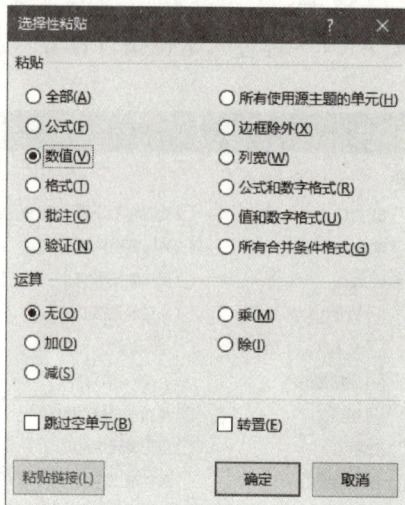

图 11-20　按 Ctrl＋Alt＋V 键进行选择性粘贴

任务三　快速查找、替换单元格内容

学习目的

- 能运用 Ctrl＋F、Ctrl＋H 快捷键,快速地查找、替换指定单元格内容。
- 能运用" * ""?"通配符查找、替换指定的内容。

学习资料

江南公司的飞扬下载了《管理会计应用指引第 802 号——管理会计信息系统》(图11-21),他准备在该文件当中查找含有"激励"两个字的条款,同时将 B 列中的问号与空格号全部删除。

图 11-21　有?号与空格号的数据源

11

🦆 *操作向导*

查找和替换是数据编辑处理过程中经常执行的操作。在 Excel 中,除了可查找和替换文字外,还可查找和替换公式和附注。查找的快捷键主要是 Ctrl＋F 键。

一、用 Ctrl＋F 键打开"查找和替换"窗口

打开"查找与替换的操作——管理会计信息系统.xlsm"工作表,将光标停留在数据区域,按 Ctrl＋F 键,打开查找功能,在"查找内容"框中输入字符串"激励",根据窗体提示,按 Alt＋F 键,即可"查找下一个",如图 11-22 所示。

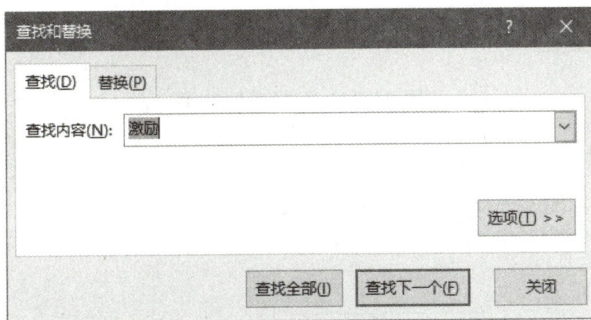

图 11-22　用 Ctrl＋F 打开"查找和替换"窗口

当 Excel 找到匹配的内容后,单元格指针就会指向该单元格。

二、用"～"与通配符组合查找和替换"＊"与"?"

在查找与替换操作中,"＊"是代表多个字符的通配符,"?"代表单一字符。但若要查找或替换"?"或"＊",则需要在该字符前加"～"。

若要将 B 列中的"?"与"　"(即空格号,下同)删除,按 Ctrl＋H 键打开"查找和替换"窗口,在"查找内容"中录入"～?",替换内容为空(即不再替换为这一栏输入的信息,下同),根据窗体提示,按 Alt＋A 键进行全部替换,如图 11-23 所示。

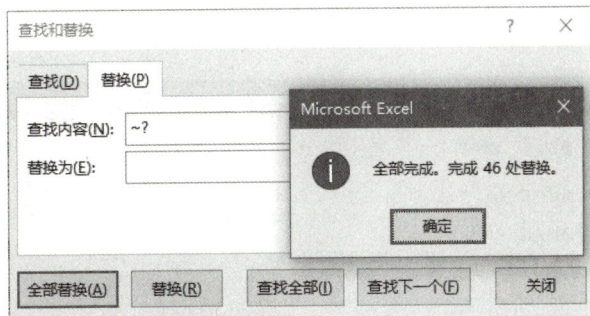

图 11-23　通配符的应用与替换

单击"确定"按钮,继续在"查找内容"中输入"　",替换内容为空,按 Alt＋A 键进行全部

11

替换，单击"关闭"按钮。替换后的效果相当于删除了"?"和"　"，如图 11-24 所示。

图 11-24　替换后的效果

【同步训练 11-2】　替换有规律的字符串

替换功能不仅可以替换掉特定的字符，对于有规律的字符串，即使不相同也可以进行批量替换。请批量删除"型号"列中的"-"（半字线）及之后的内容，如图 11-25 所示。

图 11-25　需要替换部分字符串的订单

按 Ctrl＋H 键打开"查找和替换"窗口，在"查找内容"中录入"-＊"，替换内容为空，根据窗体提示，按 Alt＋A 键进行全部替换，如图 11-26 所示。

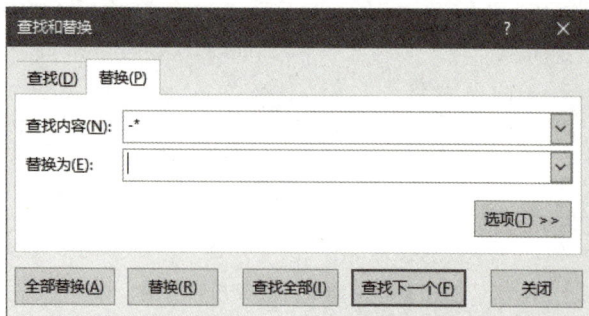

图 11-26　录入"-＊"进行替换

替换后的效果,如图 11-27 所示。

	A	B	C	D
1	采购订单			
2				
3				
4	序号	订单号	型号	生产编号
5	1	W12340	SH	325009
6	2	W12489	BJ	309789
7	3	W12489	BJ	309789
8	4	W12494	SZ	306207
9	5	w13047	SZ	308270
10	6	w12499	ZJ	10801000
11	7	w12499	ZJ	308839
12	8	W13051	SZ	306220
13	9	W13051	SZ	306195
14	10	W13051	SZ	306175
15	11	W13051	SZ	306269
16	12	W13051	SZ	306272

图 11-27 使用通配符替换后的效果

任务四 快速进行工作表的切换

学习目的

● 能运用 Ctrl+Pagedown、Ctrl+Pageup 快捷键,快速地在前后工作表之间进行切换。

● 能运用 Ctrl+Shift+Pagedown、Ctrl+Shift+Pageup 快捷键,快速地进行工作表的连续选择。

学习资料

江南公司在编制财务预算报表时,由于涉及销售预算、生产预算、采购预算等多张工作表,因此需要进行前后工作表之间的查询切换。这时,该如何操作才能提高工作效率呢?

操作向导

在 Excel 的操作中,Ctrl+PageDown 快捷键是向下翻页功能,Shift 键具备连选功能,将其组合运用,可实现连选多张工作表的功能。

一、按 Ctrl+PageDown 键向下切换工作表

打开"预计资产负债表的编制"工作簿,选择"资产负债表"工作表,按住 Ctrl+PageDown 键,将切换到"销售预算表",继续按 Ctrl+PageDown 键,则继续向下切换工作表。

11

若需要返回查询,则只需按 Ctrl＋PageUp 键,即可切换到上一页工作表,如图 11-28 所示。

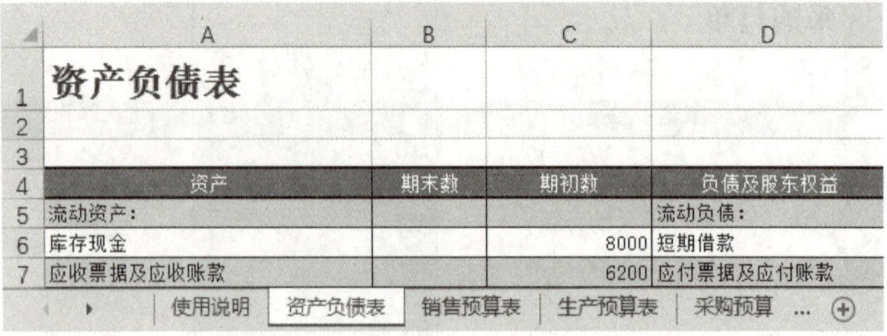

图 11-28　上下切换工作表

二、按 Ctrl＋Shift＋PageDown 键向下连选多张工作表

如果需要同时选择同一工作簿中的不同工作表,则按 Ctrl＋Shift＋PageDown 快捷键,在切换到下一页工作表的同时,也选中相邻的工作表,如图 11-29 所示。

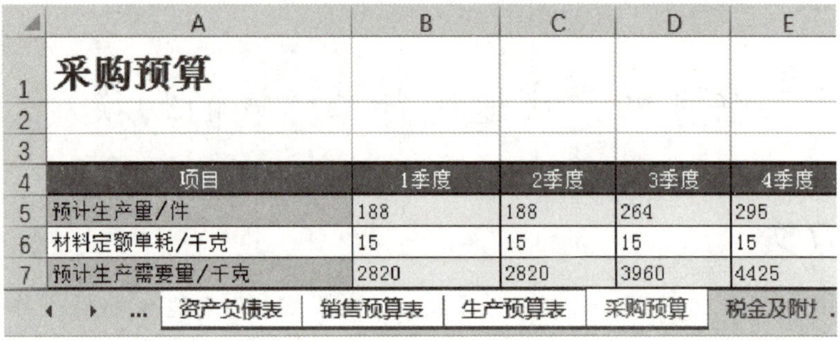

图 11-29　按 Ctrl＋Shift＋PageDown 键向下连选多张工作表

【同步训练 11-3】　利用快捷键查询工作表

请打开农村"三资"清查表,用上述快捷键查询农村资金、资产、资源的清查表,如图 11-30 所示。

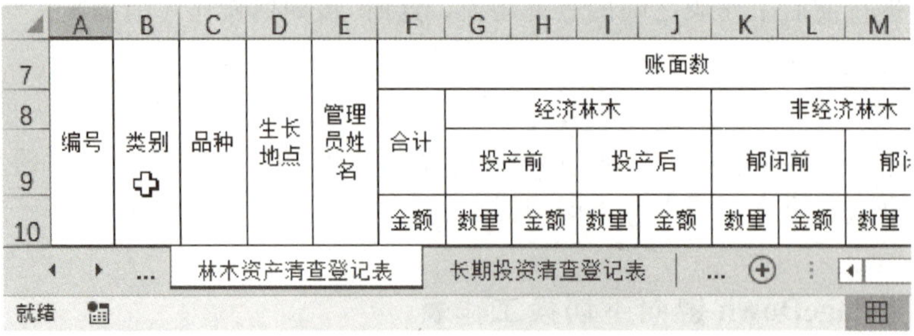

图 11-30　农村"三资"清查表

任务五 数据分列

学习目的

- 能总结数据特征，能运用数据分列等功能进行数据分列操作。
- 能运用 Ctrl+E 快捷键进行数据分列操作。
- 能运用 Ctrl+1 快捷键进行单元格格式操作。

学习资料

江南公司某员工的信用卡流水记录，如图 11-31 所示。为了便于对交易金额进行分类统计，请对 E 列中的交易金额、币符、收支类型进行分离。

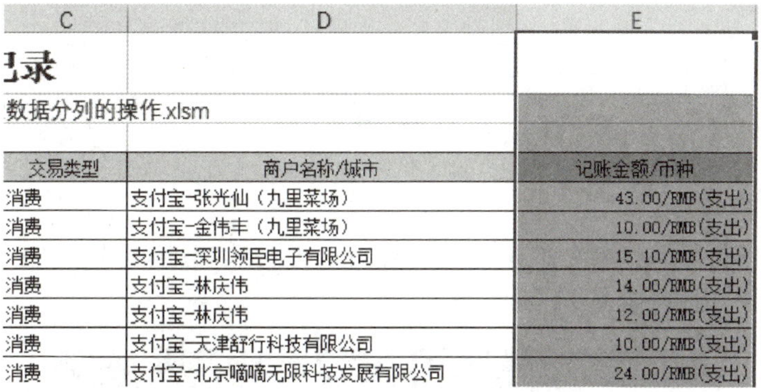

录

数据分列的操作.xlsm

交易类型	商户名称/城市	记账金额/币种
消费	支付宝-张光仙（九里菜场）	43.00/RMB(支出)
消费	支付宝-金伟丰（九里菜场）	10.00/RMB(支出)
消费	支付宝-深圳领臣电子有限公司	15.10/RMB(支出)
消费	支付宝-林庆伟	14.00/RMB(支出)
消费	支付宝-林庆伟	12.00/RMB(支出)
消费	支付宝-天津舒行科技有限公司	10.00/RMB(支出)
消费	支付宝-北京嘀嘀无限科技发展有限公司	24.00/RMB(支出)

图 11-31 某员工的信用卡流水记录

【操作视频】数据分列

操作向导

在 Excel 工作表某一单元格中，可能录入了包含多个字段信息的数据，比如江南公司某员工信用卡的流水记录将交易金额、人民币符号以及收支类型，都集中在一个单元格里，这种单元格设置方式直接导致 Excel 难以实现求和或者统计等最基本的计算分析功能。因此，必须将不同字段信息分离，这可通过 Excel 的分列功能实现。

一、分析数据特征

对需要分列的单元格中的数据进行分析，发现它们均有“/”符号。因此，可以根据“/”符号进行分离。

二、选择数据分列功能

打开 Excel 电子表格，选择 E 列，在“数据”选项卡中选择“分列”选项组。在弹出的“文本分列向导——第 1 步，共 3 步”对话框中选择“分隔符号”，单击“下一步”按钮，如图 11-32 所示。

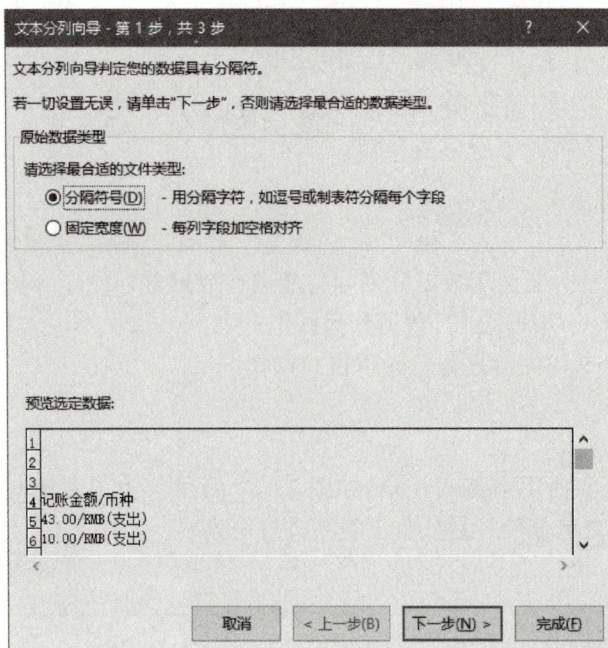

图 11-32　数据分列

三、设置分隔符号

在"文本分列向导——第 2 步，共 3 步"对话框中勾选"分隔符号"中的"其他"项，录入"/"，单击"下一步"按钮，如图 11-33 所示。

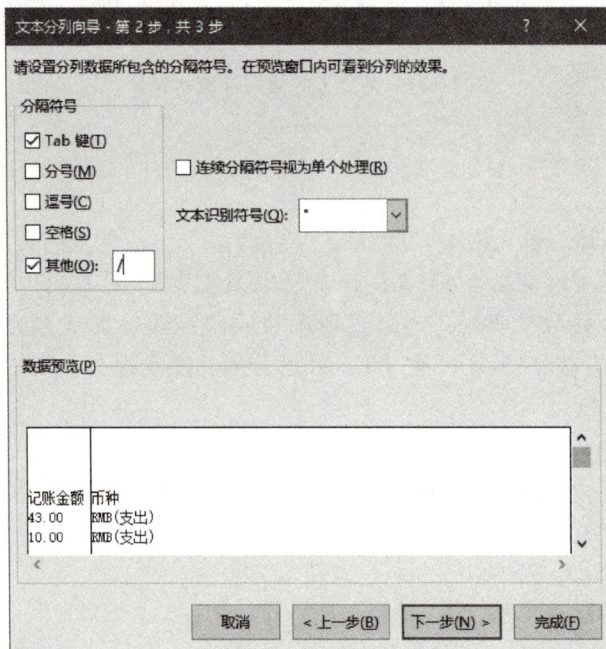

图 11-33　设置分隔符号

单击"完成"按钮,实现了记账金额与币种信息的分离,如图 11-34 所示。

D	E	F
累作.xlsm		
商户名称/城市	记账金额	币种
支付宝-张光仙(九里菜场)	43	RMB(支出)
支付宝-金伟丰(九里菜场)	10	RMB(支出)
支付宝-深圳领臣电子有限公司	15.1	RMB(支出)
支付宝-林庆伟	14	RMB(支出)
支付宝-林庆伟	12	RMB(支出)
支付宝-天津舒行科技有限公司	10	RMB(支出)
支付宝-北京嘀嘀无限科技发展有限公司	24	RMB(支出)
支付宝-莲都供电局	89.4	RMB(支出)
支付宝-松阳县万家惠超市有限公司	16.8	RMB(支出)
核算中心	776	RMB(存入)
支付宝-缙云县电力公司	5	RMB(支出)

图 11-34　分列后的数据

【同步训练 11-4】　用固定宽度进行数据分列

为了方便日后统计收支类型金额,请对分列到 F 列的收支类型与币种信息进行分离,可使用分列功能。从图 11-34 中可以看出,由于币种信息宽度固定,第 1 步可以选择"固定宽度",第 2 步再利用分列线进行数据分列,如图 11-35 所示。

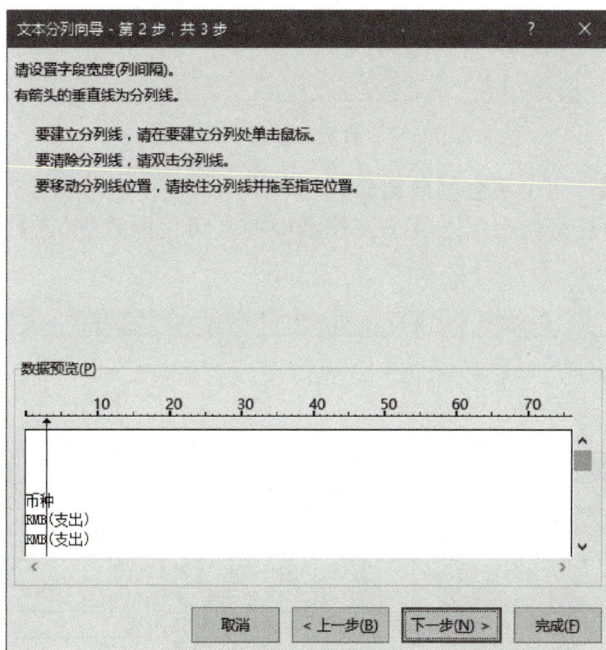

图 11-35　设置分列线

分列后的数据如图 11-36 所示。

D	E	F	G
作.xlsm			
商户名称/城市	记账金额	币种	收支类型
支付宝-张光仙（九里菜场）	43	RMB	(支出)
支付宝-金伟丰（九里菜场）	10	RMB	(支出)
支付宝-深圳领臣电子有限公司	15.1	RMB	(支出)
支付宝-林庆伟	14	RMB	(支出)
支付宝-林庆伟	12	RMB	(支出)
支付宝-天津舒行科技有限公司	10	RMB	(支出)
支付宝-北京嘀嘀无限科技发展有限公司	24	RMB	(支出)
支付宝-莲都供电局	89.4	RMB	(支出)
支付宝-松阳县万家惠超市有限公司	16.8	RMB	(支出)
核算中心	776	RMB	(存入)
支付宝-缙云县电力公司	5	RMB	(支出)

图 11-36　分列后的收支类型数据

【同步训练 11-5】　设置小数显示位数

为了让数值显示更规范，需要将小数设置为 2 位数。选择 E 列，按 Ctrl＋1 键打开"设置单元格格式"窗口，选择"数值"，将小数位数设置为 2，单击"确定"，如图 11-37 所示。

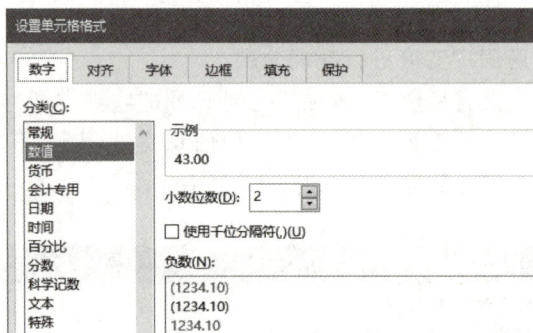

图 11-37　自定义数值小数位数

【同步训练 11-6】　大小写金额数据分列

请对江南公司的银行流水记录电子工作表中的金额栏的数据，进行大写与小写金额的分离，如图 11-38 所示。

B	C
——人民币大小写的分离.xlsm	
收方开户银行名称	金额
丽水分行营业部	壹拾陆元伍角捌分　￥16.58元
丽水分行营业部	叁佰零伍元壹角　￥305.10元
丽水分行营业部	玖角　￥0.90元
丽水分行营业部	贰佰陆拾捌元贰角　￥268.20元
丽水分行营业部	壹仟叁佰肆拾壹元整　￥1,341.00元
浙江丽水分行业务处理中心	壹拾陆元叁角柒分　￥16.37元
丽水分行营业部	壹元玖角玖分　￥1.99元
丽水分行营业部	贰佰柒拾陆元柒角玖分　￥276.79元
丽水分行营业部	肆仟贰佰伍拾玖元玖角玖分　￥4,259.99元
丽水分行营业部	壹分　￥0.01元

图 11-38　银行流水记录

💡 **提示：**①在 D 列之前用快捷键 Ctrl＋"＋"插入 1 列；②将 C 列的大写金额与小写金额用数据分列功能分离出来；③用 Ctrl＋H 键打开"查找和替换"窗口，将"元"字删除，用 Ctrl＋1 键打开"设置单元格格式"窗口，小数位保留 2 位。

任务六　单元格的引用

✏️ 学习目的

- 能识别相对引用、混合引用、绝对引用的应用效果，能正确引用单元格数。
- 能运用 F4 等功能键，实现不同引用方式的快速切换。
- 掌握嵌套公式的编辑方法，能实现复杂的函数公式的编辑与修改。
- 能识别单元格数据的格式，能判断单元格数据不能参加计算的原因。

📖 学习资料

根据东南公司 2019 年度到 2023 年度的营业收入分别计算出其以 2019 年度为基准的定基动态比率与环比动态比率。相关数据如图 11-39 所示。

项目 / 年度	2023年度	2022年度	2021年度	2020年度	2019年度
营业收入增长趋势比较分析					
营业收入(万元)	29000	18000	16000	12600	11400
定基动态比率	2.54	1.58	1.40	1.11	1.00
环比动态比率	1.61	1.13	1.27	1.11	

B6　=ROUND(B5/$F$5,2)

图 11-39　东南公司的营业收入数据

🐦 操作向导

一、不同的引用方式

通过引用，可以在公式中使用工作表不同部分的数据，或者在多个公式中使用同一单元格的数据，还可以引用同一工作簿不同工作表的单元格、不同工作簿的单元格，甚至其他应用程序中的数据。

【操作视频】
单元格的3种
引用方式

（一）单元格引用

单元格的引用包括相对引用、绝对引用和混合引用三种。

1. 相对引用

公式中的相对单元格引用（例如在 B1 单元格中输入"＝A1＋1"）基于包含公式和单元格引用的单元格（此例为 B1 单元格）与被引用单元格（此例为 A1 单元格）的相对位置，被引用单元格的列标和行标前不加任何标示性符号。如果公式所在单元格的位置改变，被引用单元格也随之改变。如果对多行或多列复制公式，被引用单元格会自动调整。默认情况下，新公式使用相对引用方式。

11

2. 绝对引用

公式中的绝对单元格引用(例如＄A＄1)不论包含公式的单元格处在什么位置,公式中所引用的单元格位置都是其工作表的确切位置。单元格的绝对引用通过在行标和列标前加符号"＄"来完成,如＄A＄1、＄B＄2,以此类推。

3. 混合引用

混合引用有绝对列和相对行、绝对行和相对列两种形式。绝对引用列(即绝对列、相对行)采用 ＄A1、＄B1 等形式,绝对引用行(即绝对行、相对列)采用 A＄1、B＄1 等形式。如果公式所在单元格的位置改变,则相对引用部分(列或行)改变,而绝对引用部分(行或列)不变。如果对多行或多列复制公式,相对引用部分自动调整,而绝对引用部分不作调整。例如,将一个混合引用"＝A＄1"从 A2 复制到 B3,它将从"＝A＄1"调整为"＝B＄1"。

4. 不同引用之间的快速切换

在 Excel 中,输入公式时,只要正确使用 F4 键,就能快速地完成对单元格从相对引用到绝对引用、混合引用的切换。比如在某单元格中输入公式"＝AVERAGE(B4:B8)",选中数据区域 B4:B8,按下 F4 键,该公式内容变为"＝ AVERAGE (＄B＄4:＄B＄8)",从相对引用变成了绝对引用。再按一次 F4 键,它将再切换为另一种引用方式。

(二) 引用同一工作簿中的其他工作表

引用同一工作簿中的其他工作表时,格式为:被引用的工作表! 被引用的单元格。例如,引用 Sheet1 工作表中的 A8 单元格,表达式为"＝Sheet1!A8"。图 11-40 中,在计算利润结构百分比时,引用"利润表"中的 B6 与 B5 单元格的数值进行结构百分比计算,就引用了其他工作表的数据。

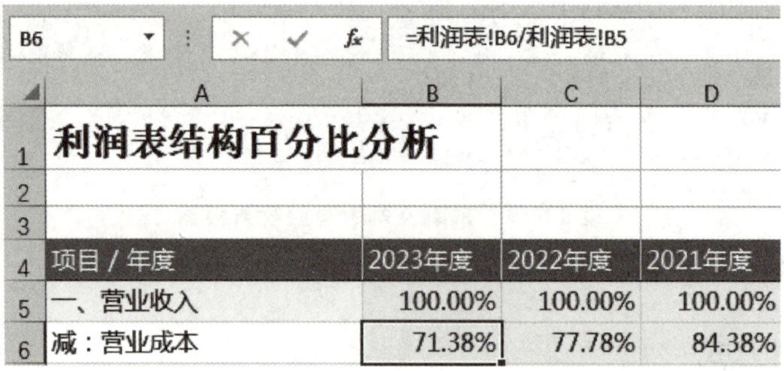

图 11-40　跨工作表的数据引用

(三) 引用其他工作簿中的工作表

引用其他工作簿中的工作表时,格式为:[被引用的工作簿名称]被引用的工作表! 被引用的单元格。例如,在 Book1 工作簿 Sheet3 工作表的 E8 单元格中引用 Book2 工作簿 Sheet2 工作表中的 F9 单元格,表达式为"＝[Book2]Sheet2!＄F＄9"。

11

二、用 Ctrl＋H 键快速查找与替换空格

光标选择表格区域中的任意单元格,按 Ctrl＋A 键选择整个数据区域。然后,按 Ctrl＋H 键,快速地打开"查找与替换"窗口。

在"查找内容"框内输入空格,在"替换为"框内不输入任何信息,然后按 Alt＋A 键进行

全部替换。将表中含有的空格全部清理完毕,清理后的数据更便于计算,如图 11-41 所示。

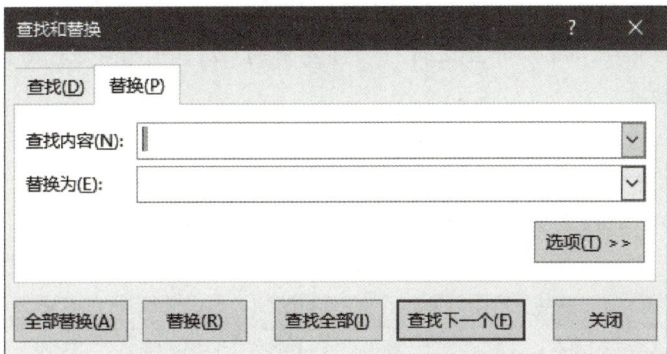

图 11-41　Ctrl＋H 快捷键的应用

三、采用绝对引用方式计算定基动态比率

选择 F6 单元格,在单元格中录入"＝F5/F5",然后,选择分母中的"F5",按 F4 键,将相对引用"F5"快速地切换为绝对引用"＄F＄5",按回车键,完成基期动态比率的计算,如图 11-42 所示。

图 11-42　F4 键的快捷应用

继续选择 F6 单元格,将光标移至单元格右下角,当光标变为"＋"的时候,将公式向左一直复制到 B6 单元格,完成了定基动态比率的计算。此时,计算的结果有多位小数,根据题目的要求,我们需要通过 ROUND 函数保留两位小数。

双击 F6 单元格,进入公式编辑状态,在"＝"号后面输入"ROUND(",在"F5/＄F＄5"后输入",",将"F5/＄F＄5"作为 ROUND 函数的 number 参数,在 num digits 参数位置中输入"2",再输入右括号")",按回车键,完成了保留两位小数位的设置,如图 11-43 所示。然后将设置好的公式向左快速填充至 B6 单元格。

图 11-43　ROUND 函数的应用

11

四、采用相对引用方式计算环比动态比率

选择 E7 单元格，在单元格中录入“=ROUND(E5/F5,2)”，按 Enter 键，继续选择 E7 单元格，当光标变为“+”的时候，将公式向左一直复制到 B7 单元格，就完成了环比动态比率的计算，如图 11-44 所示。

	A	B	C	D	E	F
1	营业收入增长趋势比较分析					
2						
3						
4	项目 / 年度	2023年度	2022年度	2021年度	2020年度	2019年度
5	营业收入(万元)	29000	18000	16000	12600	11400
6	定基动态比率	2.54	1.58	1.40	1.11	1.00
7	环比动态比率	1.61	1.13	1.27	=ROUND(E5/F5,2)	
8						
9						

图 11-44 环比动态比率的计算

任务七 单元格名称的定义与引用

学习目的

- 能进行单元格名称定义、修改、删除与引用操作。
- 能利用数据校验功能，进行单元格选项的自定义设置。
- 理解 INDIRECT 函数的作用，能运用该函数引用指定单元格的值。

学习资料

根据江南公司部门与岗位的对应关系，为员工的部门和岗位设置对应的二级菜单。要求采用 INDIRECT 函数引用单元格名称方式完成。部门与岗位对应表如图 11-45 所示。

	A	B	C	D	E	F	G
1	岗位管理						
2							
3							
4	部门	岗位01	岗位02	岗位03	岗位04	岗位05	岗位06
5	总经理办公室	总经理	经理				
6	财务部	财务主管	主办会计	往来会计	存货会计	收银	实习生
7	采购部	采购主管	耗材采购员	设备采购员			
8	销售部	销售主管	床上用品销售	办公用品销售	体育用品销售员		
9	仓管部	仓库主管	办公库	服装库	体育库		
10	人力资源部	人力主管	人力助理				
11	设计部	设计主管	设计助理				

图 11-45 部门与岗位对应表

操作向导

如果能动态引用某部门的数据,然后,再根据该部门信息显示对应的二级岗位信息,这需要用到数据校验功能以及 INDIRECT 函数。

一、部门及所属部门的岗位的名称定义

(一)部门名称定义

打开"制作二级数据有效性"工作簿,选择 A4∶A11 单元格区域,选择"公式"选项卡,在"定义的名称"组中选择"根据所选内容创建名称"。在弹出的"根据所选内容创建名称"窗口中,勾选"首行",单击"确定"按钮,完成"部门"的名称定义,如图 11-46 所示。

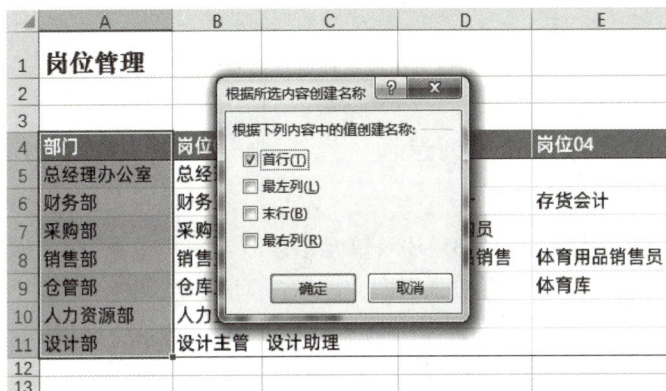

图 11-46　根据所选内容定义单元格名称

(二)与部门对应的岗位名称定义

选择 A5∶G11 单元格区域,选择"公式"选项卡,在"定义的名称"组中选择"根据所选内容创建名称"。在弹出的"根据所选内容创建名称"窗口中,勾选"最左列",单击"确定"按钮,完成各部门所属岗位名称定义,如图 11-47 所示。

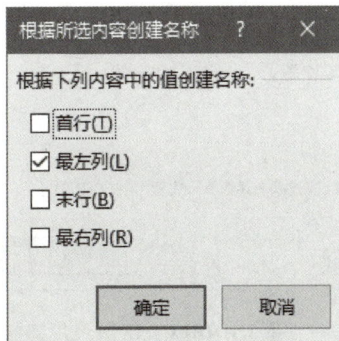

图 11-47　根据最左列定义单元格名称

选择"公式"选项卡,在"定义的名称"组中选择"名称管理器"。在弹出的窗口中,可以查

11

看已定义完成的各名称,如图 11-48 所示。

图 11-48　通过名称管理器查看名称

二、用 INDIRECT 函数制作序列选项

(一) 制作部门选项

选择"用户管理"工作表,选择 B5:B26 单元格区域,选择"数据"选项卡,在"数据工具"组中选择"数据验证"。弹出的"数据验证"窗口中,在"验证条件"框中选择"序列",在"来源"框中输入"=INDIRECT("部门")",单击"确定"按钮,完成各部门数据的引用,如图 11-49 所示。

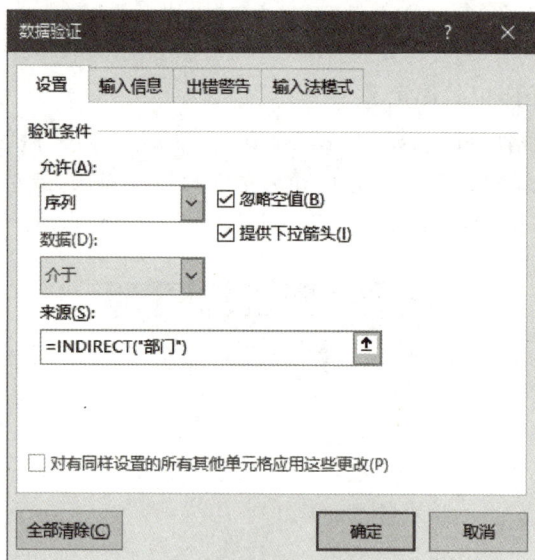

图 11-49　用 INDIRECT 函数引用部门名称

完成后,部门的下拉式菜单设置的效果如图 11-50 所示。

图 11-50　部门的下拉式菜单设置的效果

（二）制作岗位选项

同理，可以制作与 B 列部门对应的岗位序列选项。选择 C5∶C26 单元格区域，选择"数据"选项卡，在"数据工具"组中选择"数据验证"。弹出的"数据验证"窗口中，在"验证条件"框中选择"序列"，在"来源"框中输入"＝INDIRECT（＄B5）"，即引用 B5 单元格中值所定义的内容。单击"确定"按钮，完成各部门数据的引用，如图 11-51 所示。

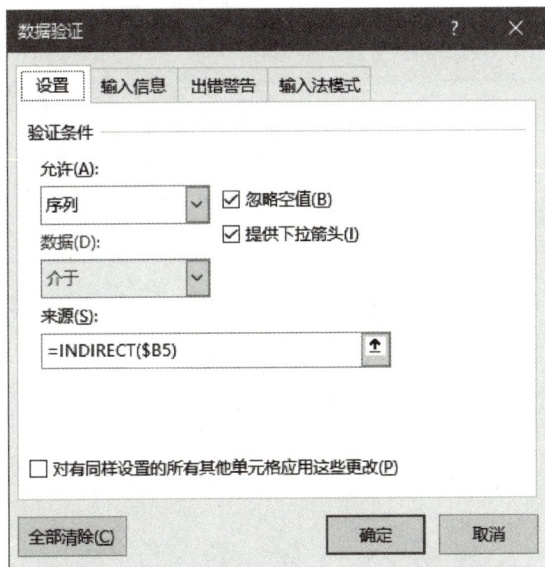

图 11-51　设置与部门对应的岗位的二级菜单

通过上述设置，员工信息表中"部门"这一列的内容，根据所定义的"部门"名称引用填列；而"岗位"这一列的内容，则根据部门列选择的具体岗位名称引用填列，从而形成了部门与岗位一一对应的关系，如图 11-52 所示。

11

图 11-52 与部门对应的岗位名称

对于数量少的序列选项,可以不采用 INDIRECT 函数引用单元格名称的方式,直接在"数据验证"中设置。假设员工信息表中,只有"未婚"与"已婚"两个选项,"数据验证"窗口中的设置如图 11-53 所示。在"来源"中,直接录入"已婚,未婚"即可,中间的",",要先将输入法切换为英文状态后再录入。

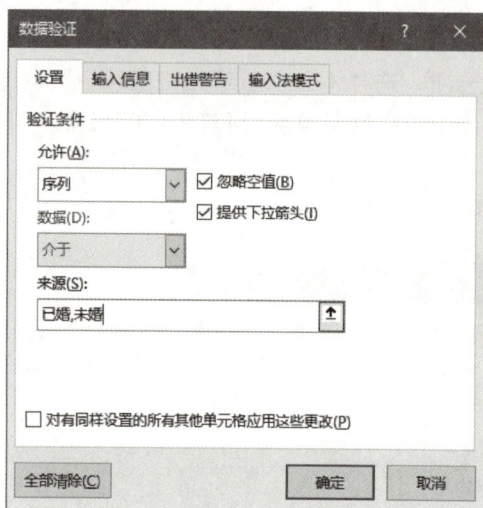

图 11-53 "数据验证"窗口中的设置

图 11-54 设置的效果

【同步训练 11-7】 直接设置序列选项

请根据本工作表,制作"博士,硕士,本科,大专,中专,高中"的学历选项,效果如图 11-54所示。

任务八 分 类 汇 总

11

学习目的

- 能运用分类汇总功能按字段进行求和,计算平均值、最大值、最小值等操作。
- 能根据数据应用场景,综合使用各类快速键进行单元格格式的快捷设置。

学习资料

对江南公司某员工的信用卡消费记录进行分类汇总,分别统计出各种交易类型的金额合计。具体要求如下:主关键字选择"交易类型",次要关键字选择"交易日",按照单元的值进行升序排列;将交易金额小数位数设置为 2,向右对齐;分类字段选择"交易类型",汇总方式选择"求和"。勾选"替换当前分类汇总",将汇总结果显示在数据下方。

操作向导

分类汇总可以对大量的数据分类后再进行汇总计算,并显示各级别的汇总信息,快速创建各种汇总报表。

在 Excel 中,分类汇总的方式有求和、平均值、最大值、最小值、偏差、方差等十多种,常用的是对分类数据求和或求平均值。通过分类汇总,我们可以得到需要的统计信息。在进行分类汇总之前,必须先对数据清单进行排序,使同一类的记录集中在一起。

一、修改数据格式

选择 B5 单元格,按 Ctrl+Shift+↓组合键,快速地选择 B5:B28 单元格区域,如图 11-55 所示。

	A	B	C	D
1	信用卡流水			
2				
3				
4	卡号后四位	交易日	交易类型	商户名称/城市
5	4846	45216	高速	浙江杭州分行业务处理中心
6	4846	45216	高速	浙江杭州分行业务处理中心
7	4846	45222	高速	浙江杭州分行业务处理中心
8	4846	45222	高速	浙江杭州分行业务处理中心
9	4846	45222	高速	浙江杭州分行业务处理中心
10	6122	45212	缴费	支付宝-莲都供电局

图 11-55　不符合日期格式的交易日

按 Ctrl+1 快捷键,打开"设置单元格格式"窗口。选择"数字",在"分类"项当中选择"日期",在"类型"中选择"2012-03-14"格式,单击"确定"。将交易日期"43379"转化为"YYYY-MM-DD"格式,如图 11-56 所示。

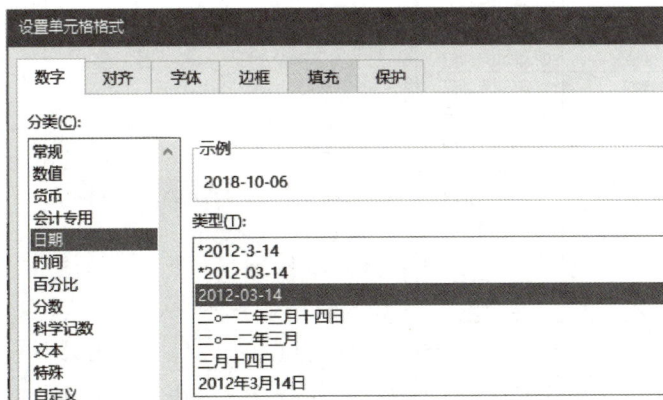

图 11-56　设置日期格式

选择 E5 单元格，按 Ctrl＋Shift＋↓组合键，快速地选择 E5：E28 单元格区域。将交易金额小数位数设置为 2，设置为右对齐。

二、指定关键字对数据进行排序

若要分别统计各类交易类型的金额合计，则需先对交易类型进行排序。

选择"数据"选项卡，单击"排序"。在弹出的"排序"窗口中，"主要关键字"选择"交易类型"，"次要关键字"选择"交易日"，按照"单元格值"进行"升序"排列，如图 11-57 所示。

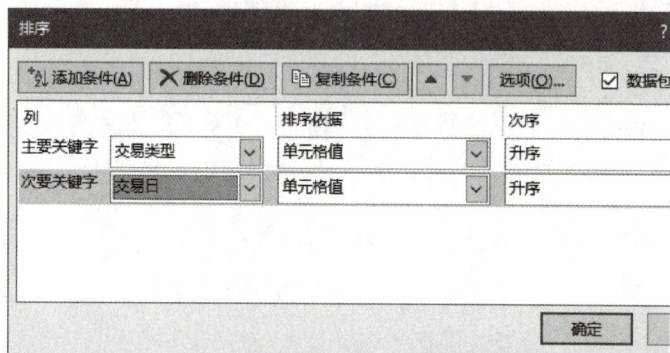

图 11-57 多关键字排序

三、根据指定字段进行分类汇总

选择"数据"选项卡，单击"分级显示"组的"分类汇总"命令，设定分类汇总选项，"分类字段"选择"交易类型"，"汇总方式"选择"求和"。勾选"替换当前分类汇总""汇总结果显示在数据下方"，如图 11-58 所示。

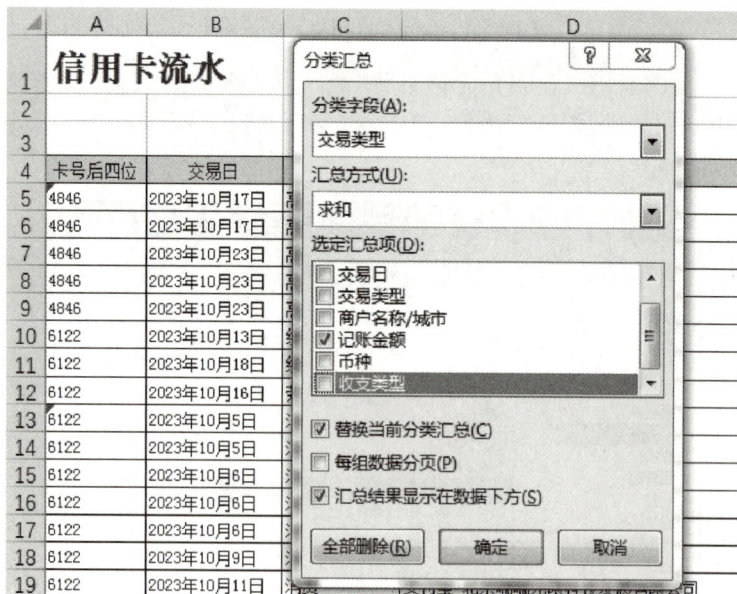

图 11-58 分类汇总

11

单击“确定”按钮，完成分类汇总操作。分类汇总结果如图 11-59 所示。

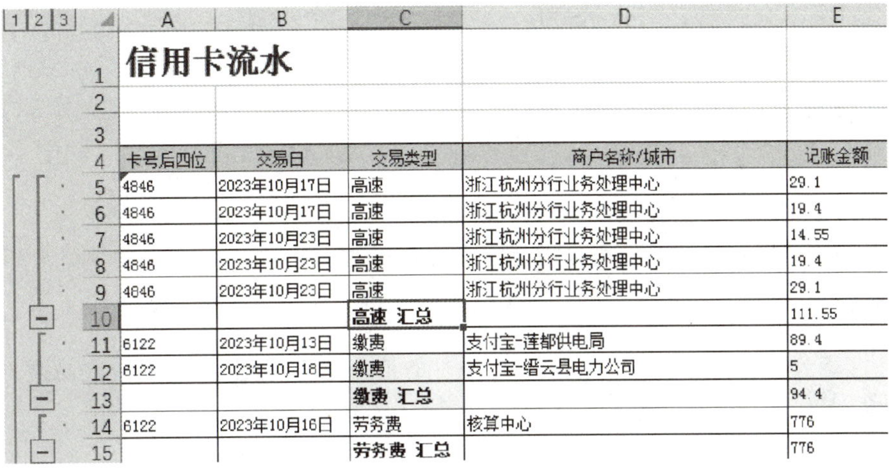

	A	B	C	D	E
1	信用卡流水				
2					
3					
4	卡号后四位	交易日	交易类型	商户名称/城市	记账金额
5	4846	2023年10月17日	高速	浙江杭州分行业务处理中心	29.1
6	4846	2023年10月17日	高速	浙江杭州分行业务处理中心	19.4
7	4846	2023年10月23日	高速	浙江杭州分行业务处理中心	14.55
8	4846	2023年10月23日	高速	浙江杭州分行业务处理中心	19.4
9	4846	2023年10月23日	高速	浙江杭州分行业务处理中心	29.1
10			高速 汇总		111.55
11	6122	2023年10月13日	缴费	支付宝-莲都供电局	89.4
12	6122	2023年10月18日	缴费	支付宝-缙云县电力公司	5
13			缴费 汇总		94.4
14	6122	2023年10月16日	劳务费	核算中心	776
15			劳务费 汇总		776

图 11-59 分类汇总结果

图 11-59 中，“＋”“－”称作分级显示符号，这些符号显示在标志的左边，各符号的含义为：单击“＋”，可展开汇总行或列的各级明细数据；单击“－”，可隐藏各级明细数据，只显示汇总行或列。

若对分类汇总结果不满意，想回到汇总前的数据清单，可选择“数据”选项卡的“分类汇总”命令，在出现的“分类汇总”对话框中选择“全部删除”按钮，即可恢复到汇总前的情况。

【同步训练 11-8】 利用分类汇总分析每类交易的平均值

请用本例工作表，按“交易类型”升序排列，“分类字段”选择“交易类型”，“汇总方式”选择“平均值”。勾选“替换当前分类汇总”“汇总结果显示在数据下方”。分析每类交易的平均值，如图 11-60 所示。

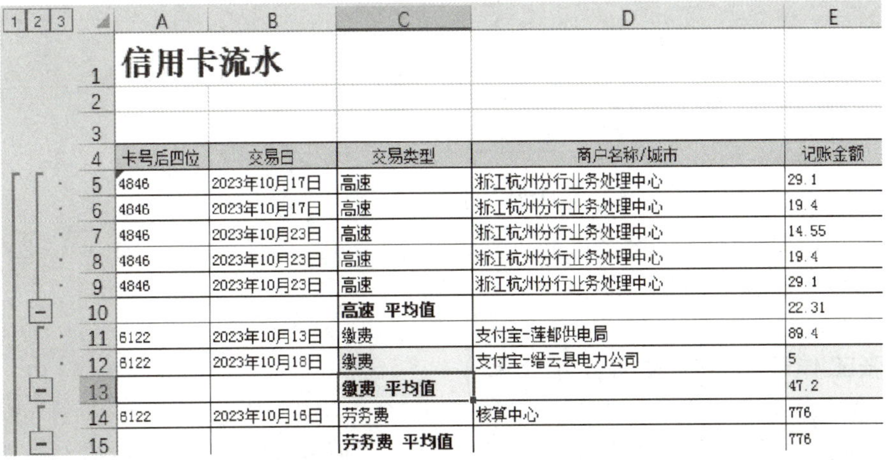

	A	B	C	D	E
1	信用卡流水				
2					
3					
4	卡号后四位	交易日	交易类型	商户名称/城市	记账金额
5	4846	2023年10月17日	高速	浙江杭州分行业务处理中心	29.1
6	4846	2023年10月17日	高速	浙江杭州分行业务处理中心	19.4
7	4846	2023年10月23日	高速	浙江杭州分行业务处理中心	14.55
8	4846	2023年10月23日	高速	浙江杭州分行业务处理中心	19.4
9	4846	2023年10月23日	高速	浙江杭州分行业务处理中心	29.1
10			高速 平均值		22.31
11	6122	2023年10月13日	缴费	支付宝-莲都供电局	89.4
12	6122	2023年10月18日	缴费	支付宝-缙云县电力公司	5
13			缴费 平均值		47.2
14	6122	2023年10月16日	劳务费	核算中心	776
15			劳务费 平均值		776

图 11-60 按平均值分类汇总

11

<h1 style="text-align:center">任务九　合 并 计 算</h1>

学习目的

● 掌握单张工作表相同字段合并计算的操作。
● 掌握多张工作表相同字段合并计算的操作。
● 掌握数据单元格格式差错分析与解决的办法。

学习资料

现有江南公司员工飞扬 10、11、12 三个月的信用卡消费记录，需要按交易类型进行合并计算，分别统计出 10 月份及第 4 季度各种交易类型的金额合计。

操作向导

合并计算可以将多张工作表或工作簿中的数据统一到一张工作表中，并合并计算相同类别的数据值。

一、合并计算

在 Excel 中，合并计算的方式有求和、平均值、最大值、最小值、偏差、方差等十多种，常用的是对分类数据求和或求平均值，如图 11-61 所示。

【操作视频】
合并计算

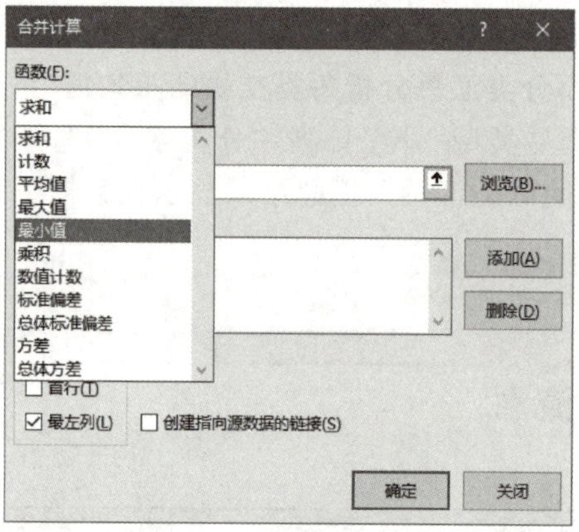

图 11-61　合并计算函数种类

若要汇总和报告多个单独工作表中数据的结果，可以将每个单独工作表中的数据合并到一个工作表（或主工作表）中。

二、单张工作表指定字段的合并计算

选择 G4 单元格，再选择"数据"选项卡，单击"合并计算"按钮。在"合并计算"窗口，设置求和函数，"引用位置"选择需要合并计算的工作表中的 C4：E28 单元格区域。单击"添加"按钮，将引用数据添加到所有引用位置。

因为是以交易类型作为合并计算的对象，所以勾选数据区域的"最左列"，即以"交易类

11

型"为标签,也就是 C 列数据。因为没有设置表头,因此,勾选"首行"。单击"确定"按钮。就实现了单张工作表的指定字段的合并计算,如图 11-62 所示。

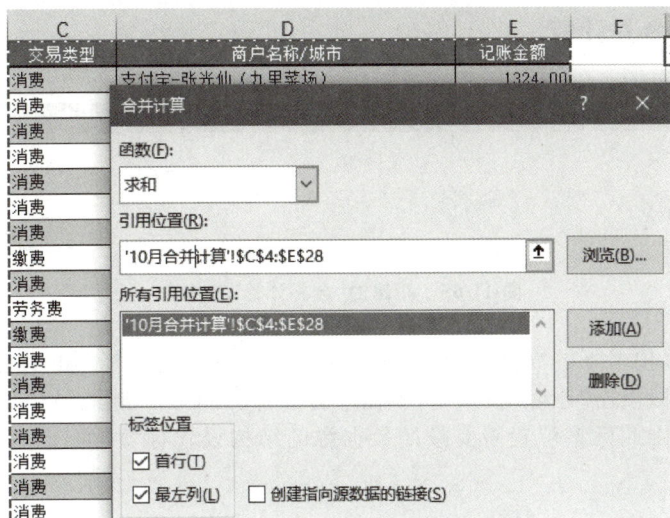

图 11-62 合并计算的引用位置

在 G4 单元格中显示计算结果,如图 11-63 所示。

图 11-63 计算结果

三、多张工作表相同字段的合并计算

现有 10、11、12 三个月的信用卡消费记录,每个月的消费结构不一样,如图 11-64所示。要求合并计算出消费、缴费、劳务费、高速等各种交易类型的第四季度的金额合计数,汇总到合并计算工作表中。

图 11-64 信用卡消费记录

11

新建工作表,命名为"合并计算";选择 A4 单元格,如图 11-65 所示。

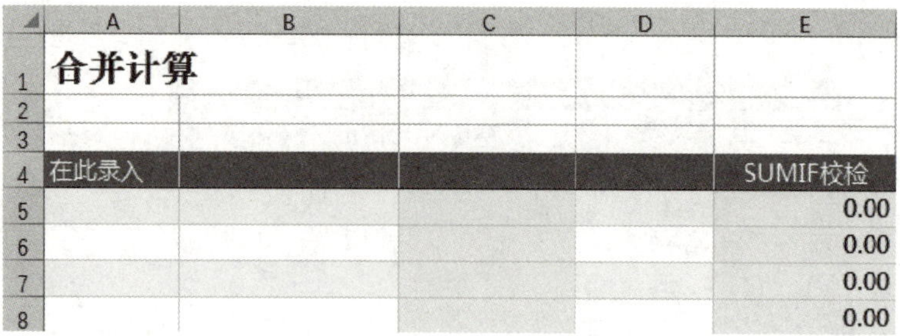

图 11-65 新建的"合并计算"工作表

选择"数据"选项卡下的"合并计算",录入引用的位置。点击"添加"按钮,添加所有月份的消费记录;也可以点击"删除"按钮,将不需要合并计算的月份删除。由于合并报表的工作表没有表格结构,因此标签位置需要按照数据源的结构设置标签,勾选"首行"与"最左列",如图 11-66 所示。

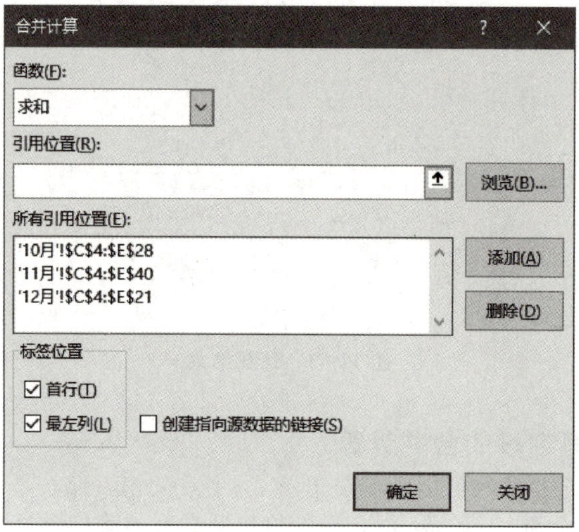

图 11-66 多张工作表的引用位置的设置

单击"确定"按钮,完成对相同字段的数据列的合并计算,如图 11-67 所示。

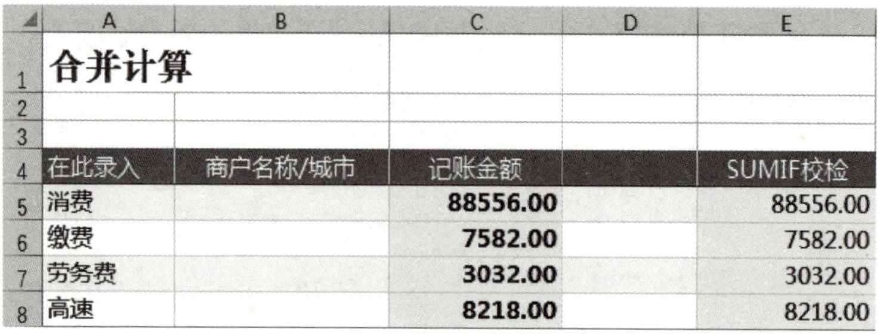

图 11-67 合并计算的结果

【同步训练 11-9】　对预入库数量进行合并求和计算

田源良品一制造车间 4 月份、5 月份、6 月份各产品的记录见“合并计算的操作——各月生产记录汇总”工作簿，要求在合并工作表中以“产品名称”和“首行”为标签，对各产品二季度预入库数量进行合并求和计算。

提示：要对工作表中文本格式数据进行格式转化，以便合并计算，如图 11-68 所示。

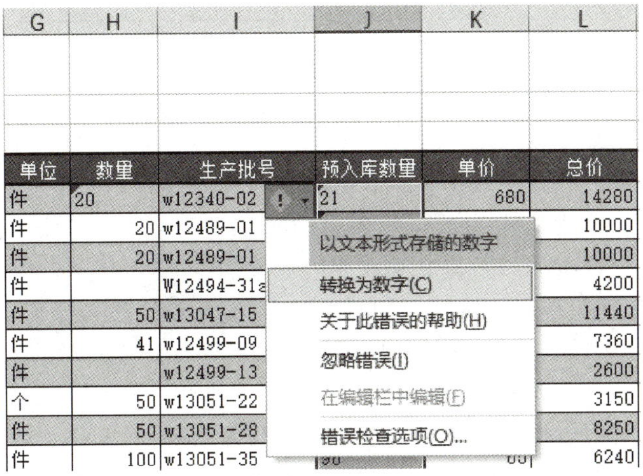

图 11-68　合并计算需要注意数据格式

二季度合并入库数量计算结果如图 11-69 所示。

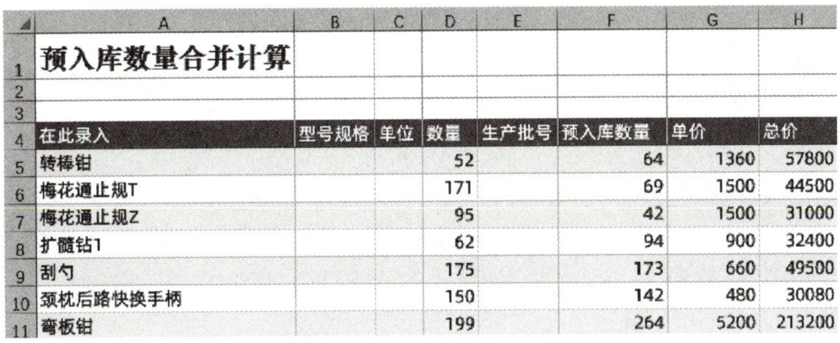

	A	B	C	D	E	F	G	H
1	预入库数量合并计算							
2								
3								
4	在此录入	型号规格	单位	数量	生产批号	预入库数量	单价	总价
5	转榛钳			52		64	1360	57800
6	梅花通止规T			171		69	1500	44500
7	梅花通止规Z			95		42	1500	31000
8	扩髓钻1			62		94	900	32400
9	刮勺			175		173	660	49500
10	颈枕后路快换手柄			150		142	480	30080
11	弯板钳			199		264	5200	213200

图 11-69　合并计算入库数量

任务十　数组常量录入

学习目的

- 理解数组公式的含义，能识别数组公式中列与行数组常量的输入方式。
- 能完成数组公式的录入、修改与删除操作。

学习资料

江南公司的员工飞扬想制作一个个人所得税税率表，用于日常计税工作的查询，如图

11-70 所示。

4	级数	全年应纳税所得额(含税)	税率(%)	速算扣除数
5	1	不超过36,000元的部分	3	0
6	2	超过36,000元至144,000元的部分	10	2520
7	3	超过144,000元至300,000元的部分	20	16920
8	4	超过300,000元至420,000元的部分	25	31920
9	5	超过420,000元至660,000元的部分	30	52920
10	6	超过66,0000元至960,000元的部分	35	85920
11	7	超过960,000元的部分	45	181920

图 11-70 个人所得税税率表

操作向导

数组公式,就是可以同时进行多重计算并返回一种或多种结果的公式。在数组公式中,使用两组或多组数据,称为数组参数。数组参数可以是一个数据区域,也可以是数组的常量。数组公式中,每个数组的参数都必须有相同数量的行与列。

数组公式通常都使用单元格区域引用,但也可以直接键入数值数组,这种数组被称为数组常量。如"={3;10;20;25;30;35;45}"就是属于分布在不同行的个人所得税税率的数组常量,它在单元格中显示的效果如图 11-70 中的"税率"所示。如果不想在工作表中按单元格逐个输入数值,我们也可以通过录入数组常量的方法替代。

【知识链接 11-2】 数组常量

通过数组常量方式录入数组公式的基本操作方式,是直接在公式中输入"=",并录入大括号"{}",对于不同列的数值,用逗号","隔开;不同行的数值,用分号";"隔开。

一、不同行数组常量的录入

打开"数组公式的应用——个人所得税税率公式定义"工作簿,如果需要在 C5:C11 单元格区域中录入个人所得税税率,则选择 C5:C11 单元格区域,在 C5 单元格中输入"={3;10;20;25;30;35;45}",同时按 Ctrl+Shift+Enter 组合键,完成个人所得税税率的录入。因为数组常量之间用分号隔开,所以它的值分布在各行,如图 11-71 所示。

	A	B	C	D
1	分步录入个人所得税税率与速算扣除数			
2				
3				
4	级数	全年应纳税所得额(含税)	税率(%)	速算扣除数
5	1	不超过36,000元的部分	={3;10;20;25;30;35;45}	
6	2	超过36,000元至144,000元的部分		
7	3	超过144,000元至300,000元的部分		
8	4	超过300,000元至420,000元的部分		
9	5	超过420,000元至660,000元的部分		
10	6	超过66,0000元至960,000元的部分		
11	7	超过960,000元的部分		

图 11-71 不同行数组常量的录入

【同步训练 11-10】　录入行数组常量

请根据图 11-70 的个人所得税税率表，完成图 11-71 的速算扣除数填列，要求采用数组常量的录入方式完成。

二、不同列数组常量的录入

如果需要在 C5:D5 单元格区域中录入个人所得税税率和与其对应的速算扣除数，则选择 C5:D5 单元格区域，在 C5 单元格中输入"={3,0}"，同时按 Ctrl＋Shift＋Enter 组合键，即可完成。因为数组常量之间用逗号隔开，所以它的值分布在不同列，如图 11-72 所示。

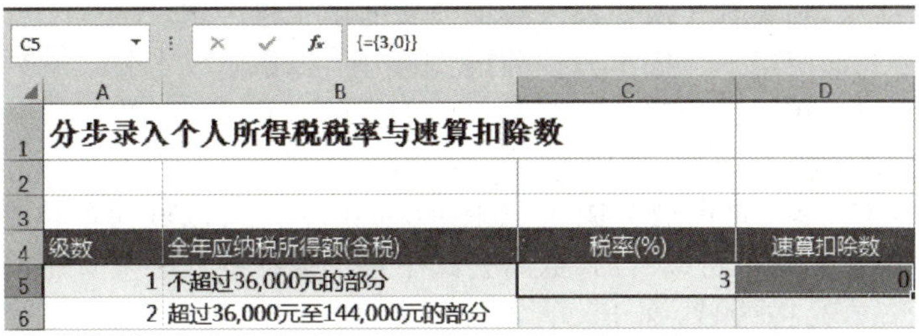

图 11-72　不同列数组常量的录入

三、多行多列数组常量的录入

如果计划在 C5:D11 单元格区域中一次性录入个人所得税的税率以及对应的速算扣除数，那么可以综合使用逗号"，"与分号"；"的组合。

选择 C5:D11 单元格区域，在 C5 单元格中输入"={3，0；10，2520；20，16920；25，31920；30，52920；35，85920；45，181920}"，同时按 Ctrl＋Shift＋Enter 组合键，完成个人所得税税率以及对应的速算扣除数的录入，如图 11-70 所示，从而完成了个人所得税税率表的编制。

四、数组公式的修改与删除

数组公式的特征之一，就是不能单独编辑清除、移动数组公式所涉及的单元格区域中的某一单元格。如果需要修改数组公式，则需要按照以下步骤进行。

在数组区域中单击任意单元格，当数组公式被激活时，直接修改编辑数组公式的内容，同时按 Ctrl＋Shift＋Enter 组合键，完成数组公式的修改。

删除数组公式的步骤是首先选定存放数组公式的所有单元格区域，然后按 Delete 键，即可完成。

任务十一　　数组公式录入

11

学习目的

● 理解数组公式的内部逻辑排列，能正确设置数组公式并完成计算。
● 能完成数组公式的录入、修改与删除操作。

● 能进行单元格名称的定义与引用,能对单元格名称进行修改、删除等操作。

学习资料

江南公司需要对 8—10 月份的产品进行成本习性分析。该公司厂房的每月租金为 20 000 元,产品的单位变动成本为 500 元,8—10 月的业务量分别为 1 000 件、2 000 件、3 000 件。要求采用数组公式计算不同月份的产品总成本以及单位产品成本。

操作向导

如果数组公式返回一个结果,单击需要输入数组公式的单元格,录入公式即可。如果数组公式返回多个结果,则要选定需要输入数组公式的单元格区域。

打开"数组公式的应用——成本习性分析"工作簿,根据总成本公式 $y=a+bx$,选择 E5:E7 单元格区域,在 E5 单元格中输入"=C5:C7+D5:D7*B5:B7",按 Ctrl+Shift+Enter 组合键,完成数组公式的录入。

公式中的 C5:C7 单元格区域为固定成本,D5:D7 单元格区域为单位变动成本,B5:B7 单元格区域为业务量。从中可以看出,数组公式中每个数组参数必须有相同数量的行与列。同理,选择 F5:F7 单元格区域,在 F5 单元格中输入"=E5:E7/B5:B7",按 Ctrl+Shift+Enter 组合键,完成产品单位成本的计算,如图 11-73 所示。

B5		× ✓ fx	=E5:E7/B5:B7			
	A	B	C	D	E	F
1	**成本习性分析**					
2						
3						
4	月份	业务量X	租金总成本a	单位变动成本b	总成本y=a+bx	单位成本y/x
5	8	1000	20000	500	520000.00	=E5:E7/B5:B7
6	9	2000	20000	500	1020000.00	
7	10	3000	20000	500	1520000.00	
8						

图 11-73　数组公式的录入

〖操作提示 11-2〗 通过引用单元格名称,录入数组公式

在使用数组公式进行计算时,最好将不同单元格区域定义为不同的名称。如将 B5:B7 单元格区域定义为"业务量 X",E5:E7 单元格区域定义为"总成本",则单位成本的计算公式为"=总成本/业务量 X",如图 11-74 所示。定义后,公式录入不容易出错,同时公式意义更容易理解。

F5		× ✓ fx	{=总成本/业务量X}			
	A	B	C	D	E	F
1	**成本习性**					
2						
3						
4	月份	业务量X	租金总成本a	单位变动成本b	总成本y=a+bx	单位成本y/x
5	8	1000	20000	500	520000.00	520.00
6	9	2000	20000	500	1020000.00	510.00
7	10	3000	20000	500	1520000.00	506.67

图 11-74　单元格名称在公式中的应用

任务十二　数组公式应用

学习目的

- 理解数组公式的内部逻辑排列,能正确设置数组公式并完成计算。
- 掌握嵌套公式的编辑方法,能查找、修正公式中的错误。
- 能综合运用 MAX、MIN 等常用函数,解决实际的工作问题。

学习资料

请为江南公司编辑一个全年工资薪金代扣代缴个人所得税税额公式,要求采用数组公式方式。员工无专项附加扣除和依法确定的其他扣除。

操作向导

一、确定个人所得税计算公式

工资薪金的个人所得税的计算公式为:应纳税额 ＝ 应纳税所得额×税率 － 速算扣除数,税率和速算扣除数可查询个人所得税税率表获知,如图 11-70 所示。

二、在不同单元格中显示不同税率下的计算结果

打开"数组公式的应用——个人所得税税率公式定义"工作簿。选择 B5:H5 单元格区域,输入"＝(A5－60000) ＊ {0.03, 0.1, 0.2, 0.25, 0.3, 0.35, 0.45}－{0, 2520, 16920, 31920, 52920, 85920, 181920}",按 Ctrl＋Shift＋Enter 组合键,在所选的单元格区域,自动计算出不同税率下的税款金额,如图 11-75 所示。

B5	▼	:	×	✓	fx	{=(A5-60000)*{0.03,0.1,0.2,0.25,0.3,0.35,0.45}-{0,2520,16920,31920,52920,85920,181920}}

	A	B	C	D	E	F	G	H	I
1	理解数组公式计算与储存原理								
2									
3									
4	应发工资（含税）	税率01	税率02	税率03	税率04	税率05	税率06	税率07	调整项
5	115000	1650.00	2980.00	-5920.00	-18170.00	-36420.00	-66670.00	-157170.00	0
6	应代扣代缴个税								

图 11-75　录入七级税率以及速算扣除数

在数组中,有七个税率,因此,会有七个计算结果。税率与速算扣除数的数组常量之间采用逗号隔开。计算的结果分散在同行不同列的单元格中。

三、在同一单元格中显示计算结果

个人所得税税率采用超额累进的方式,由此可推导出七个计算结果当中最大的那一个值为全年代扣代缴的税款金额,我们可以用 MAX 函数来查找最大值。

11

图 11-76　用 MAX 函数来确定应代扣代缴税款

　　通过 Ctrl＋C 键，复制刚才录入的公式，选择 B6 单元格，录入"＝MAX("，然后按 Ctrl＋V 键将刚才复制的公式粘贴到 MAX 函数的 number1 参数中，录入")"，按 Ctrl＋Shift＋Enter 组合键，完成了公式的录入。

　　由于个人的全年应发工资会低于 60 000 元，计算结果将产生负数。这与我们实际承担的税负产生了差异。在个人所得低于起征点的情况下，应纳税额为零。所以我们在 MAX 函数的 number2 参数中，录入"0"。也就是说，当七个税率所对应的计算结果全部为负数时，MAX 函数将选择"0"作为计算结果，如图 11-76 所示。

　　计算结果如图 11-77 所示。

图 11-77　代扣代缴税款的计算结果

【同步训练 11-11】　利用数组公式完成个人所得税代扣代缴税款的计算

　　请打开"个人所得税公式的定义——数组公式应用"工作簿，利用数组公式一次性编辑个人所得税的代扣代缴税款公式，假设个人所得税起征点为 5 000 元，完成江南公司工资表个人所得税代扣代缴税款的计算。

　　💡 提示：在 F5：F13 单元格区域口录入以下数组公式："＝ROUND(MAX((E5－5000)＊{0.03，0.1，0.2，0.25，0.3，0.35，0.45}－{0，2520，16920，31920，52920，85920，181920}，0)，2)"，结果如图 11-78 所示。

图 11-78　工资表个人所得税代扣代缴税款的计算

11

任务十三　精确匹配与模糊匹配

✏️ **学习目的**

　　● 了解 VLOOKUP、HLOOKUP 函数的基本作用，能识别函数各参数的意义。

● 能运用 VLOOKUP 函数实现数据的精确匹配与模糊匹配。

● 能进行单元格名称的定义与引用,使 VLOOKUP 等查找引用类函数更易阅读与理解。

学习资料

江南公司个人所得税全年应纳税所得额税率表如图 11-79 所示,请为各员工完成个税计算表的制作,要求能根据员工的全年应纳税所得额选取正确的税率及速算扣除数。

梯级	全年应纳税所得额(含税)	税率(%)	速算扣除数
0	0<X≤36,000	3	0
36000	36,000<X≤144,000	10	2520
144000	144,000<X≤300,000	20	16920
300000	300,000<X≤420,000	25	31920
420000	420,000<X≤660,000	30	52920
660000	66,0000<X≤960,000	35	85920
960000	X>960000	45	181920

图 11-79　个人所得税全年应纳税所得额税率表

操作向导

在计算个税时,需要判断员工的全年应纳税所得额属于哪个所得区间,然后选择对应的税率与速算扣除数,才能正确计算出其应纳税额。图中的"梯级"是江南公司员工根据税率表整理出来的引用参考数,计算时根据所得额引用对应的税率。

一、定义单元格区域名称

打开"VLOOKUP 个人所得税的税率选择"工作簿,选择 H5:I11 单元格区域,选择"公式"选项卡,在"定义的名称"组中,选择"定义名称",在"新建名称"窗口中,录入名称为"所得范围"。单击"确定"按钮,如图 11-80 所示。

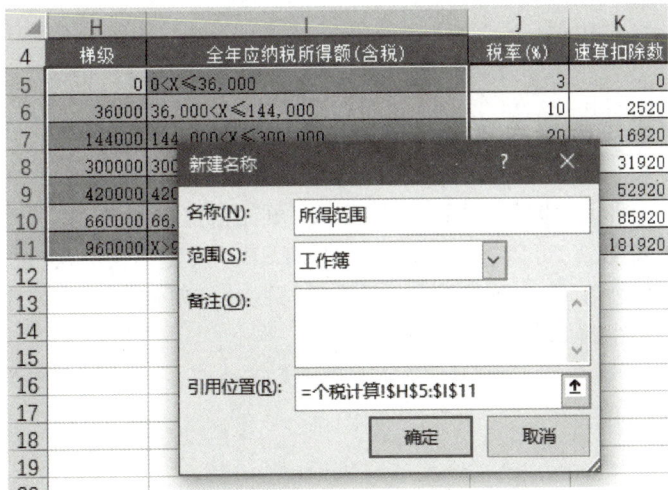

图 11-80　定义单元格区域名称

选择 I5:K11 单元格区域,选择"公式"选项卡,在"定义的名称"组中,选择"定义名称",在"新建名称"窗口中,录入名称为"税率表"。单击"确定"按钮,如图 11-81 所示。

图 11-81　按指定区域定义税率表名称

二、用模糊匹配确定应纳税所得额的区间范围

选择 C5 单元格,录入"=VLOOKUP(B5,所得范围,2,TRUE)",单击回车键,Excel 将自动根据 B5 单元格中的数值,在"所得范围"单元格区域的首列进行查找,由于不存在一对一的匹配数值,只能选择模糊匹配 TRUE。该公式表示在"所得范围"单元格区域的首列中查找 3 500 的数值,若找到该数值,则引用与该数值对应的第 2 列"取值范围",否则,返回比 3 500 稍小的最大值,即 0 所对应的"取值范围"。将该公式复制到其他各行中,如图 11-82 所示。

【操作视频】
VLOOKUP 函数
的模糊匹配

图 11-82　用模糊匹配 TRUE 引用取值范围

三、用精确匹配确定税率与速算扣除数

选择 D5 单元格,录入"=VLOOKUP($C5,税率表,2,FALSE)",单击回车键,Excel 将自动根据 C5 单元格中的取值范围,在"税率表"单元格区域的首列进行查找,由于取值范围存在一对一的匹配数值,可以选择精确匹配 FALSE。该公式表示在"税率表"单元格区域的首列中查找 C5 的数值,若找到该数值,则引用与该数值对应的第 2 列税率。将该公式复制到其他各行中,如图 11-83 所示。

同理,在 E5 单元格中录入"=VLOOKUP($C5,税率表,3,FALSE)",完成对应取值范围的速算扣除数的引用。

四、根据个税计算公式计算个税

在 F5 单元格中录入"=B5*D5/100-E5",即根据公式"应纳税所得额×税率-速算扣除数"计算员工的全年应纳税额。然后,将公式复制填充到其他各行中,如图 11-84 所示。

11

D5 =VLOOKUP($C5,税率表,2,FALSE)

	C	D	E	F	G
4	取值范围	适用税率	速算扣除数	代扣税	
5	0<X≤36,000	3	0		
6	36,000<X≤144,000	10	2520		
7	144,000<X≤300,000	20	16920		
8	300,000<X≤420,000	25	31920		
9	420,000<X≤660,000	30	52920		
10	66,0000<X≤960,000	35	85920		
11	X>960000	45	181920		
12	66,0000<X≤960,000	35	85920		
13	X>960000	45	181920		
14	66,0000<X≤960,000	35	85920		

图 11-83 用精确匹配 FALSE 引用税率与速算扣除数

	A	B	C	D	E	F
1	**个税计算**					
2						
3						
4	姓名	全年应纳税所得额(含税)	取值范围	适用税率	速算扣除数	代扣税
5	刘志伟	3500.00	0<X≤36,000	3%	0	105.00
6	邱启明	36000.00	0<X≤36,000	3%	0	1080.00
7	蔡永康	144000.00	36,000<X≤144,000	10%	2520	11880.00
8	陈国军	300000.00	144,000<X≤300,000	20%	16920	43080.00
9	李明	420000.00	300,000<X≤420,000	25%	31920	73080.00
10	admin	660000.00	420,000<X≤660,000	30%	52920	145080.00
11	李达凯	960000.00	66,0000<X≤960,000	35%	85920	250080.00
12	易明泉	855227.00	66,0000<X≤960,000	35%	85920	213409.45
13	胡阳雪	998353.00	X>960000	45%	181920	267338.85
14	秦海璐	678219.00	66,0000<X≤960,000	35%	85920	151456.65

图 11-84 全年应纳税额的计算

〖操作提示 11-3〗 模糊匹配在临界点的偏差调整

从图 11-84 中可以看出，当全年的应纳税所得额处在上下两档税率的临界点时，用 VLOOKUP 函数引用的税率会发生偏差，采用从高的税率。因此，我们需要进行调整，调整办法可以采用“全年应纳税所得额－0.001”的方式，即将公式修改为“=VLOOKUP(B6-0.001,所得范围,2,TRUE)”，并将修改后的公式填充到其他各行中，计算结果如图 11-85 所示。

C6 =VLOOKUP(B6-0.001,所得范围,2,TRUE)

	A	B	C	D	E
1	**个税计算**				
2					
3					
4	姓名	全年应纳税所得额(含税)	取值范围	适用税率	速算扣除数
5	刘志伟	3500.00	0<X≤36,000	3%	0
6	邱启明	36000.00	0<X≤36,000	3%	0
7	蔡永康	144000.00	36,000<X≤144,000	10%	2520
8	陈国军	300000.00	144,000<X≤300,000	20%	16920
9	李明	420000.00	300,000<X≤420,000	25%	31920
10	admin	660000.00	420,000<X≤660,000	30%	52920
11	李达凯	960000.00	66,0000<X≤960,000	35%	85920
12	易明泉	855227.00	66,0000<X≤960,000	35%	85920
13	胡阳雪	998353.00	X>960000	45%	181920

图 11-85 调整后的代扣税计算

11

任务十四 金额大写的自定义公式

学习目的

- 能运用 Ctrl+E 快捷键、数据分列功能实现数据的分列操作。
- 能运用 TRUNC、MID、RIGHT 等函数截取指定的字符串。
- 能运用 TEXT 函数实现日期、金额大写的公式定义。
- 能运用 SUBSTITUTE 函数实现指定字符串的替换。

学习资料

江南公司员工飞扬在制作各种财务报表时，经常需要根据小写金额填列大写金额，他找到工商银行收支流水记录中的一个收支记录表，计划对照其金额编写一个将小写金额转化为大写金额的自定义公式，以便日后提高工作效率。相关资料如图 11-86 所示。

	A
1	人民币大写定义
2	
3	
4	
5	金额
6	壹拾陆元伍角捌分 ￥16.58元
7	叁佰零伍元壹角 ￥305.10元
8	玖角 ￥0.90元
9	贰佰陆拾捌元贰角 ￥268.20元
10	壹仟叁佰肆拾壹元整 ￥1,341.00元
11	壹拾陆元叁角柒分 ￥16.37元
12	壹元玖角玖分 ￥1.99元
13	贰佰柒拾陆元柒角玖分 ￥276.79元
14	肆仟贰佰伍拾玖元玖角玖分 ￥4,259.99元
15	壹分 ￥0.01元

图 11-86 大小写混合的数据表

操作向导

将小写金额转化为大写金额，是财务人员日常工作中经常遇到的实务。在 Excel 中，可以利用 Excel 自带的函数及格式自定义来解决问题。

一、用数据分列功能分离大写金额与小写金额

打开“人民币大写定义”工作簿，表中的大写金额与小写金额填写在同一单元格中，且用“￥”隔开。我们可以用数据分列功能将之分开，分离后的数据，如图 11-87 所示。

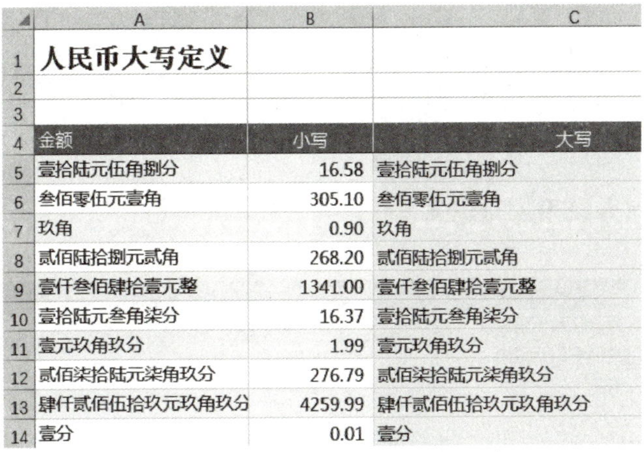

	A	B	C
1	人民币大写定义		
2			
3			
4	金额	小写	大写
5	壹拾陆元伍角捌分	16.58	壹拾陆元伍角捌分
6	叁佰零伍元壹角	305.10	叁佰零伍元壹角
7	玖角	0.90	玖角
8	贰佰陆拾捌元贰角	268.20	贰佰陆拾捌元贰角
9	壹仟叁佰肆拾壹元整	1341.00	壹仟叁佰肆拾壹元整
10	壹拾陆元叁角柒分	16.37	壹拾陆元叁角柒分
11	壹元玖角玖分	1.99	壹元玖角玖分
12	贰佰柒拾陆元柒角玖分	276.79	贰佰柒拾陆元柒角玖分
13	肆仟贰佰伍拾玖元玖角玖分	4259.99	肆仟贰佰伍拾玖元玖角玖分
14	壹分	0.01	壹分

图 11-87　数据分列后的效果

二、用 TEXT 函数转化小写数字为大写数字

（一）先将整数位转化为大写数字

在 C5 单元格中录入公式“=TRUNC(B5)”，截取金额的整数部分，返回的结果为 16，如图 11-88 所示。

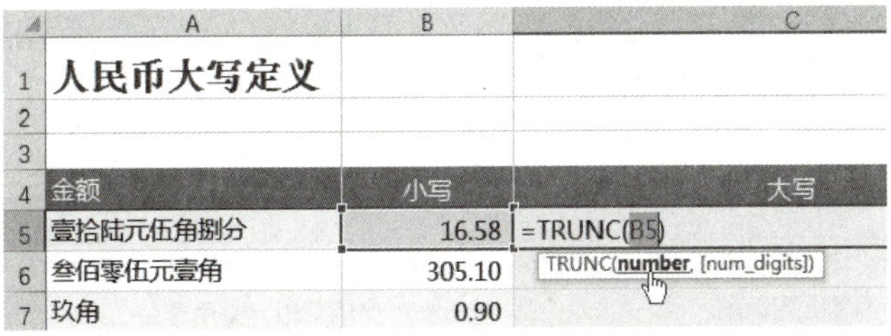

	A	B	C
1	人民币大写定义		
2			
3			
4	金额	小写	大写
5	壹拾陆元伍角捌分	16.58	=TRUNC(B5)
6	叁佰零伍元壹角	305.10	TRUNC(number, [num_digits])
7	玖角	0.90	

图 11-88　用 TRUNC 函数截取整数位数字

在 TRUNC 函数外围增加 TEXT 函数，将截取的部分转化为大写金额，编辑嵌套公式“=TEXT(TRUNC(B5), "[dbnum2]")& "元"”，完成了整数部分的大写设置。

（二）将小数位放大 100 倍后转化为大写数字

小数位的数字需要放大 100 倍后才能截取角位与分位的数字。在前面的公式基础上，我们通过“&”号与 RIGHT 函数先截取数据放大 100 倍后的最后 2 位数，再通过 MID 函数截取角位与分位。

将 C5 单元格中的公式修改为以下格式：“TEXT(TRUNC(B5), "[DBNUM2]")& "元"&MID(TEXT(RIGHT(B5 * 100, 2), "00"), 1, 1)”，返回的结果如图 11-89 所示。

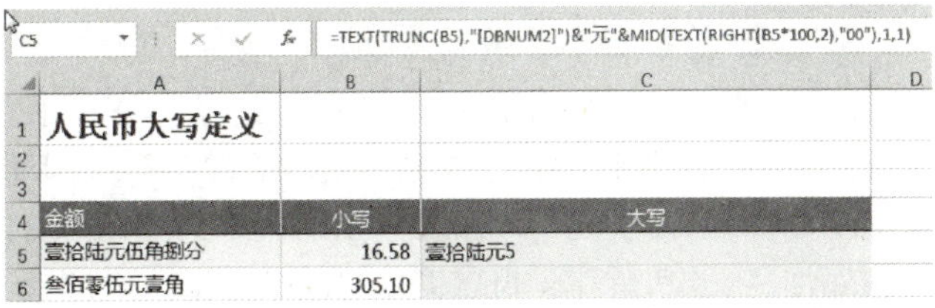
C5　=TEXT(TRUNC(B5),"[DBNUM2]")&"元"&MID(TEXT(RIGHT(B5*100,2),"00"),1,1)

	A	B	C	D
1	人民币大写定义			
2				
3				
4	金额	小写	大写	
5	壹拾陆元伍角捌分	16.58	壹拾陆元5	
6	叁佰零伍元壹角	305.10		

图 11-89　角位的数字

11

然后,将其中的角位金额 5,转化为伍角,将公式修改为"＝ TEXT(TRUNC(B5),"[DBNUM2]")＆"元"＆TEXT(MID(TEXT(RIGHT(B5 * 100，2)，"00")，1，1)，"[dbnum2]")＆"角"",返回的结果如图 11-90 所示。

图 11-90　角位转化为大写

同理,再截取分位数字,转化为捌分,将公式修改为"＝ TEXT(TRUNC(B5)，"[DBNUM2]")＆"元"＆TEXT(MID(TEXT(RIGHT(B5 * 100，2)，"00")，1，1)，"[dbnum2]")＆"角"＆TEXT(MID(TEXT(RIGHT(B5 * 100，2)，"00")，2，1)，"[dbnum2]")＆"分""。

返回的结果如图 11-91 所示,符合金额大写的规范,然后将公式复制到其他单元格中。

图 11-91　大写的金额

经检查,零元、零角、零分不符合金额大写规范,我们需要进一步调整公式。

三、用 SUBSTITUE 函数替换零分、零角与零元

根据人民币大写金额规范,需要将"零角零分"替换为"整",可以使用 SUBSTITUE 函数实现替换,在上述公式的基础上,将公式进一步修改为"＝ SUBSTITUTE(TEXT(TRUNC(B5)，"[DBNUM2]")＆"元"＆TEXT(MID(TEXT(RIGHT(B5 * 100，2)，"00")，1，1)，"[dbnum2]")＆"角"＆TEXT(MID(TEXT(RIGHT(B5 * 100，2)，"00")，2，1)，"[dbnum2]")＆"分"，"零角零分"，"整")"。

返回的结果如图 11-92 所示。

	A	B	C
1	人民币大写定义		
2			
3			
4	金额	小写	大写
5	壹拾陆元伍角捌分	16.58	壹拾陆元伍角捌分
6	叁佰零伍元壹角	305.10	叁佰零伍元壹角零分
7	玖角	0.90	零元玖角零分
8	贰佰陆拾捌元贰角	268.20	贰佰陆拾捌元贰角零分
9	壹仟叁佰肆拾壹元整	1341.00	壹仟叁佰肆拾壹元整
10	壹拾陆元叁角柒分	16.37	壹拾陆元叁角柒分
11	壹元玖角玖分	1.99	壹元玖角玖分
12	贰佰柒拾陆元柒角玖分	276.79	贰佰柒拾陆元柒角玖分
13	肆仟贰佰伍拾玖元玖角玖分	4259.99	肆仟贰佰伍拾玖元玖角玖分
14	壹分	0.01	零元零角壹分

图 11-92　第一次替换后的大写金额

替换"零角零分"后，需要将上述计算结果中的"零元"替换删除，同样可使用 SUBSTITUTE 函数实现，将上述公式进一步修改为"＝SUBSTITUTE(SUBSTITUTE (TEXT(TRUNC(B5)，"[DBNUM2]")&"元"&TEXT(MID(TEXT(RIGHT(B5 * 100，2)，"00")，1，1)，"[dbnum2]")&"角"&TEXT(MID(TEXT(RIGHT(B5 * 100，2)，"00")，2，1)，"[dbnum2]")&"分"，"零角零分"，"整")，"零元"，"")"。

返回的结果如图 11-93 所示。

	A	B	C
1	人民币大写定义		
2			
3			
4	金额	小写	大写
5	壹拾陆元伍角捌分	16.58	壹拾陆元伍角捌分
6	叁佰零伍元壹角	305.10	叁佰零伍元壹角零分
7	玖角	0.90	玖角零分
8	贰佰陆拾捌元贰角	268.20	贰佰陆拾捌元贰角零分
9	壹仟叁佰肆拾壹元整	1341.00	壹仟叁佰肆拾壹元整
10	壹拾陆元叁角柒分	16.37	壹拾陆元叁角柒分
11	壹元玖角玖分	1.99	壹元玖角玖分
12	贰佰柒拾陆元柒角玖分	276.79	贰佰柒拾陆元柒角玖分
13	肆仟贰佰伍拾玖元玖角玖分	4259.99	肆仟贰佰伍拾玖元玖角玖分
14	壹分	0.01	零角壹分

图 11-93　第二次替换后的大写金额

11

替换"零角零分""零元"后，我们需要将上述计算结果中的"零角"替换删除，同理，将上述公式进一步修改为"＝SUBSTITUTE(SUBSTITUTE(SUBSTITUTE(TEXT(TRUNC (B5)，"[DBNUM2]")&"元"&TEXT(MID(TEXT(RIGHT(B5 * 100，2)，"00")，1，1)，

"[dbnum2]")＆"角"＆TEXT（MID（TEXT（RIGHT（B5 * 100，2），"00"），2，1），
"[dbnum2]")＆"分"，"零角零分"，"整"），"零元"，""），"零角"，""）"。

返回的结果如图 11-94 所示。

图 11-94　第三次替换后的大写金额

最后，将"零分"替换为空。在公式外套一个 SUBSTITUTE 函数，即将公式修改为"＝
SUBSTITUTE（SUBSTITUTE（SUBSTITUTE（SUBSTITUTE（TEXT（TRUNC（B5)，
"[DBNUM2]")＆"元"＆TEXT（MID（TEXT（RIGHT（B5 * 100，2），"00"），1，1），
"[dbnum2]")＆"角"＆TEXT（MID（TEXT（RIGHT（B5 * 100，2），"00"），2，1），
"[dbnum2]")＆"分"，"零角零分"，"整"），"零元"，""），"零角"，""），"零分"，""）"。

修改后的公式能满足小写数字转化为大写数字的要求，符合人民币金额大写的规范
要求。

任务十五　日期大写的自定义公式

✏ 学习目的

● 能运用 TEXT 函数输出金额大写、日期大写等不同的文本格式。

📖 学习资料

江南公司员工飞扬在填制支票等票据时，经常需要根据小写日期填写大写日期，他计划
编辑一个小写日期转化为大写日期的自定义公式，以便日后制作票据套打工具。

操作向导

将小写日期转化为大写日期，是财务人员日常工作中经常遇到的实务。在 Excel 中，我
们可以根据 Excel 自带的 TEXT 函数来实现。

一、用 TEXT 函数将日期转化为年月日大写

打开“日期大写的定义”工作簿，选择 B5 单元格，录入“=TEXT($A5,"[dbnum2]yyyy年 mm 月 dd 日")”，然后将公式向下复制到其他单元格中，返回指定日期年月日的大写，如图 11-95 所示。

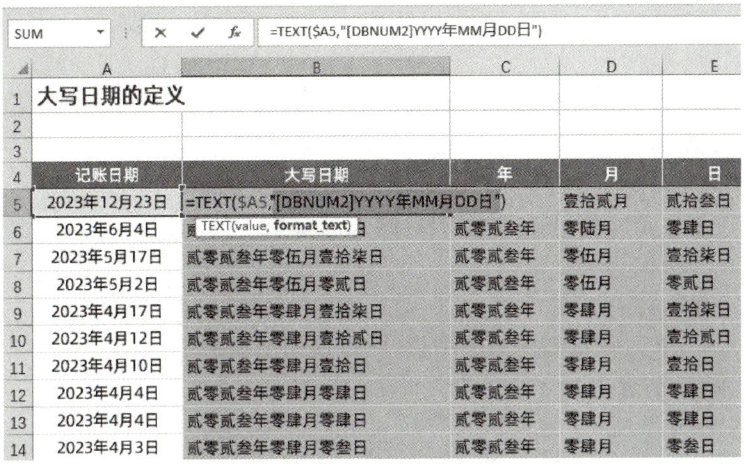

	A	B	C	D	E
1	大写日期的定义				
2					
3					
4	记账日期	大写日期	年	月	日
5	2023年12月23日	=TEXT($A5,"[DBNUM2]YYYY年MM月DD日")		壹拾贰月	贰拾叁日
6	2023年6月4日		贰零贰叁年	零陆月	零肆日
7	2023年5月17日	贰零贰叁年零伍月壹拾柒日	贰零贰叁年	零伍月	壹拾柒日
8	2023年5月2日	贰零贰叁年零伍月零贰日	贰零贰叁年	零伍月	零贰日
9	2023年4月17日	贰零贰叁年零肆月壹拾柒日	贰零贰叁年	零肆月	壹拾柒日
10	2023年4月12日	贰零贰叁年零肆月壹拾贰日	贰零贰叁年	零肆月	壹拾贰日
11	2023年4月10日	贰零贰叁年零肆月壹拾日	贰零贰叁年	零肆月	壹拾日
12	2023年4月4日	贰零贰叁年零肆月零肆日	贰零贰叁年	零肆月	零肆日
13	2023年4月4日	贰零贰叁年零肆月零肆日	贰零贰叁年	零肆月	零肆日
14	2023年4月3日	贰零贰叁年零肆月零叁日	贰零贰叁年	零肆月	零叁日

图 11-95　大写日期

二、用 TEXT 函数将日期转化为年大写、月大写、日大写

选择 C5 单元格，录入“=TEXT($A5, "[dbnum2]yyyy 年")”，然后将公式向下复制到其他单元格中，返回指定日期年的大写。

选择 D5 单元格，录入“=TEXT($A5, "[dbnum2]mm 月")”，然后将公式向下复制到其他单元格中，返回指定日期月的大写。

选择 E5 单元格，录入“=TEXT($A5, "[dbnum2]dd 日")”，然后将公式向下复制到其他单元格中，返回指定日期日的大写。

【操作视频】单元格格式自定义

结果如图 11-95 所示。

课　后　实　训

一、不定项选择题

1. 关于 FIND 函数，你认为下列说法中正确的有(　　)。

A. 其语法结构为 FIND(find_text, within_text, start_num)

B. find_text 是要查找的字符串

C. within_text 包含要查找关键字的单元格

D. start_num 指定开始进行查找的字符数

2. 求 A1 至 A7 中 7 个单元格的平均值，可以应用的公式有(　　)。

A. AVERAGE(A1:A7,7)　　B. AVERAGE(A1:A7)

C. SUM(A1:A7)/7　　D. SUM(A1:A7)/COUNT(A1:A7)

11

3. 费用明细表的列标题为"日期""部门""姓名""报销金额"等,若按部门统计报销金额,可运用的方法有(　　　　)。

A. 筛选
B. 分类汇总
C. 用 SUMIF 函数计算
D. 用数据透视表计算汇总

4. 按条件求和,按条件计数,很多复杂的数据核对需要用到的函数有(　　　　)。

A. SUMIF 函数
B. COUNTIF 函数
C. SUM 函数
D. SUMIFS 函数

5. 下列函数中,属于逻辑判断函数的有(　　　　)。

A. INDEX 函数
B. IF 函数
C. AND 函数
D. NOT 函数

6. 计算 A1:A10 单元格区域的平均值,可以通过以下公式(　　　　)来完成。

A. SUM(A1:A10)
B. MAX(A1:A10)
C. AVERAGE(A1:A10)
D. SUMIF(A1:A10)

7. 在 Excel 中,求某一范围内的平均值,应该使用的函数有(　　　　)。

A. AVERAGE 函数
B. MAX 函数
C. MIX 函数
D. SUM 函数

8. 在工作表的 E6 单元格中计算销售额(E2 至 E5 单元格)的合计数,应在 E6 单元格中输入(　　　　)。

A. ＝SUM(E2:E5)
B. ＝AVERAGE(E2:E5)
C. ＝COUNT(E2:E6)
D. ＝SUM(E2,E5)

9. 在 Excel 中,C7 单元格中含绝对引用的公式"＝AVERAGE($C$3:$C$6)",复制 C7 单元格到 C8 单元格后,双击 C8 单元格,其显示为(　　　　)。

A. ＝AVERAGE(C3:C6)
B. ＝AVERAGE($C$3:$C$6)
C. ＝AVERAGE($C$4:$C$7)
D. ＝AVERAGE(C4:C7)

10. 计算 A1:A10 单元格的总和,可以通过以下函数(　　　　)来完成。

A. SUM(A1:A10)
B. MAX(A1:A10)
C. MIN(A1:A10)
D. SUMIF(A1:A10)

11. 假设某单位的奖金是根据职员的销售额来确定的,如果某职员的销售额在 100 000 元或以上,则其奖金为销售额的 0.5%,否则为销售额的 0.1%。若销售额在 B2 单元格,在计算奖金的值时,应在相应单元格中输入的计算公式为(　　　　)。

A. ＝IF(B2≥100000,B2＊0.1%,B2＊0.5%)

B. ＝COUNTIF(B2≥100000,B2＊0.5%,B2＊0.1%)

C. ＝IF(B2≥100000,B2＊0.5%,B2＊0.1%)

D. ＝COUNTIF(B2≥100000,B2＊0.1%,B2＊0.5%)

12. 如果 A1:A5 单元格的值依次为 10、15、20、25、30,则公式"＝COUNTIF(A1:A5,">20")"的值为(　　　　)。

A. 1
B. 2
C. 3
D. 4

13. 在 Excel 中,求最小值的函数是(　　　　)。

A. IF 函数
B. COUNT 函数
C. MIN 函数
D. MAX 函数

14. 可以计算区域中满足给定条件的单元格的个数的函数是（　　　　）。

A. COUNT 函数　　　　　　　　　　B. COUNTBLANK 函数

C. COUNTIF 函数　　　　　　　　　D. COUNTA 函数

15. 按以下（　　　　）键就可以在相对、绝对和混合引用之间进行切换。

A. F2　　　　　　B. F4　　　　　　C. F6　　　　　　D. F8

二、判断题

1. 如果 FIND 函数第一位查找内容是文本，必须添加英语输入法下的双引号，否则函数无法计算。（　　　）

2. 公式"＝VLOOKUP(B9，＄B3：＄F4，2，FALSE)"表示在 B3：F4 单元格区域中精确查找和引用 B9 单元格的数值，找到与 B9 单元格相一致的数值后，引用与之同列的第 2 行数据。（　　　）

3. VLOOKUP 函数中的参数 range_lookup 为 TRUE，表示精确匹配值。（　　　）

4. 在文本字符串中用 new_text 替换 old_text。如果需要在某一文本字符串中替换指定的文本，可以使用 SUBSTITUTE 函数。（　　　）

5. 在 Excel 中，公式 AVERAGE(D5：H5)的功能是计算 D5 到 H5 单元格区域的平均值。（　　　）

6. 在 C3 单元格中输入"＝SUMIF（A2：A6，"＜20"）"并回车。这表示对 A2：A6 单元格区域中小于等于 20 的数值求和。（　　　）

7. 公式"＝MIN(B3：F3)"表示从 B3：F3 单元格区域的数值中取最大值。（　　　）

8. 如果 A1：A5 单元格区域数值分别为 10、7、9、27 和 2，则公式"＝MAX(A1：A5)"的值为 27。（　　　）

9. 在单元格中录入"＝"，并选定相应单元格之后，按 F4 键将自动输入美元符号实现"绝对引用"。如果继续按 F4 键，则会向后挨个循环，实现"混合引用""相对引用"的变化。（　　　）

10. Excel 在分类汇总之前，首先要对分类字段进行排序。（　　　）

11. 生成数组公式的方法是：先选定将要用来包含公式的一个或多个单元格，输入公式内容，再按 Ctrl＋Shift＋Enter 组合键完成公式输入。（　　　）

12. 在 C3 单元格中输入"＝SUMIF（A2：A6，"＜20"）"并回车。这表示对 A2：A6 单元格区域中小于 20 的数值求和。（　　　）

13. 公式"＝TRUNC(8.9)"返还的结果为 9。（　　　）

14. RIGHT 函数根据所指定的字符数返回文本字符串中最后一个或多个字符。（　　　）

15. TEXT(value，"[dbnum2]")表示将数字转换为中文大写格式。（　　　）

数据资产

11

项目十二　Excel VBA 编程基础

任务一　VBA 对象的定义

学习目的

- 理解集合的概念，能识别工作场景中的 VBA 工作簿、工作表、单元格对象。
- 能运用 DIM 语句声明各种对象类型及其对象的赋值。
- 能正确书写工作簿、工作表、单元格对象的代码。

学习资料

新建一个 Excel 工作簿，当单击工作表中的"显示对象"按钮之后，自动显示工作表对象名称的信息框并在指定的单元格中自动录入"我们一起学 VBA！"。（实训资料：VBA 对象.xlsm）

操作向导

Excel 是对象的集合，而 Excel VBA 编程实际上就是调用 Excel 对象来操作 Excel 文件。本实训将介绍有关 Excel VBA 的一些常用的对象。

一、VBA 对象

（一）常用的对象

在 Excel VBA 中有很多个对象，它们按照一个特定的模式有机地组合在一起，完成一些特定的功能。常用的对象主要有以下几类。

1. Application 对象

Application 对象是 Excel VBA 中最重要的对象，它代表着整个 Microsoft Excel 应用程序。

Application 对象包括 WorkBook、WorkSheet 和 Range 对象等。Application 对象没有 WorkBook 或者 WorkSheet 对象那么直观，因此，对于很多用户来说，Application 对象可能

很难理解。

各对象的层次如图 12-1 所示。

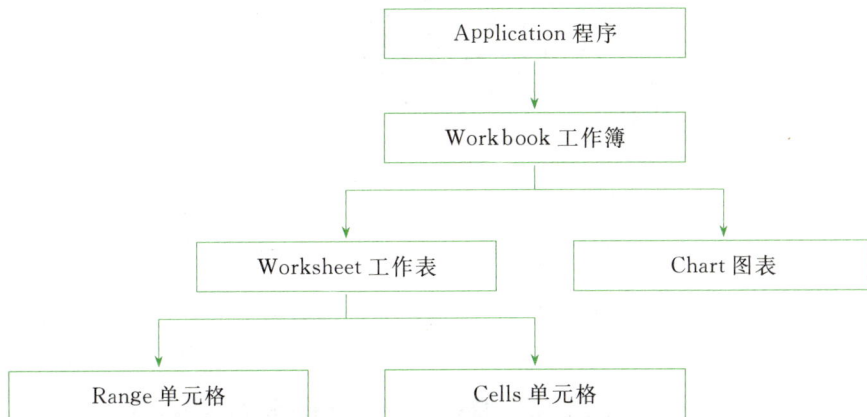

图 12-1　对象的层次

2. WorkBook 对象

WorkBook 对象是用户接触最多的，指的就是 Excel 工作簿。通常所说的在 Excel 程序中打开一个工作簿，实际上就是指在 Application 对象中打开一个 WorkBook 对象，如图 12-2 所示。

图 12-2　工作簿对象

3. WorkSheet 对象

WorkSheet 对象也是 Excel VBA 中常用的对象，也指 Excel 工作表。WorkSheet 对象包含在 WorkBook 对象当中，WorkSheet 对象实际上就是 WorkBook 对象中独立的一页，如图 12-3 所示。用户执行的大部分操作都是在 WorkSheet 对象中完成的。例如，在一个工作簿中添加一个工作表，就可以看作是使用 WorkSheet 对象的 add 方法在 WorkBook 对象中添加一个 WorkSheet 对象。

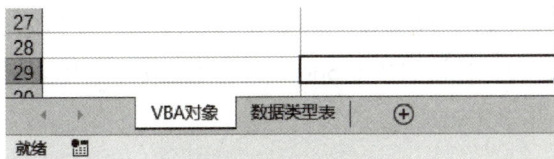

图 12-3　工作表对象

4. Range 对象

在众多的对象中，Range 对象是使用频率最高的，Range 对象指的是工作表中的单元格。在 Excel 中，所有的表格操作都是通过 Range 对象来完成的。例如，用户在 Excel 表格中填入数据，就可以看作是给 Range 的 Value 属性赋值，如图 12-4 所示。

12

图 12-4　单元格对象

5. Chart 对象

Chart 对象是图表对象,主要用于将数据信息通过图表表示出来,如图 12-5 所示。

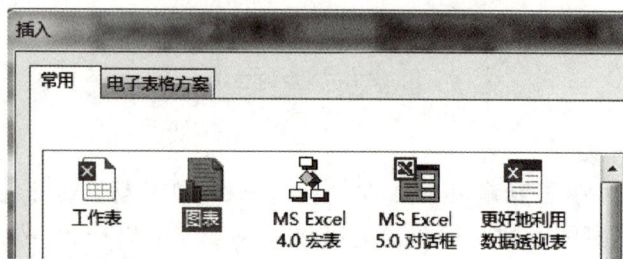

图 12-5　图表对象

（二）集合对象与单一对象

在 VBA 应用中,还需要区别集合对象与单一对象。

1. 集合对象

集合对象是指某种对象的集合体,一般用单词的复数形式表示。例如:WorkBooks 代表当前打开的所有工作簿;WorkSheets 代表某工作簿中的所有工作表;Cells 代表某工作表中的所有单元格。

2. 单一对象

单一对象是指集合对象中的某单一个体。它的表达式一般为集合对象(序号)或集合对象(名称)。例如:WorkBooks(1)代表第一个打开的工作簿;WorkBooks("VBA 对象.xlsx")代表名字叫"VBA 对象"的工作簿;WorkSheets(3)代表按照工作表标签从左向右数第 3 个工作表。

二、对象的表达式

在用 VBA 编程之前,操作者必须明确工作对象,即要对哪些对象进行运算。工作对象主要有工作表与单元格。它们的代码与含义如表 12-1 所示。

12

表 12-1　　　　　　　　　　　　　**VBA 对象的代码与含义**

VBA 对象	变量代码	备　　注
(1) 工作簿　WorkBooks 集合	WorkBooks(N)	第 N 份工作簿
	WorkBooks("工作簿名")	如 WorkBooks("01VBA 对象")
	ActiveWorkBook	活动的工作簿
	ThisWorkBook	代码所在的工作簿
(2) 工作表　WorkSheets 集合	Sheets(N)	第 N 张工作表
	SheetN	第 N 张工作表
	Sheets("工作表名")	如 Sheets("1.对象")
	ActiveSheet	活动的工作表
	WorkSheets("工作表名")	如 WorkSheets("1.对象")
(3) 单元格　Cells 或 Ranges 集合	Range("单元格地址")	如 Range("a1")
	Cells(行号,列号)	如 Cells(1, 1)
	ActiveCell	活动单元格
	Selection.Cells	选择的单元格
	［a1］	A1 单元格
	Range("单元格区域")	如 Range("a4:c23")

【操作视频】
VBA 对象

（一）工作表对象

工作表的语法格式为：WorkSheets("工作表名称")。例如，WorkSheets("VBA 对象")代表的是"VBA 对象"的工作表，如果将英文状态的双引号中的"VBA 对象"替换成"A"或"B"，就代表工作表 A 或工作表 B。即 WorkSheets("A")或者 WorkSheets("B")。

可以这样理解，WorkSheet 是工作表，在众多的 WorkSheets(集合概念)中指定 A 工作表，即 WorkSheets("A")。

（二）单元格对象

单元格主要有 Range 和 Cells 两种表示方法。其语法格式为：Range（"单元格地址"）；Cells（行号,列号）。如 Range("A65536")代表 A65536 单元格。以此类推，我们可以知道 Range("A6")代表 A6 单元格。如果写成 WorkSheets("A").Range("A6")，则代表 A 表中的 A6 单元格。由此可见，在代码编写过程中，大的对象(工作表)写在前面，小的对象(单元格)写在后面，两者之间用"."连接。

单元格的另一种表示方法为 Cells(行号,列号)。如 Cells(65536,1)代表的是第 1 列第 65536 行的单元格，它与 Range("A65536")表示的效果是一样的，都代表 A65536 单元格。

12

〖操作提示 12-1〗 带变量的对象表示方法

单元格的表示方法中的固定值也可改成 R 等变量值。例如,Cells(R,1),若 R 的值范围为 1～10,则 Cells(R,1) 代表 A 列的 1～10 行中某行的值;将 Range("A65536") 中的 65536 这一固定值改成变量值 R,形成 Range("A"& R) 这样的表达方式,若 R＝10,则它代表 A10 单元格。与变量值相连的表示方法,在循环语句下应用得比较多。

Range("A1048576") 是 VBA 对象工作表中的 A1048576 单元格,也就是 A 列的最后一个单元格,如图 12-6 所示。它也可以写成 WorkSheets("VBA 对象"). Cells (1048576,1) 这样的代码。需要注意的是,代码中的双引号均为英文状态下的双引号。

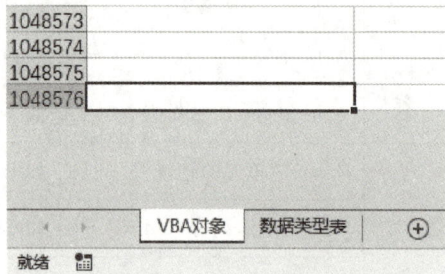

图 12-6　A 列的最后一个单元格

(三) 单元格区域

单元格区域的表示方法与日常的工作表单元格区域类似。其语法格式为:Range ("单元格区域")。

例如,VBA 对象表中的 A4:B9 单元格区域表示为 WorkSheets("VBA 对象"). Range ("A4：B9"),如图 12-7 所示。

图 12-7　单元格区域对象

【同步训练 12-1】 选择正确的对象表达式

表名为"工资表""个人所得税税率表"的工作表在 VBA 中正确的表示方法有(　　　　　)。

A. WorkSheet ("工资表")　　　　　　B. WorkSheets("工资表")

C. WorkSheet("个人所得税税率表")　　D. WorkSheets("个人所得税税率表")

参考答案:B、D

关于 B4 单元格的 Range 与 Cells 的表示方法,下列说法中正确的有(　　　　)。

A. Range("B4")　　B. Range(B4)　　　C. Cells(4，2)　　　D. Cells(2，4)

参考答案:A、C

三、声明对象

在掌握了上述相关知识后,如果觉得用"工作表.单元格"这种样式写 VBA 代码显得过于繁琐,可以通过声明一个对象,来简化代码编写。

如将 Sht 定义为一张工作表对象,先用 Dim 语句让 Sht 代表工作表对象类型,然后用 Set 语句让 Sht 具体代表某一张工作表。那么,以后只要涉及这张工作表时,都可以用 Sht 来代替它了。因此,我们需要学习 Dim 声明对象的语句,它的语法结构是:

```
Dim 对象 As 对象类型
Set 对象名 = 对象
```

其中,对象类型可以是工作表对象,也可以是单元格对象。如 Dim Sht As WorkSheet,这是将 Sht 定义为工作表对象;Dim Rng As Range,这是将 Rng 声明为单元格对象。将对象声明为某一种对象类型后,还需要通过 Set 为该对象进行赋值。比如 Set Sht = WorkSheets("VBA 对象"),这是将 Sht 指定为"VBA 对象"这一张工作表。

上述操作步骤的完整代码如下:

```
Dim Sht As WorkSheet
Set Sht = WorkSheets("VBA 对象")
```

【操作视频】
用 Dim 声明
VBA 对象

经以上两步,"VBA 对象"工作表中的具体单元格可按如下方式表示:

Sht.Range("A6"),这是指"VBA 对象"工作表中的 A6 单元格;

Sht.Range("B6"),这是指"VBA 对象"工作表中的 B6 单元格;

Sht.Cells(4,2),这是指"VBA 对象"工作表中的 B4 单元格;

Sht.Cells(2,4),这是指"VBA 对象"工作表中的 D2 单元格。

用 Sht 代表了工作表之后,写出的代码就简洁多了。

初次写 VBA 代码时,要多注意中英文大小写,以及复数与单数的区别。

四、编写第一个 VBA 程序

以下通过一个示例来具体讲解 VBA 应用。本示例将演示:在单击工作表中的"显示对象"按钮之后,自动跳出"对象练习"名称的信息框和自动在指定的单元格中录入"我们一起学 VBA!"。

具体操作如下:

(1)新建一个 Excel 工作簿,将工作表命名为"对象练习",按 Alt＋F11 组合键进入到 VBA 开发环境当中。

(2)在 VBA 开发环境中添加一个模块。

(3)在模块的代码窗口中添加如下的程序代码。

Sub 显示对象名称()

```
'声明工作表对象
    Dim Sht As WorkSheet
    Set Sht = WorkSheets("对象练习")
    MsgBox Sht.Name
'声明单元格对象
    Dim Rng As Range
    Set Rng = Sht.Range("A4:D20")
    Rng = "我们一起学 VBA!"
End Sub
```

（4）单击"开发工具"，选择"插入"，在工作表中添加一个表单控件按钮，并且在弹出的"指定宏"窗口中选择"显示对象名称"宏，单击"确定"按钮，同时将按钮的显示名称设置为"显示对象"，如图 12-8 所示。

图 12-8　设置按钮命令

完成以上四步后，点击按钮，系统将跳出"对象练习"信息框，同时，在指定的单元格区域内录入"我们一起学 VBA!"，如图 12-9 所示。

图 12-9　程序运行效果

任务二 变量与常量的应用

经过编程的 Excel 表能够自动随着行数、列数的增减而自动排版。其中涉及变量的概念。

学习目的

- 理解变量的概念,能识别工作场景中的 VBA 变量及其变量的类型。
- 能运用 Dim 语句声明各种变量类型及其变量的赋值。
- 理解常量的概念,能运用 Const 语句声明常量并赋值。

学习资料

用 VBA 确定当前工作表的最后一行所在行号,以及最后一列所在列号,并用信息对话框将之显示出来。(实训资料:VBA 变量.xlsm)

操作向导

数据类型是构成语言的最基本的元素。因此,在学习 VBA 编程语言之前必须首先学习 VBA 语言的数据类型。数据类型主要有变量与常量之分。

一、变量

在程序运行时根据不同的情况,数值可以随之发生变化的自定义对象,称为变量。在编写 VBA 程序时,经常要使用变量或对象。变量用于保存程序运行时需要临时保存的数值或对象,在编写应用程序时非常重要。常用的 VBA 数据变量类型如表 12-2 所示。

表 12-2　　　　常用的 VBA 数据变量类型表

类型	类型名称	占用的储存空间	包含的数据及范围	短前缀	长前缀	类型声明字符
布尔型	Boolean	2	逻辑值 True 或 False	f	bin	
字节型	Byte	1	0 到 255 的整数	b	bit	
整数型	Integer	2	−32768 到 32767 的整数	i	int	%
长整数型	Long	4	−2147483648 到 2147483647 的整数	l	lng	&
单精度浮点型	Single	4	负值范围:$-3.402823E38 - -1.401298E-45$		sng	!
			正值范围:$1.401298E-45 - 3.402823E38$			
双精度浮点型	Double	8	负值范围:$-1.79769313486232E308 - -4.94065645841247E324$	d	dbl	#
			正值范围:$4.94065645841247E-324 - 1.79769313486232E308$			

【操作视频】
VBA 变量

12

续 表

类型	类型名称	占用的储存空间	包含的数据及范围	短前缀	长前缀	类型声明字符
货币型	Currency	8	数值范围：－922337203685477 到 922337203685477	c	cur	@
小数型	Decimal	14	不包括小数时：＋／－792281625142643375 93543950335			
			包括小数时：＋／－7.922816251426433759 3543950335			
日期型	Date	8	日期范围：1000 年 1 月 1 日—9999 年 12 月 31 日	dt	dtm/dat	
字符串型	String （变长字符串）	10 字节＋字符串长度	0 到大约 20 亿个字符	s	str	$
	String （定长字符串）	字符串长度	1 到大约 65 400 个字符			
变体型	Variant （数字）		Double 范围内的任何数值，也可以保存 Empty、Error、Nothing、Null 之类的特殊数值	v	var	
	Variant （字符）		数据范围和变长字符串相同可以储存 0 到大约 20 亿个字符			
对象型	Object	4	对象变量，用于引用对象	o	obj	
用户自定义类型	用户自定义		用来储存用户自定义的数据类型，储存范围与它本身的数据类型的范围相同			

编程中所用的变量，在写代码时，需要事先定义。这依然会用到前面提到的 Dim 语句。因为变量有很多类型，比如整数型、货币型、文本型等。

（一）变量的定义与声明

定义变量使用的是 Dim 语句，其语法格式为：

Dim 变量名 As 数据类型

在使用 Dim 语句声明变量时，如果省略数据类型，即写成"Dim 变量名"的形式，表示声明的变量为变体型（Variant）。

在 VBA 中，可以用一条语句声明多个变量，但是如果要指定变量类型，一定要在每个变量后指定。

例如，将 m 和 n 两个变量都指定为整数型，代码如下：

```
Dim m As Int,n As Int
```

如果写成下面的形式，则表示声明的变量 m 是变体型，n 是整数型。

```
Dim m,n As Int
```

12

在程序中，使用变量之前，首先声明变量有助于程序运行加快，使内存利用率提高。如果没有对变量进行声明,默认的变量会耗费大量的内存来判断它的数值类型。所以,一般情况下,首先要通过"Dim 变量名 As 类型"语句,确定变量的类型。

比如代码 Dim R As Integer 是定义变量 R 为整型值。如果不能确定变量的类型,也可以简写为 Dim R。在声明变量类型之后,还需要对变量进行赋值。以如下代码为例:

R = Range("A65536").End(xlUp).Row

代码的意思是以 A65536 单元格为起点,向上查找最后一个非空单元格,并引用行号为变量 R 赋值。当然,也可以拓展类似的语句,如将 Row 改为 Column,变为以列号赋值。

上述代码,几乎在所有的编程片段中都要用到。请务必理解以下这些代码。

```
Dim R As Integer
R = WorkSheets("对象练习").Range("D65536").End(xlUp).Row
```

如果用 Sht 代表 WorkSheets("对象练习"),则需要增写一句 Dim 语句,代码如下:

```
Dim Sht As WorkSheet '声明一个工作表对象
Set Sht = WorkSheets ("对象练习")
R = Sht.Range("D65536").End(xlUp).Row '从 D65536 单元格自下而上确定 D 列最后一
```
个非空单元格的行号

```
R = Sht.Range("D1").End(xldown).Row '从 D1 单元格自上而下确定 D 列最后一个非空
```
单元格的行号

```
R = Sht.Range("D1").End(xltoright).column '从 D1 单元格左到右确定第 1 行最后一
```
个非空单元格的列号

```
R = Sht.Range("D5").End(xltoleft).column '从 D5 单元格右到左确定第 5 行最后一个
```
非空单元格的列号

(二)确定当前工作表最后一行的行号及最后一列的列号

在掌握上述知识后,我们就可以编写一个能自动判断表格边界的程序了。操作过程如下:

(1) 新建一个 Excel 工作簿,按 Alt+F11 组合键进入到 VBE 编程环境当中。

(2) 在 VBE 环境中添加一个模块。

(3) 在模块的代码窗口中添加如下的程序代码。

```
Sub 上下左右()
Dim Sht As WorkSheet
    Set Sht = WorkSheets("对象练习")
    Dim R1 As Integer, R2 As Integer, R3 As Integer, R4 As Integer '定义变量为
整型值
    R1 = Sht.Range("A65536").End(xlUp).Row
    R2 = Sht.Range("A4").End(xlDown).Row
    R3 = Sht.Range("A4").End(xlToRight).Column
    R4 = Sht.Range("AA4").End(xlToLeft).Column
```

```
        MsgBox "R1 = " & R1 & "：R2 = " & R2 & "：R3 = " & R3 & "：R4 = " & R4
End Sub
```

（4）单击"开发工具"，选择"插入"，在工作表中添加一个表单控件按钮，并且在弹出的"指定宏"窗口中选择"上下左右"，单击"确定"按钮，同时将按钮的显示名称设置为"上下左右"。单击按钮后，系统显示末行行号为20，最后一列的列号为4，如图 12-10 所示。

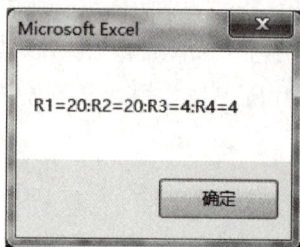

图 12-10　行号与列号的显示

二、常量

常量是静态的量，当某个数据需要保持不变时，可以使用常量，常量在程序中不能被修改。

使用常量可以增加程序的可读性，使程序代码看起来更加清晰明了。常量的名称一般用大写字母来表示，声明常量使用的是 Const 语句，语句格式为：

Const 常量名 As 数据类型＝值。

以如下代码为例：

```
Const Book As String = "《Excel 在财务中的应用》"
```

代码表示，让 Book 作为字符型常量，其值为《Excel 在财务中的应用》，以便于其他代码模块引用 Book 值。

在声明常量时，需要对其进行赋值，并且赋值后该值不能再被修改。通常情况下，常量需要指定数据类型。可以作为常量的数据类型有：布尔型、日期型、字符串型、货币型、小数型、字节型、整数型、长整数型、单精度浮点型、双精度浮点型和变体型等。

通过设置使系统的对话框中的标题栏固定地显示《Excel 在财务中的应用》这一信息，为实现这一操作，其步骤如下所示：

（1）按 Alt＋F11 组合键进入到 VBE 编程环境当中。

（2）在模块的代码窗口中添加如下的程序代码。

```
Const Book As String = "《Excel 在财务中的应用》"
Sub 确定最后一行的行号()
    Dim R As Long
    R = Range("A65536").End(xlUp).Row
    MsgBox "自下而上最后一行的行号为:" & R, 64, Book
End Sub
```

将光标停留在代码区域，连续按F8键对各行代码进行运行测试。当运行到 MsgBox 语句时，系统显示对话框，如图 12-11 所示。

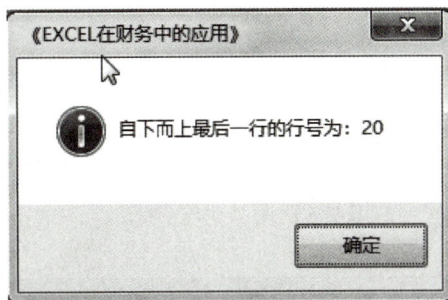

图 12-11 Const 语句的应用

【同步训练 12-2】 应用常量与变量编写代码

将上述代码中 Dim R As Long 的 Long 修改为 Integer，按 F8 键进行运行测试，比较运行结果，并分析原因。

写出可显示当前工作表中 C 列最后一行非空行的行号的代码，并按 F8 键进行运行测试。

写出可显示当前工作表中 B 列最后一行非空行的行号的代码，并按 F8 键进行运行测试。

任务三　属性的设置

学习目的

- 理解属性的概念，能根据工作场景的需要定义、修改属性的值。
- 能熟练地对字体、边框、单元格底纹等常见属性进行修改设置。
- 了解表单控件的作用，能运用控件增强程序人机对话功能。

学习资料

本示例演示：单击工作表中的"设置"按钮，将工作表中 A9 单元格的字体颜色属性设置为红色，单元格中的显示内容设置为"学习 Excel VBA，让工作更有效率！"。（实训资料：VBA 属性的值.xlsm）

操作步骤

一、属性的概念

对象的特征被称为属性，如毛巾有大小、颜色等属性，汽车有形状、颜色等属性。在 Excel VBA 当中，属性是 Excel 对象所具有的特征，如工作簿的大小、工作表的个数、列的高度和宽度、单元格的颜色、数值等。

12

在写代码时,对象和属性中间用"."号分隔开,表示属性属于哪个具体的对象,对象与属性间的语句格式为:对象.属性＝属性值。

二、属性的设置

以实训资料为例,具体操作步骤如下:

(1) 新建一个 Excel 工作簿,按 Alt＋F11 组合键进入到 VBE 编程环境当中。

(2) 在 VBE 环境中添加一个模块,如图 12-12 所示。

【操作视频】
VBA 属性

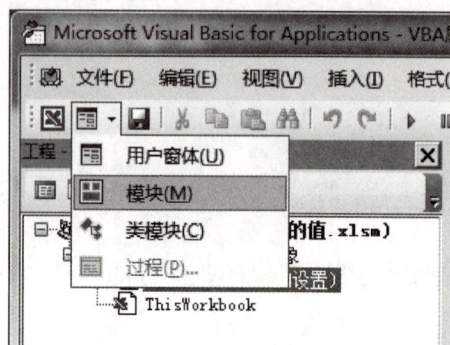

图 12-12　添加模块

(3) 在模块的代码窗口中添加如下的程序代码。

```
Sub 设置单元格()
    '设置单元格字体的颜色
    Cells(9, 1).Font.Color = RGB(200, 0, 0)
    '设置单元格的显示内容
    Cells(9, 1).Value = "学习 Excel VBA,让工作更有效率!"
End Sub
```

在代码中,Cells(9,1)代表 A9 单元格,Color 是 Font 的属性,用于设置字体对象 Font 的颜色。Value 是单元格的属性,用于设置单元格的显示内容。运行测试若出现红色的错误提示,请检查是否严格遵循英文大小写的规则录入代码。

〖操作提示 12-2〗　设置颜色

　　字体的不同颜色对应的 RGB 数值可以查询网络。

(4) 在工作表中添加一个表单控件按钮,在弹出的"指定宏"窗口中选择"设置单元格"宏,单击"确定"按钮,同时将按钮的显示名称设置为"设置",如图 12-13、图 12-14 所示。

12

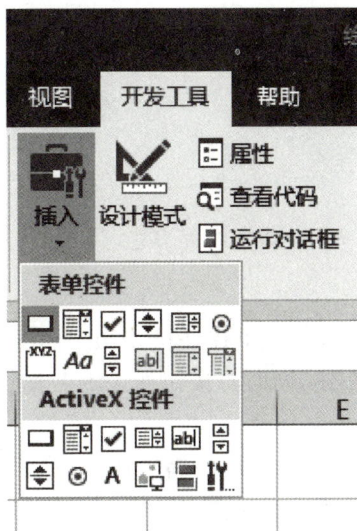

图 12-13 插入表单控件按钮

图 12-14 指定宏

代码运行后的效果如图 12-15 所示。

图 12-15 运行效果

属性的值可以是文字、数字,也可以是逻辑值(True 或 False)。例如,ActiveCell.Font. Bold ＝ True,它表示当前单元格的字体为粗体。

【同步训练 12-3】 应用属性设置编写代码

本训练要求实现:通过单击工作表中的"显示"按钮,弹出一个提示对话框,在该提示对话框中显示工作表中单元格 B2 的宽度和高度。

操作步骤如下:

(1)新建一个 Excel 工作簿,按 Alt＋F11 组合键进入到 VBE 开发环境当中。

(2)在 VBE 开发环境中添加一个模块。

(3)在模块的代码窗口中添加如下的程序代码。

```
Sub 显示行高与列宽()
    '声明两个整型变量
```

```
Dim i As Integer
Dim j As Integer
'将单元格的宽度和高度值赋予变量
i = Cells(9, 1).Width
j = Cells(9, 1).Height
MsgBox "单元格 A9 的宽度为:" & i & " 单元格 A9 的高度为:" & j
End Sub
```

（4）单击"开发工具"，选择"插入"，在工作表中添加一个表单控件按钮，并且在弹出的"指定宏"窗口中选择"显示行高与列宽"宏，单击"确定"按钮，同时将按钮的显示名称设置为"行高与列宽"。

上述代码中，首先对单元格的宽度属性值赋予变量 i，对单元格的高度属性值赋予变量 j，然后，通过提示对话框显示单元格的宽度和高度信息，如图 12-16 所示。

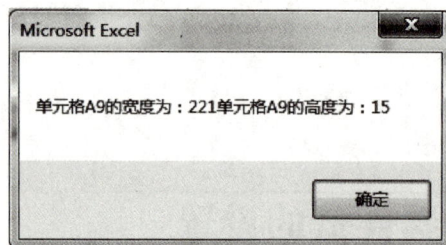

图 12-16　行高列宽的显示

任务四　方法的应用

学习目的

理解方法的概念，能识别复制、删除、选择、清除等常见方法的代码。

学习资料

本示例演示：应用工作表对象中的 Delete 方法删除工作表对象。（实训资料：VBA 方法.xlsm）

操作向导

一、方法的概念

对对象做的操作统称为方法。也就是说，方法是指对对象执行的某种操作，从而完成某件事情或某个动作。在操作 Excel 对象时，打开与删除工作表，复制单元格等都是 Excel VBA 中方法的应用实例。"打开"与"删除"是以工作表为对象的方法，"复制"是以单元格为对象的方法。

与属性和对象之间的关系一样,对象和方法之间也用"."号分隔开。其基本的语法格式是:对象.方法。例如:

Range("A4"). ClearContents,它表示清除单元格 A4 的内容;

Range("A4"). ClearFormats,它表示清除单元格 A4 的格式;

Range("A4"). Clear,它表示同时清除内容和格式;

Range("A4"). Select,它表示选择 A4 单元格;

Range("A4"). Copy,它表示复制 A4 单元格的内容。

二、方法的设置

本示例通过单击工作表中的"删除工作表"按钮,删除工作簿中的工作表 Sheet1 和 Sheet2。

(1) 新建一个 Excel 工作簿,按 Alt＋F11 组合键进入到 VBE 开发环境当中。

(2) 在 VBE 开发环境中添加一个模块。

(3) 在模块的代码窗口中添加如下的程序代码。

```
Sub 删除工作表()
    WorkSheets("Sheet1").Delete
    WorkSheets("Sheet2").Delete
End sub
```

代码中的 Delete,是删除工作表对象的方法,通过该方法可以删除工作表对象。

(4) 在工作表中添加一个表单按钮控件,并且在弹出的"指定宏"窗口中选择"删除工作表"宏,单击"确定"按钮,同时将按钮的显示名称设置为"删除工作表",如图 12-17 所示。

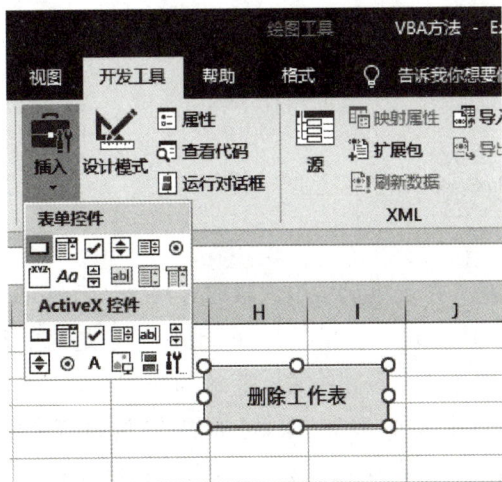

图 12-17　设置表单按钮控件

12

（5）点击"删除工作表"按钮之后，工作表"Sheet1"与"Sheet2"将被删除，如图 12-18 所示。

图 12-18 删除工作表

【同步训练 12-4】 应用 Copy 方法和 Pastespecial 方法实现单元格的复制与粘贴

本训练要求实现：通过单击工作表中的"复制"按钮复制 A5 单元格中的内容，然后单击工作表中的"粘贴"按钮，将被复制的内容粘贴到 C5 单元格当中。（实训资料：VBA 方法.xlsm）

操作步骤如下：

（1）新建一个 Excel 工作簿。

（2）在工作表"复制与粘贴"的 A5 单元格中输入字符"Copy 方法"，在 C5 单元格中输入字符"Pastespecial 方法"。

（3）按 Alt＋F11 组合键进入 VBE 编辑窗口，在 VBE 开发环境中添加一个模块。

（4）在模块的代码窗口中添加如下的程序代码。

```
Sub 复制()
    Range("A5").Copy
End Sub
Sub 粘贴()
    Range("C5").PasteSpecial
End Sub
```

代码中的 Copy 是复制工作表单元格中内容的方法。Pastespecial 是粘贴复制单元格中内容的方法，通过该方法可以实现将已复制的内容粘贴到指定的单元格中。

（5）在工作表中添加两个表单按钮控件。将添加的"按钮 1"控件的显示名称修改为"复制"，在弹出的"指定宏"窗口中选择"复制"宏；将添加的"按钮 2"控件的显示名称修改为"粘贴"，在弹出的"指定宏"窗口中选择"粘贴"宏，完成对按钮的设置。

（6）移动光标，离开按钮控件，先单击"复制"按钮，再单击"粘贴"按钮，如图 12-19 所示。

12

图 12-19 复制粘贴的效果

【同步训练 12-5】 应用 ClearContents 方法清除单元格内容

参照 Range("A4").ClearContents,编写一个清除 C5 单元格的代码,增加一个清除按钮并进行测试。

任务五 If 语句的应用

学习目的

● 能熟练运用 If 判断语句,完成单条件、多条件的应用判断;
● 能识别出 If 判断语句运行中的差错。

学习资料

对职员销售业绩进行评级。如果销售积分大于等于 60,则在同一行的另一列单元格中显示"合格",否则,显示不合格。(实训资料:VBA 判断语句.xlsm)

操作向导

在问题处理中,Excel 常常需要根据既定条件满足与否,决定后续所执行的操作。结合对给定条件的判断,选择执行不同分支上的语句。VBA 中的条件语句包括 If 结构语句和 Select 结构语句两种,本实训主要介绍 If 结构语句。

一、If-Then 单行语句

If-Then 语句是典型的分支结构语句之一。If-Then 语句可以根据条件分别执行一条或某一段分支上的语句。使用该语句时,有两种语法书写形式:单行书写格式和多行书写格式。该语句的单行书写格式为:If 条件表达式 Then 执行语句。

条件表达式可以是算术表达式、关系表达式或逻辑表达式。VBA 将以 True 或 False 作为该条件表达式的计算结果。该语句的执行过程为:如果条件表达式计算结果为 True,执行 Then 关键字后的语句;否则,不执行 Then 后语句,而直接跳转到代码的下一条语句。

以下示例通过 If-Then 单行语句判断销售业绩是否合格:

(1) 按 Alt+F11 组合键进入到 VBE 编程环境当中。

【操作视频】
If 判断语句

12

（2）插入一个新的模块，在模块的代码窗口中添加如下的程序代码。

```
Sub 单条件单行判断()
    '如果 B5 单元格的值大于等于 60，那么 C5 显示合格
    If Range("B5") >= 60 Then Range("C5") = "合格"
End Sub
```

（3）在工作表中添加一个表单控件按钮，并且在弹出的"指定宏"窗口中选择"单条件单行判断"宏，单击"确定"按钮，同时将按钮的显示名称设置为"单条件判断"，如图 12-20 所示。

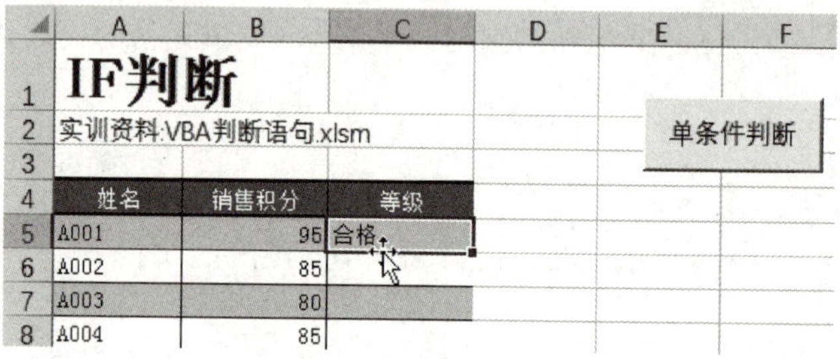

图 12-20　单行语句判断

二、If-Then 多行语句

上面讲到的都是 If-Then 语句的单行书写格式，实际上该语句还有多行书写格式。

语句的单行书写格式和多行书写格式的区别是：单行书写最后不需要以 End If 语句来终止整个条件结构，而多行书写格式需要使用 End If 作为判断结构的终结。多行书写格式便于阅读，语句的结构清晰，因而在执行语句比较多时，建议使用该书写方式。If-Then 多行语句的语法格式如下：

If 条件表达式 Then
语句块
End If

以下示例通过 If-Then 多行语句判断员工的销售业绩是否合格：

（1）按 Alt＋F11 组合键进入到 VBE 编程环境当中。

（2）在模块的代码窗口中添加如下的程序代码。

```
Sub 单条件多行判断()
    '如果 B5 单元格的值大于等于 60，那么 C5 显示合格
    If Range("B5") >= 60 Then
        Range("C5") = "合格"
    End If
End Sub
```

（3）选择单条件判断按钮，单击右键，将指定宏修改为"单条件多行判断"，进行测试，效果同前。指定宏和修改按钮的过程如图 12-21、图 12-22 所示。

图 12-21　指定宏

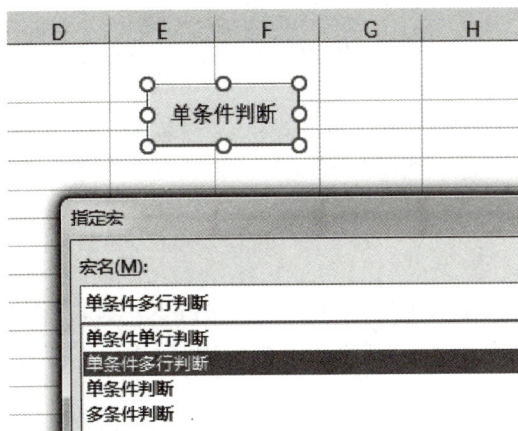

图 12-22　修改按钮

三、If-Then-Else 语句

当条件表达式为 False 时，上面介绍的 If-Then 语句没有提供可执行的语句代码块。如果需要在条件表达式为 False 时执行相应的代码，则需要使用 If-Then-Else 语句。该语句格式如下：

If 条件表达式 Then
语句序列 1
Else
语句序列 2
End If

以下示例通过 IF-Then-Else 语句判断销售业绩是否合格，成绩大于等于 60，则显示合格，否则，显示不合格。该过程的步骤如下：

（1）按 Alt＋F11 组合键进入到 VBE 编程环境当中。

（2）在模块的代码窗口中添加如下的程序代码。

```
Sub 单条件判断()
    '如果 B5 单元格的值大于等于 60，则 C5 显示合格；否则，C5 显示不合格；
    If Range("B5") >= 60 Then
        Range("C5") = "合格"
        Else
        Range("C5") = "不合格"
    End If
End Sub
```

然后将工作表中的 B5 单元格的业绩修改为 60 分以下，将光标停留在代码之中，连续按 F8 键，运行各行代码，如图 12-23 所示。

12

```
Sub 单条件判断()
    '如果B5单元格的值大于等于60，那么C5则显示合格；否则C5显示不合格；
    If Range("b5") >= 60 Then
        Range("c5") = "合格"
        Else
        Range("c5") = "不合格"
    End If
End Sub
```

图 12-23 系统直接运行 If-Then-Else 语句

由于 B5 单元格低于 60 分，所以系统跳过合格的判断，直接运行到 Else 语句块，最后在 C5 单元格中显示“不合格”，如图 12-24 所示。

	A	B	C	D
1	IF判断			
2	实训资料:VBA判断语句.xlsm			
3				
4	姓名	成绩	等级	
5	A001	58	不合格	
6	A002	85		

图 12-24 运行结果

四、If-Then-Elseif 语句

前面分别介绍了 If-Then 语句和 If-Then-Else 语句，在实务中，判断语句还可以进行多条件分支判断，这时，将应用 If-Then-ElseIf 语句。对于该语句，根据特定需求，可添加任意多个 ElseIf 条件分支。该语句的调用格式如下：

```
If 条件表达式 1 Then
语句块 1
ElseIf 条件表达式 2 Then
语句块 2
…
ElseIf 条件表达式 n Then
语句块 n
Else
语句块 n+1
End If
```

该语句的执行过程为：条件表达式 1 的值为真时，则执行语句块 1，并跳过其他分支语句执行 If 语句的后续语句；条件表达式 1 的值如果为假，则计算条件表达式 2 的值，依次类推，直到条件表达式的值为真，才执行相应的语句块，然后执行 End If 后面的语句。式中的 Else 是可选项，表示如果没有值为真的条件表达式，则执行语句块 N+1。如果没有 Else，且所有条件表达式值都不为真，则不执行 If 语句中的任何语句块。

以下示例通过 If-Then-ElseIf 语句对销售业绩评级，积分大于等于 90 为“优”；大于等于 80 为“良”；大于等于 70 为“中”；大于等于 60 为“合格”；低于 60 为“不合格”，共分五个等级。

该过程的步骤如下：

（1）按 Alt＋F11 组合键进入到 VBE 编程环境当中。

（2）在模块的代码窗口中添加如下的程序代码。

```
Sub 多条件判断()
Dim Sht As WorkSheet
Set Sht = WorkSheets("if 判断")
    If Sht.Range("B5") >= 90 Then
        Sht.Range("C5") = "优"
    ElseIf Sht.Range("B5") >= 80 Then
        Sht.Range("C5") = "良"
    ElseIf Sht.Range("B5") >= 70 Then
        Sht.Range("C5") = "中"
    ElseIf Sht.Range("B5") >= 60 Then
        Sht.Range("C5") = "合格"
    Else
        Sht.Range("C5") = "不合格"
    End If
End Sub
```

（3）修改 B5 单元格的成绩，返回代码，连续按 F8 键运行各行代码，C5 单元格中的等级将随着成绩变化而变化，如图 12-25 所示。

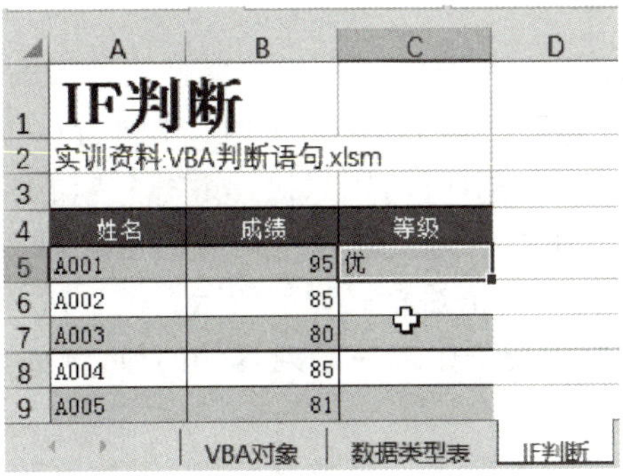

图 12-25　运行结果

任务六　Select Case 语句的应用

学习目的

- 能熟练运用 Select Case 语句，完成单条件、多条件的应用判断。
- 能够实现 IF 语句与 Select Case 语句之间的切换，熟练掌握判断语句在不同场景中

12

的应用。

📖 学习资料

要求通过 Select Case 语句判断销售业绩,积分大于等于 90 为"优";大于等于 80 为"良";大于等于 70 为"中";大于等于 60 为"合格";低于 60 为"不合格",共分为五个等级。(实训资料:VBA 判断语句.xlsm)

🐥 操作向导

一、Select Case 多分支语句

当选择结构中分支非常多,结构又很繁杂时,我们应该考虑使用 Select Case 多分支语句。虽然也可以使用 If-Then-Elself 语句,但该语句应用时表述相对繁琐,且不易阅读,维护困难。Select Case 语句则可以十分简洁、清晰地表述该结构,易于阅读,也便于查错维护。Select Case 多分支语句结构的调用格式如下:

Select Case 条件表达式
Case 表达式 1
语句块 1
Case 表达式 2
语句块 2
…
Case Else
语句块 n
End Select

该语句在起始语句中计算条件表达式,然后将条件表达式的值与结构中的每个 Case 子句中表达式的值进行比较。如果找到了相匹配的值,则执行该子句下的语句块。若有多个 Case 子句的值与条件表达式的值相匹配,则只执行第一个与之匹配的 Case 子句后面的语句块。如果没有任何 Case 子句中的值与条件表达式的值相匹配,则执行 Case Else 子句中的语句块。其中,Case 子句表达式的语法格式如下所示。

具体值格式:该表达式主要用于体现一系列具体的值,例如,Case "叶"、Case"王"、Case "李"等。

取值范围格式:该表达式用来表示一个数据范围,例如,Case 60 To 70 表示介于 60 到 70 之间的值。

Is 运算符格式:该表达式也用于表示数据范围,例如,Case Is＜200 表示所有小于 200 的值。

二、使用 Is 运算符进行成绩等判断

以下示例通过 Select Case 语句判断销售业绩,共分为优、良、中、合格、不合格五个等级。该过程的步骤如下:

(1) 按 Alt＋F11 组合键进入到 VBE 编程环境当中。

(2) 插入新的模块,在模块的代码窗口中添加如下的程序代码。

```
Sub 判断()
Dim Sht As WorkSheet
Set Sht = WorkSheets("Select case 判断")

Select Case Cells(5, 2)
    Case Is >= 90
    Cells(5, 3) = "优"
    Case Is >= 80
    Cells(5, 3) = "良"
    Case Is >= 70
    Cells(5, 3) = "中"
    Case Is >= 60
    Cells(5, 3) = "合格"
    Case Else
    Cells(5, 3) = "不合格"
End Select
End Sub
```

（3）将 B5 单元格的业绩修改为 60 分以下，光标停留在代码之中，连续按 F8 键运行各行代码，C5 单元格将显示"不合格"。

三、使用取值范围进行成绩等级判断

如果使用一个取值范围进行成绩等级判断，则需要使用 Case n_1 To n_2 这种表达式。操作过程如下：

（1）按 Alt＋F11 组合键进入到 VBE 编程环境当中。

（2）在模块的代码窗口中添加如下的程序代码，并按 F8 键进行代码运行测试，运行过程如图 12-26 所示。

```
Sub 取值范围判断()
Dim sht As Worksheet
Set sht = Worksheets("Select case判断")

Select Case Cells(5, 2)
    Case 90 To 100
    Cells(5, 3) = "优"
    Case 80 To 90
    Cells(5, 3) = "良"
    Case 70 To 80
    Cells(5, 3) = "中"
    Case 60 To 70
    Cells(5, 3) = "合格"
    Case Else
⇨    Cells(5, 3) = "不合格"
End Select
End Sub
```

图 12-26　判断成绩等级的过程

12

【同步训练 12-6】　应用 Select Case 语句编写折后应收金额计算代码

使用 InputBox 函数调用输入对话框,以顾客输入的金额为购物总金额,然后使用 Select Case 分支结构计算购物总金额在不同区段情况下,顾客优惠后的应收款总额,最后将实际应收金额数显示在信息对话框中。该过程的步骤如下:

(1) 按 Alt+F11 组合键进入到 VBE 编程环境当中。

(2) 在模块的代码窗口中添加如下的程序代码。

```
Sub 应收金额()
'声明两个单精度变量
Dim x As Single, y As Single
'获取客户无优惠购物总金额
x = InputBox("请输入总金额:")
Select Case x
    '总金额未超过 2000 没有优惠
    Case Is < 2000
    y = x
    '总金额在 2000 与 3000 之间优惠 10%
    Case Is < 3000
    y = 0.9 * x
    '总金额在 3000 到 4000 之间优惠 15%
    Case Is < 4000
    y = 0.85 * x
    '总金额在 4000 到 5000 之间优惠 20%
    Case Is < 5000
    y = 0.8 * x
    Case Else
    y = 0.75 * x
End Select
    MsgBox "优惠后应收金额为:" & y & "元。"
End Sub
```

(3) 光标停留在代码之中,连续按 F8 键运行代码,弹出输入对话框,如图 12-27 所示。在其中输入金额 80 000 元,单击"确定"。

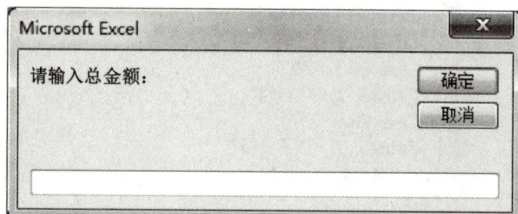

图 12-27　输入窗口

（4）继续按 F8 键，代码逐行运行到 Case Else 语句，执行 y ＝ 0.75 ＊ x 命令，计算出折扣金额后，将结果通过信息对话框显示出来，如图 12-28 所示。

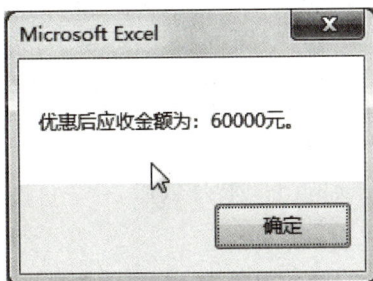

图 12-28　显示折扣后的金额

任务七　For-Next 循环语句

学习目的

● 能熟练运用 For-Next 语句，实现数据的批量处理。
● 能熟练运用"&"文本连接符和变量，能识别循环语句编写过程中常见的差错。

学习资料

根据销售人员的销售积分，循环判断其销售等级。判断标准：销售业绩积分大于等于 90 为"优"；大于等于 80 为"良"；大于等于 70 为"中"；大于等于 60 为"合格"；低于 60 为"不合格"，共分为五个等级。（实训资料：VBA 循环语句）

操作向导

在实际应用中，经常遇到一些需要反复处理的问题，如求若干个数的和或积等。重复执行某一程序块称作循环。VBA 提供了多种不同风格的循环结构语句，包括 Do-Loop、While-Wend、For-Next、For Each-Next 等，其中最常用的是 Do-loop 语句和 For-Next 语句，对于初学者，掌握 For-Next 语句便足以应对日常的工作需求了。

一、For-Next 循环

For-Next 循环语句常用于循环次数可预知的情况。For-Next 循环使用一个计数器变量，每次循环结束后，计数器变量的值就会增加或减少一个固定值，即 Step 步长值。当该计数器变量达到某一个值时，程序将退出 For 循环结构。在 For 循环中，还可以使用 Exit For 语句退出循环。For-Next 循环的调用格式如下：

For 循环变量＝初始值 To 终值 Step 步长
　循环体语句
Next 循环变量

上面的调用格式中，步长值可以为负值。当其为正值时，初始值必须小于或等于终值，循环体才会被执行；当其为负值时，初始值必须大于或等于终值，循环体才会被执行。如果

该参数被省略,则步长值默认为1。

该语句的执行流程为:赋予初始值循环变量,然后判断循环变量是否超过终值,如果为真,则退出循环,执行 For 循环之后的语句;如果为假,进入下一步循环体语句。

以下示例通过一个 For-Next 循环,计算 1 到 50 之间所有自然数之和,最后将该计算结果显示在信息框中。该过程的步骤如下:

(1)按 Alt+F11 组合键进入到 VBE 编程环境当中。

(2)插入一个新的模块。

(3)在模块的代码窗口中添加如下的程序代码。

```
Sub countsum()
    Dim i As Integer, sum As Integer
    '给变量 sum 赋初值 0
    sum = 0
    For i = 1 To 50 Step 1
    '累加
    sum = sum + i
    Next i
    '显示计算结果
    MsgBox "1 到 50 自然数之和是" & sum
End Sub
```

(4)持续按 F8 键,可以发现代码主要在 sum=sum+i 与 Next i 语句之间循环,当 i 值累加至 50 时,结果将通过信息对话框显示出来,如图 12-29 所示。

图 12-29 累计之和

二、嵌套 If 语句进行循环判断

根据 For-Next 循环语句,我们需要确定循环变量的初始值,也需要判断其终值,因为值是变化的,所以要用 Dim 语句声明一个变量。

本示例针对 IF 判断工作表中的销售积分,要求对每一位员工的销售等级进行评级。该过程的操作步骤如下:

(1)按 Alt+F11 组合键进入到 VBE 编程环境当中。

(2)插入一个新的模块。

(3)在模块的代码窗口中添加如下的程序代码。

```
Sub 循环 IF 判断()
```

【操作视频】
For-Next 循环
语句应用实例

12

```
'判断在哪操作
Dim Sht As WorkSheet
Set Sht = WorkSheets("IF 判断")
'判断循环的终值在哪
Dim N As Integer
N = Sht.Range("A5").End(xlDown).Row
'套用循环
For n2 = 5 To N Step 1
'循环语句为 IF 多条件判断语句
'注意,将 B 或 C 用"&"与循环变量 n2 相连,才能逐个判断各单元格
  If Sht.Range("B" & n2) >= 90 Then
        Sht.Range("C" & n2) = "优"
    ElseIf Sht.Range("B" & n2) >= 80 Then
        Sht.Range("C" & n2) = "良"
    ElseIf Sht.Range("B" & n2) >= 70 Then
        Sht.Range("C" & n2) = "中"
    ElseIf Sht.Range("B" & n2) >= 60 Then
        Sht.Range("C" & n2) = "合格"
    Else
        Sht.Range("C" & n2) = "不合格"
    End If
Next n2
End Sub
```

(4) 在工作表中添加一个表单控件按钮,并且在弹出的"指定宏"窗口中选择"循环 IF 判断"宏,单击"确定"按钮,同时将按钮的显示名称设置为"评级"。单击"评级"按钮,结果如图 12-30 所示。

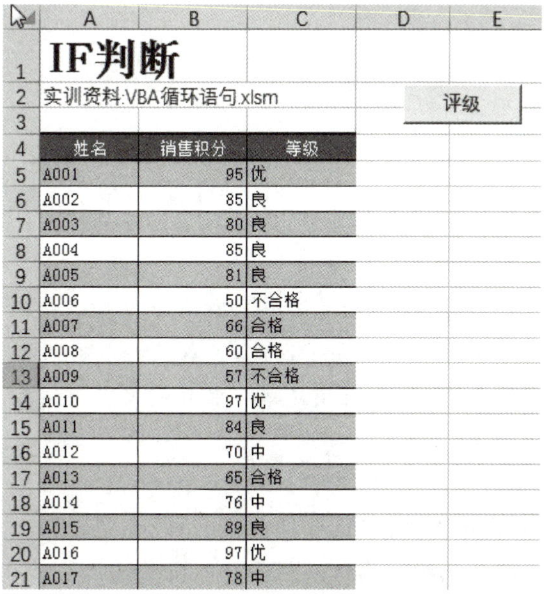

姓名	销售积分	等级
A001	95	优
A002	85	良
A003	80	良
A004	85	良
A005	81	良
A006	50	不合格
A007	66	合格
A008	60	合格
A009	57	不合格
A010	97	优
A011	84	良
A012	70	中
A013	65	合格
A014	76	中
A015	89	良
A016	97	优
A017	78	中

图 12-30　循环判断结果

三、嵌套 Select Case 语句进行循环判断

上述例子，也可以通过 Select 语句实现循环判断。

本示例嵌套 Select Case 语句判断工作表中的销售积分，要求对每一位员工的销售等级进行评级。参照前例的代码进行修改，修改后的代码如下：

```
Sub 循环 select 判断()
Dim Sht As WorkSheet
Set Sht = WorkSheets("Select case 判断")
Dim N As Integer
N = Sht.Range("A5").End(xlDown).Row
For n2 = 5 To N Step 1
'用变量 n2 作为行号，才能逐行判断各单元格
Select Case Cells(n2, 2)
    Case 90 To 100
    Cells(n2, 3) = "优"
    Case 80 To 90
    Cells(n2, 3) = "良"
    Case 70 To 80
    Cells(n2, 3) = "中"
    Case 60 To 70
    Cells(n2, 3) = "合格"
    Case Else
    Cells(n2, 3) = "不合格"
End Select
Next n2
End Sub
```

〖操作提示 12-3〗　套用已编写的代码

在上一个实训中，已经完成 Select 语句判断某一位员工销售积分等级的代码编写，但那只适用于对 B5 单元格的判断。因此，可以将之复制到循环判断模块，将其中的固定值 5 替换成循环变量 n2，即可快速地完成判断代码的编写。同时，请注意修改工作表对象，如图 12-31 所示。

在工作表中添加一个表单控件按钮，并且在弹出的"指定宏"窗口中选择"循环 select 判断"宏，单击"确定"按钮，同时将按钮的显示名称设置为"评级"。单击"评级"按钮，结果如图 12-32 所示。

```
Sub 循环select判断()
'先判断在哪操作
Dim SHT As Worksheet
Set SHT = Worksheets("Select case判断")
'再判断循环的终值在哪
Dim N As Integer
N = SHT.Range("A5").End(xlDown).Row
'再次，套用循环
For n2 = 5 To N Step 1
'其次，用select多条件判断
'最后，将5替换为循环变量N2
Select Case Cells(n2, 2)
    Case 90 To 100
    Cells(n2, 3) = "优"
    Case 80 To 90
    Cells(n2, 3) = "良"
    Case 70 To 80
    Cells(n2, 3) = "中"
    Case 60 To 70
    Cells(n2, 3) = "合格"
    Case Else
    Cells(n2, 3) = "不合格"
End Select
Next n2
End Sub
```

图 12-31　用循环变量 n2 替换固定值 5

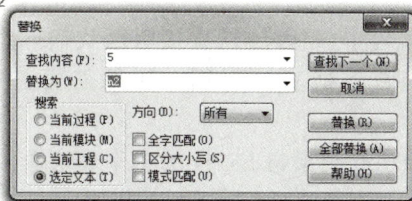

图 12-32　运行结果

任务八　工作表函数的引用

学习目的

- 熟练掌握 VLOOKUP、AVERAGE、SUMIF、COUNTIF 等工作表函数的应用。
- 能运用 WorkSheetFunction 引用工作表函数。

12

学习资料

根据销售人员业绩表，通过信息框显示销售人员平均绩效，计算结果要求保留两位小数。（实训资料：VBA 工作表函数的引用.xlsm）

操作向导

在 ExcelVBA 编程中，是否可以直接引用我们熟悉的 Excel 工作表函数呢？答案是肯定的。但是，有的函数不能直接引用。如果需要引用，则需要应用 WorkSheetFunction 对象。

WorkSheetFunction 对象与 Excel 的工作表函数密切相关。可以将工作表的公式通过 WorkSheetFunction 对象直接应用到 VBA 代码中。

在 Excel 工作表中，计算数据平均值并保留两位小数，主要涉及 Average 与 Round 函数。本示例通过 WorkSheetFunction 对象计算销售人员业绩的平均值，操作过程如下：

（1）按 Alt＋F11 组合键进入到 VBE 编程环境当中。

（2）在"循环 select 判断"过程模块后（Next n2 代码后）添加如下的程序代码。

```
'将 ave 声明为单精度数据类型
Dim ave As Single
'计算 B5 到最后一行的数据平均值
ave = Application.WorkSheetFunction.Average(Range("b5:b" & N))
MsgBox "销售人员平均销售积分为：" & ave
```

运行后信息框中显示销售人员的平均积分为 74.21951，如图 12-33 所示。

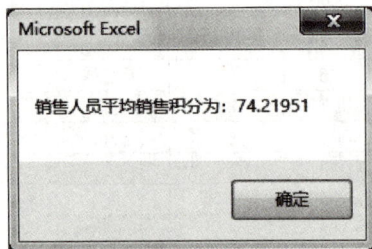

图 12-33 平均积分

如果需要保留两位小数，则需要增加 Round 函数。与 Average 函数不同，该函数可以在 VBA 中直接引用，如图 12-34 所示。因此，将 Average 函数的计算结果嵌套为 Round(ave,2)，即可实现两位小数的设置。

```
'将ave声明为单精度数据类型
Dim ave As Single
'计算B5到最后一行的数据平均值
ave = Application.WorkSheetFunction.Average(Range("b5:b" & N))
MsgBox "销售人员平均销售积分为：" & round(ave,2)
```

Round(Number, [NumDigitsAfterDecimal As Long])

图 12-34 直接引用 Round 函数

12

完整代码如下：

```
Sub 循环 select 判断()
'判断在哪操作
Dim Sht As WorkSheet
Set Sht = WorkSheets("Select case 判断")
'判断循环的终值在哪
Dim N As Integer
N = Sht.Range("A5").End(xlDown).Row
'套用循环
For n2 = 5 To N Step 1
'用 select 多条件判断，用循环变量 n2 作为行号
Select Case Cells(n2, 2)
    Case 90 To 100
    Cells(n2, 3) = "优"
    Case 80 To 90
    Cells(n2, 3) = "良"
    Case 70 To 80
    Cells(n2, 3) = "中"
    Case 60 To 70
    Cells(n2, 3) = "合格"
    Case Else
    Cells(n2, 3) = "不合格"
End Select
Next n2

'将 ave 声明为单精度数据类型
Dim ave As Single
'计算 B5 到最后一行的数据平均值
ave = Application.WorkSheetFunction.Average(Range("b5:b" & N))
MsgBox "销售人员平均销售积分为:" & Round(ave, 2)
End Sub
```

代码运行后的结果，如图 12-35 所示。

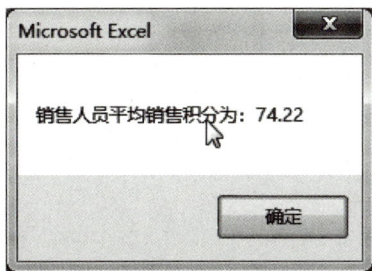

图 12-35　保留两位小数

任务九　排版的自动化设置

📝 学习目的

- 掌握结构化代码的编写，能阅读并修改对象、变量、属性、方法、判断、循环等代码。
- 了解事件，能运用事件通过 CALL 命令激活各程序代码块。

📖 学习资料

对销售人员业绩表进行排版设置，在模块 4 区域中录入排版代码，并在 ThisWorkBook 中设置双击事件，实现双击工作表就能达到自动排版的效果。请对录入的代码添加注释说明，方便他人理解代码含义。（实训资料：VBA 排版.xlsm）

🐦 操作向导

在完成工作表设计及数据计算之后，需要对表格进行排版设置，如字体，字号，颜色等，这里将重新温习属性的相关知识。

本示例中，将设置单元格区域的属性，来对字体、字号、行高与列宽作调整。操作过程如下：

（1）按 Alt＋F11 组合键进入到 VBE 编程环境当中。

（2）在模块 4 中，添加如下的程序代码，并给每段代码添加注释说明。

【操作视频】
一个经典的
编程结构

```
Sub 排版()
'声明工作表对象
Dim Sht As WorkSheet
Set Sht = ActiveSheet
'声明一个变量,判断最后一行的行号
Dim R As Integer
R = Sht.Range("A5").End(xlDown).Row
'声明一个变量,判断最后一列的列号
Dim C As Integer
C = Sht.Range("A5").End(xlToRight).Column
'声明单元格对象
Dim rng As Range
Set rng = Sht.Range(Cells(4, 1), Cells(R, C))
'对指定的单元格区域进行自动化排版
rng.Borders.LineStyle = 0 '取消边框线
rng.RowHeight = 18 '设置行高
rng.Font.Name = "宋体" '设置字体
rng.Rows.AutoFit '行高自动调整
rng.Font.Size = 10 '字号为10
rng.Font.ColorIndex = 1 '字的颜色为黑色
rng.Borders.LineStyle = 1 '单元格边框为细线
```

'给不同行的单元格增加不同色彩的底纹

For R2 = 4 To R Step 2

Sht.Range(Cells(R2, 1), Cells(R2, C)).Interior.Color = RGB(248, 248, 205) '浅黄色

Sht.Range(Cells(R2 + 1, 1), Cells(R2 + 1, C)).Interior.ColorIndex = 0

Next

End Sub

（3）打开 ThisWorkBook，选择 WorkBook，选择 SheetBeforeDoubleClick 事件，录入 Call 模块 4.排版。意为模块 4 中排版的代码适用于本工作簿的任一工作表，通过双击工作表中的单元格，系统将自动对该表进行排版。其代码如下：

Private Sub WorkBook_SheetBeforeDoubleClick(ByVal Sh As Object, ByVal Target As Range, Cancel As Boolean)

Call 模块 4.排版

End Sub

如图 12-36 所示。

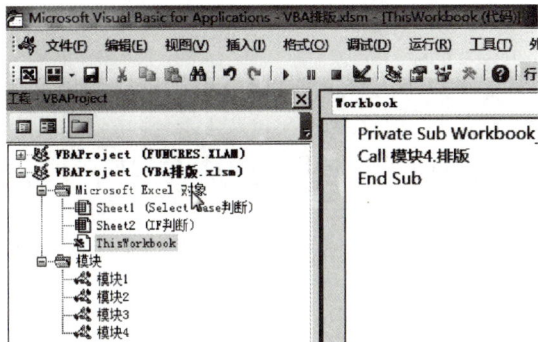

图 12-36　在 ThisWorkBook 录入代码

自动排版后，效果如图 12-37 所示。

图 12-37　自动排版后的效果

任务十　用 Function 自定义函数

学习目的

● 掌握程序编写的基本方法,能用 FUNCTION 过程自定义函数。
● 了解事件,能运用事件通过 CALL 命令激活各程序代码块。

学习资料

根据销售人员的销售积分,设置一个自定义函数 PJ,判断其销售等级。判断标准:销售业绩积分大于等于 90 为"优";大于等于 80 为"良";大于等于 70 为"中";大于等于 60 为"合格";低于 60 为"不合格",共分为五个等级。(实训资料:VBA 自定义函数.xlsm)

操作向导

Function 过程是由用户自行定义建立的过程,用户可以根据使用需要对其增加或删除。在 VBA 中创建的 Function 过程,不仅可以在该项目的模块内被调用,而且可以作为工作表函数应用在工作表公式中,这种功能也是 Excel 的特色功能之一。Function 过程的调用格式如下:

Function 过程名称([参数表])[As 数据类型]
语句块
End Function

一、自定义 PJ 函数

本示例用 Function 自定义函数 PJ,然后在工作表中引用该函数进行业绩等级评定。操作过程如下:

(1) 按 Alt＋F11 组合键进入到 VBE 编程环境当中。
(2) 插入一个新的模块,添加如下的程序代码。

```
Function PJ(YJ As Variant)
Select Case YJ
    Case 90 To 100
    PJ = "优"
    Case 80 To 90
    PJ = "良"
    Case 70 To 80
    PJ = "中"
    Case 60 To 70
    PJ = "合格"
```

```
    Case Else
        PJ = "不合格"
End Select
End Function
```

代码中，PJ 为自定义的函数名称，YJ 为自定义参数，代表销售积分，作为变体型变量。Function 过程需要用 End Function 结束该过程。自定义函数结束后，我们可以在工作表或是 VBA 代码中直接引用自定义函数。

二、在工作表中引用自定义函数

返回到工作表界面，在 C5 单元格中输入"＝PJ(B5)"，按回车键，并将公式快速填充到其他单元格中。其中 PJ 就是定义好的函数，如图 12-38 所示。

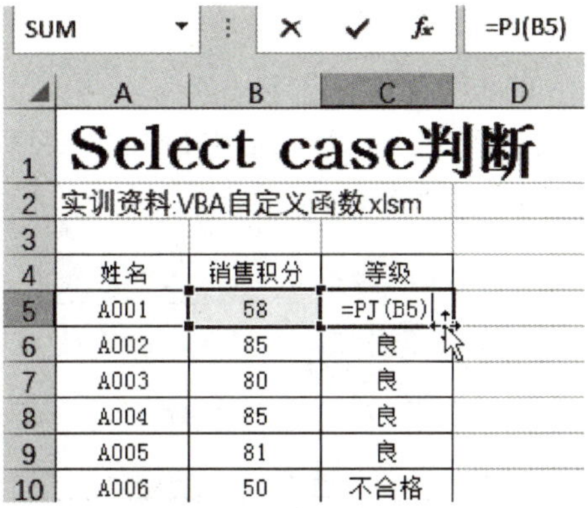

图 12-38 应用自定义函数 PJ

【同步训练 12-7】 自定义函数

请你根据下列 If 语句，用 Function 过程将之定义为 DJ 函数，使 DJ 函数适用于工作表函数引用，并进行测试。

```
If Range("b5") >= 90 Then
    Range("c5") = "优"
ElseIf Range("b5") >= 80 Then
    Range("c5") = "良"
ElseIf Range("b5") >= 70 Then
    Range("c5") = "中"
ElseIf Range("b5") >= 60 Then
    Range("c5") = "合格"
Else
    Range("c5") = "不合格"
End If
```

参考代码如下：

12

```
Function DJ(YJ As Variant)
    If YJ >= 90 Then
        DJ = "优"
    ElseIf YJ >= 80 Then
        DJ = "良"
    ElseIf YJ >= 70 Then
        DJ = "中"
    ElseIf YJ >= 60 Then
        DJ = "合格"
    Else
        DJ = "不合格"
    End If
End Function
```

DJ 函数即为通过 Function 过程设置的自定义函数，其中 YJ 代表业绩分或指需要判断单元格的数据。返回到工作表界面，在 C5 单元格中输入"=DJ(B5)"，按回车键，并将公式快速填充到其他单元格中，如图 12-39 所示。

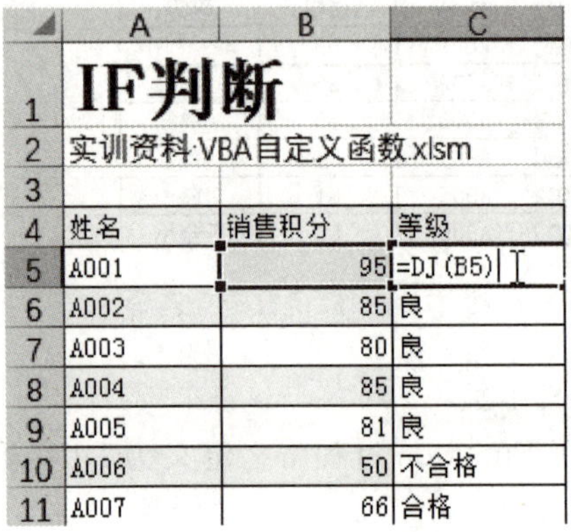

图 12-39 用自定义函数判断等级

三、在 VBA 中引用自定义函数

自定义函数不仅可以在工作表中直接引用，而且也可以在 VBA 编程中引用。本示例要求在 VBA 代码中引用自定义函数 DJ，单击按钮后，完成对所有员工销售业绩的等级评定。操作过程如下：

（1）按 Alt+F11 组合键进入到 VBE 编程环境当中。

（2）插入一个新的模块，添加如下的程序代码。

```
Sub 评定()
'判断最后一行
Dim R As Integer
R = Range("A5").End(xlDown).Row
```

```
'引用自定义函数进行循环判断
For R2 = 5 To R Step 1
Cells(R2, 3) = DJ(Cells(R2, 2))
Next
End Sub
```

代码中的 DJ 是通过 Function 过程设置的自定义函数。

（3）在工作表中添加一个表单按钮控件,并且在弹出的"指定宏"窗口中选择"评定"宏,单击"确定"按钮,同时将按钮的显示名称设置为"评定"。单击按钮,即可显出评级结果。

课 后 实 训

判断题

1. Range("A4").Value,它表示 A4 单元格的值。　　　　　　　　　（　　）

2. Range("A4").Value = 25,它表示在当前工作表的 A4 单元格里输入数字 25。
　　　　　　　　　（　　）

3. Range("A4").Value = 25,它表示将当前工作表的 A4 单元格的字号设置为 25 磅。
　　　　　　　　　（　　）

4. Range("A4").Value ="欢迎丽水",它表示在当前工作表的 A4 单元格里录入"欢迎丽水"。　　　　　　　　　（　　）

5. ActiveCell.Font.Name = "Times New Roman",它表示将当前单元格的字体改为 Times New Roman 字体。　　　　　　　　　（　　）

6. ActiveCell.Font.Bold = True,它表示将当前单元格的字体改为粗体。　　（　　）

7. Range("A4").ClearFormats,它表示清除 A4 单元格的格式。　　　（　　）

8. Range("A4").Select,它表示删除 A4 单元格。　　　　　　　（　　）

9. Range("A4").Copy,它表示复制 A4 单元格的内容。　　　　　（　　）

10. Range("C5").PasteSpecial,它表示复制粘贴 C5 单元格的内容。　　（　　）

11. WorkSheets("考核表").Range("A65536"),是指考核表中的 A65536 单元格。
　　　　　　　　　（　　）

12. WorkSheets("考核表").Range("B65536"),是指考核表中的 A65536 单元格。
　　　　　　　　　（　　）

13. Dim R As Integer,表示定义变量 R 为整型值。　　　　　　　（　　）

14. R = Range("D65536").End(xlUp).Row,它是以 D65536 单元格为起点,向上查找最后一个非空单元格的行号,即查找 D 列的最后一行。　　　　　（　　）

15. 如果你想多处引用特定的代码,那么使用 Call 是一个便捷的选择,其使用方法为:Call 程序名。比如:Call 模块 1.排序定级。　　　　　　　（　　）

16. Dim p As WorkSheet,表示声明一个工作表对象。　　　　　　（　　）

17. G3 单元格可表示为 Cells(7, 3)。　　　　　　　　　　　（　　）

12

18."A4:E8"单元格区域可表示为 Range(A4:E8)。　　　　　　　　　　（　　）

19. Range("C1"). Interior. ColorIndex ＝ 0 '无色,本语句是指将 C1 单元格的底色设置为无色。　　　　　　　　　　　　　　　　　　　　　　　　　　　　　（　　）

20. F ＝ Application. WorkSheetFunction. CountIf(Range("D:D")，"错"),本语句是指将变量 F 的值设置为 D 列中"错"这个字出现的次数。　　　　　　　　（　　）

坚持守正创新,形成最优方案

附　录　Excel 中常见的出错信息

在操作 Excel 的过程中,经常遇到诸如"＃＃＃＃＃"或"＃VALUE!"之类的出错信息,让我们茫然不知所措。但是只要弄清出错原因,就能解决这些问题。

下面介绍几种常见的错误信息,并归纳产生的原因。

1. ＃＃＃＃＃

若单元格中出现"＃＃＃＃＃",极有可能是该单元格的公式所产生的结果太长,致使该单元格容纳不下的缘故;另外,这也可能是对日期或时间做减法时出现负值所造成的。

如果输入到单元格中的数据太长或单元格公式所产生的结果太大,单元格显示不下时,将在单元格中显示"＃＃＃＃＃"。这时,可以通过调整列之间的边界来修改列的宽度。如果对日期和时间做减法,请确认格式是否正确。Excel 中的日期和时间必须为正值,如果日期或时间产生了负值,将在整个单元格中显示"＃＃＃＃＃"。

2. ＃DIV/0!

当在表格中看到了此信息,毫无疑问是除法公式出了问题。这就需要检查一下除数是否为 0,或者除数是否指向了一个空单元格(以及包含空单元格的单元格)。解决办法是修改单元格引用,或者在用作除数的单元格中输入不为零的值。

3. ＃VALUE!

有两种原因可以导致这种信息的出现:一是在需要输入数字或逻辑值时输入了文本;二是将应赋单一数据的运算符或函数,赋给了一个数值区域等。

4. ＃name?

顾名思义,这是公式中使用了 Excel 不能识别的文本而产生的错误;也可能是删除了公式中使用的共同名称或使用了不存在以及拼写错误的名称所致。

可以从以下几方面检查纠正错误。

(1) 如果是使用了不存在的名称而产生错误,应确认使用的名称确实存在。在"插入"菜单中指向"名称",再单击"定义"命令,如果所需名称没有被列出,请使用"定义"命令添加相应的名称。

(2) 如果是名称、函数名拼写错误,应修改拼写错误。

(3) 确认公式中使用的所有区域引用都使用了冒号(;)。例如,SUM(A1:C10)。注意将公式中的文本括在双引号中。

5. ＃N/A

这是在函数或公式中没有可用数值时产生的错误信息。

6. ＃REF!

单元格中出现这样的信息是因为该单元格引用了无效的结果。比如,删除了有其他公式引用的单元格,或者把移动单元格粘贴到了其他公式引用的单元格中。

7. ＃NUM!

这是在公式或函数中某个数字有问题时产生的错误信息。例如,在需要数字参数的函数中使用了不能接受的参数,或者公式产生的数字太大或太小等。要解决此问题,首先要确认函数中使用的参数类型是否正确。还有一种可能是由于公式产生的数字太大或太小,Excel 不能表示。

8. ♯NULL!

这是试图为两个并不相交的区域指定交叉点时产生的错误。例如,使用了不正确的区域运算符或不正确的单元格引用等。

主要参考文献

[1] 钭志斌.公司理财[M].北京:高等教育出版社,2010.

[2] 韩良智.Excel 在财务管理与分析中的应用[M].2 版.北京:中国水利水电出版社,2008.

[3] 赵志东.Excel 九项关键技术[M].北京:人民邮电出版社,2007.

[4] 黄操军.Excel 在财务分析与投资管理中的应用[M].北京:中国水利水电出版社,2008.

[5] 神龙工作室.Excel 函数应用 500 例[M].北京:人民邮电出版社,2006.

[6] 魏敏.VBA for Excel 程序设计教程[M].2 版.武汉:武汉理工大学出版社,2020.